Kerstin Bauermees

Spessart

Wandern für die Seele

20 Wohlfühlwege

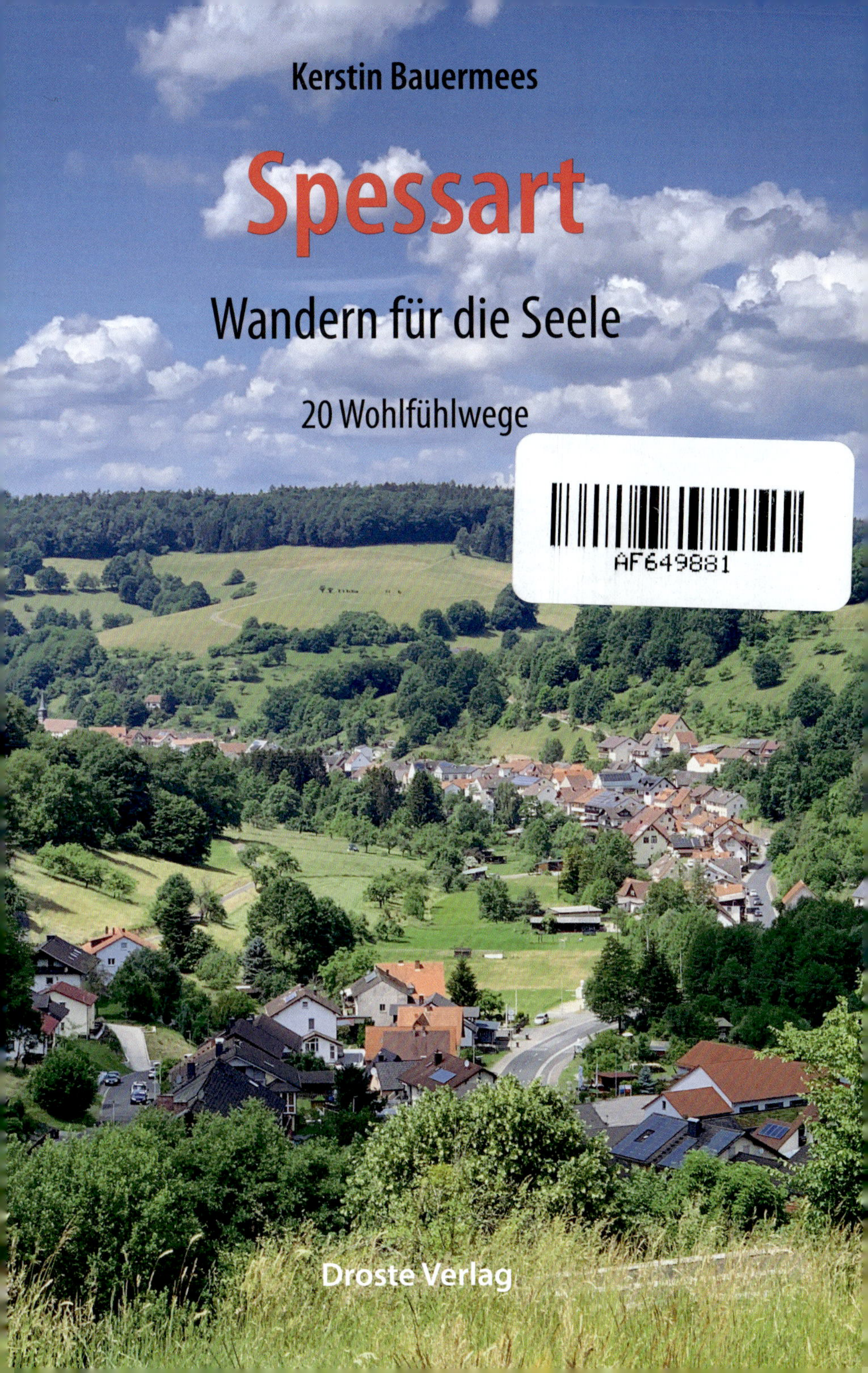

Droste Verlag

ALLE WANDERUNGEN AUF EINEN BLICK

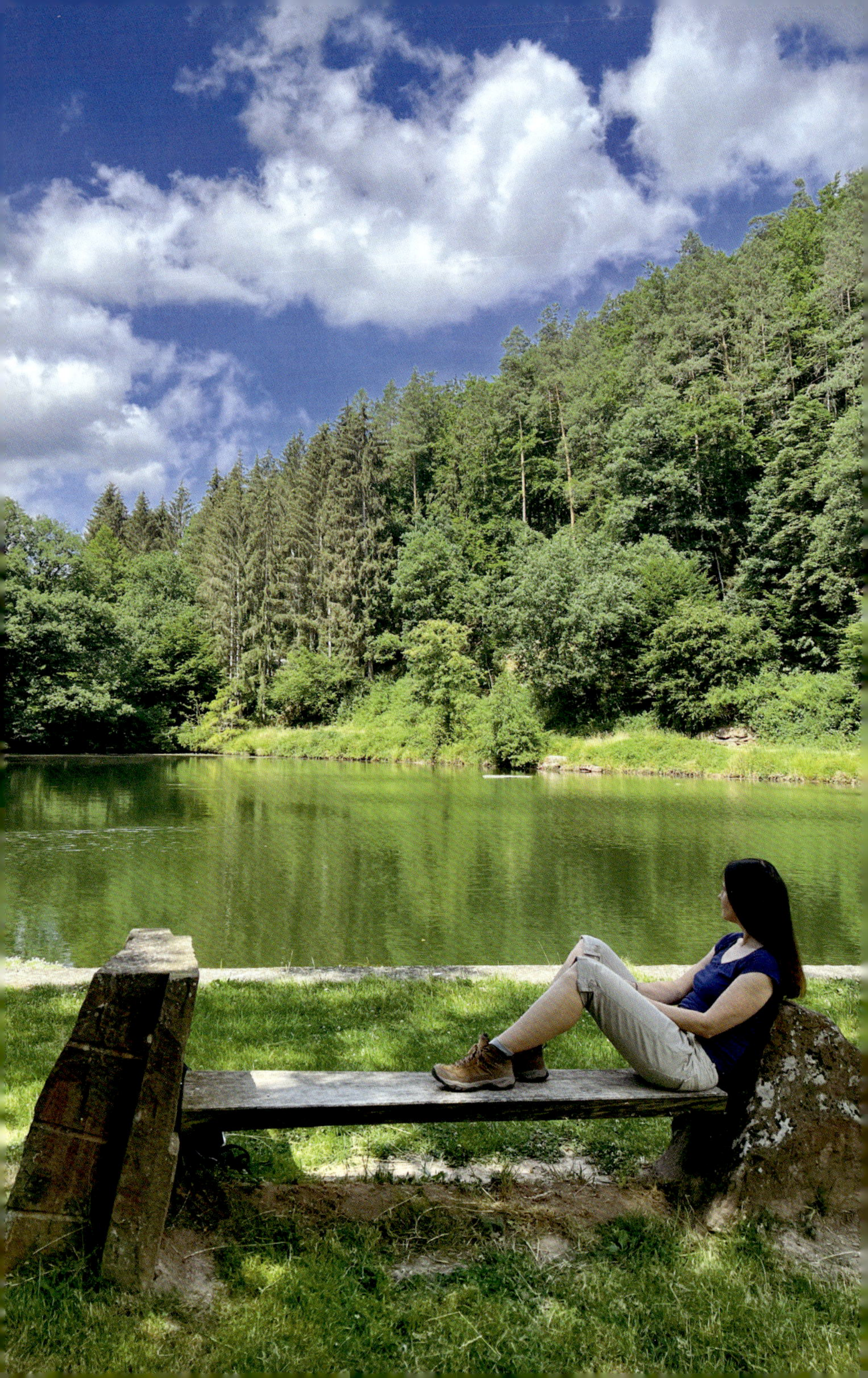

Liebe Auszeitsuchende,

mag man den Geschichten aus Film und Literatur Glauben schenken, dann ist der Spessartwald ein finsterer Ort, an dem furchterregende Räuber ihr Unwesen treiben. Und in der Tat gab es Zeiten, in denen die alten Handelswege im Spessart bei Reisenden gefürchtet waren. Doch die sind glücklicherweise lange vorbei.

Was ich auf meinen 20 Touren durch den Spessart erlebt habe, war alles andere als düster. Ganz im Gegenteil: Inmitten umwerfender Landschaftskulissen durfte ich ein wahres Wanderparadies mit Wohlfühlgarantie entdecken. Fernab von Hektik und Trubel habe ich viele kleine Zufluchtsorte gefunden, die mir einzigartige Glücksmomente beschert haben. Sie haben mein Herz zum Klopfen gebracht, meine Fantasie beflügelt, mir Ruhe und Trost geschenkt.

Daher ist es jetzt an der Zeit, dass ich meine eigene Geschichte über den Spessart erzähle. Eine Geschichte, in der wir gemeinsam lichtdurchflutete Wälder erobern, blütengesprenkelte Wiesen durchstreifen und an wildromantischen Waldseen verweilen. Eine Geschichte, die uns zu genussvollen Abenteuern inspiriert und unsere Aufmerksamkeit auf die Schönheit der Natur lenkt. Eine Geschichte, die Sie selbst erleben können.

Viel Freude beim Seele-baumeln-Lassen wünscht Ihnen Ihre

Kerstin Bauermees

NATUR-INFO

KULTUR-INFO

TOUREN-/EVENT-INFO

GENUSS-INFO

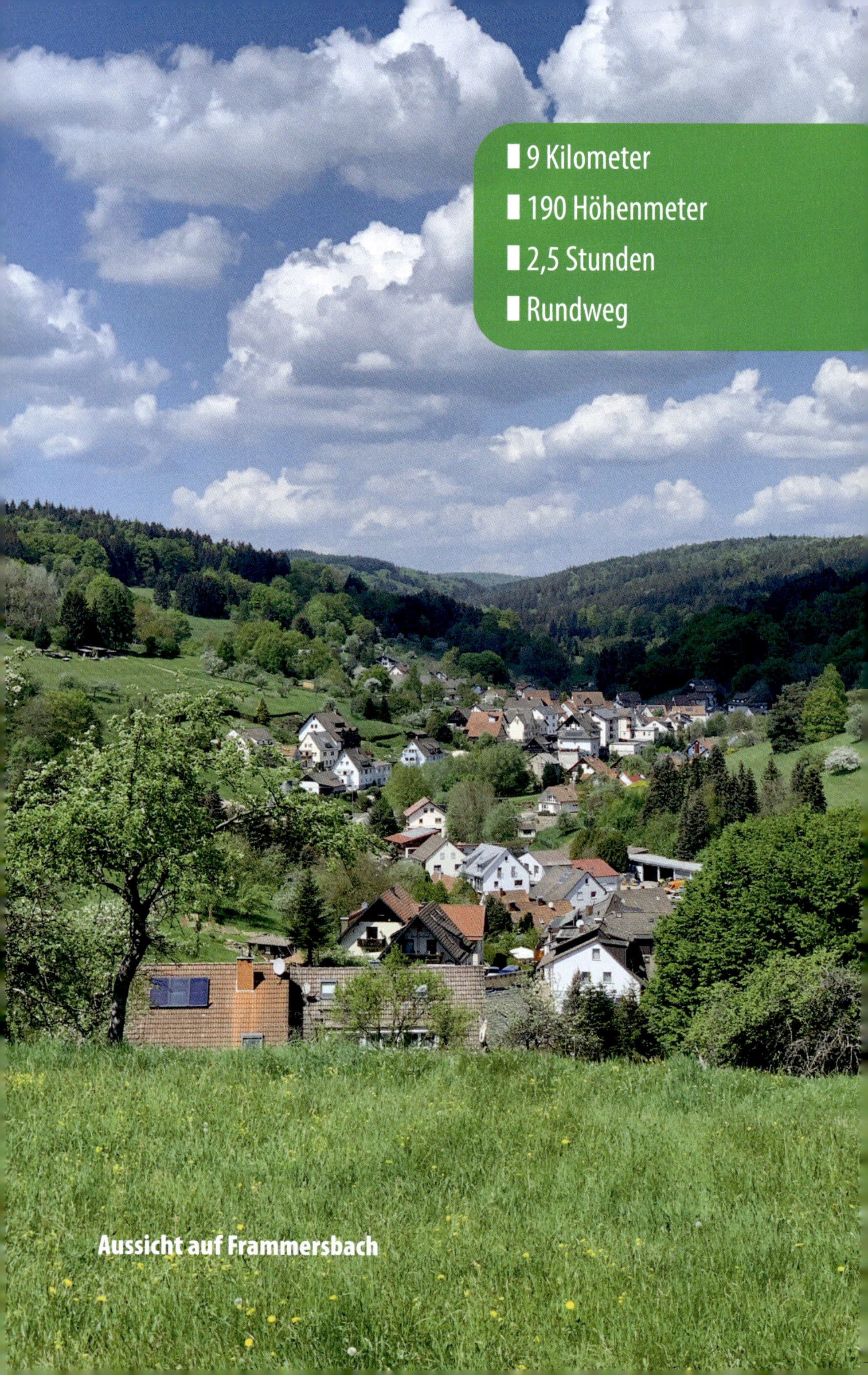

Aussicht auf Frammersbach

Auf Handelswegen

Rund um Frammersbach

Einst hat sich Frammersbach mit seinen Fuhrleuten europaweit einen Namen gemacht. Auf bedeutenden Handelsrouten transportierten sie Waren durch ganz Deutschland und in die angrenzenden Nachbarländer. Heute ist Frammersbach ein staatlich anerkannter Erholungsort, der mit traumhafter Landschaft begeistert.

Startpunkt unserer Tour ist ein Parkplatz in der Ortsmitte von Frammersbach. In der **Jahnstraße** wandern wir am quirligen Laubersbach entlang, erreichen über einen Fußweg die **Lohrer Straße** und gelangen über den **Lindenweg** auf den **Mehrlichweg.** Ab hier orientieren wir uns am Zeichen des **Europäischen Kulturwegs** – einem gelben EU-Schiffchen auf blauem Hintergrund. Sobald sich die plätschernde Lohr zu uns gesellt, entdecken wir ganz am Ende der Straße einen schmalen Pfad, der uns rechtsherum an einem Waldstück entlangführt und kurz darauf am Hof einer Baustofffirma endet. Die Markierung ermutigt uns dazu, den Weg über das Firmengelände fortzusetzen.

Weiter geradeaus in der Straße **Hinterdorf** beginnt langsam, aber sicher der sportliche Teil unserer Tour, denn auf den nächsten Kilometern geht es nun stetig bergauf. Wir halten uns rechts und wechseln von der asphaltierten Straße auf einen naturbelassenen Wanderpfad, der uns eine ganze Weile fast schnurgerade durch den mal lichten, mal dichten Wald führt. Nachdem wir einen asphaltierten Weg überquert haben, setzt der markierte Wanderweg zu einer Linkskurve an – wir jedoch entscheiden uns für eine kleine Abkürzung und stapfen auf einem unmarkierten Hohlweg

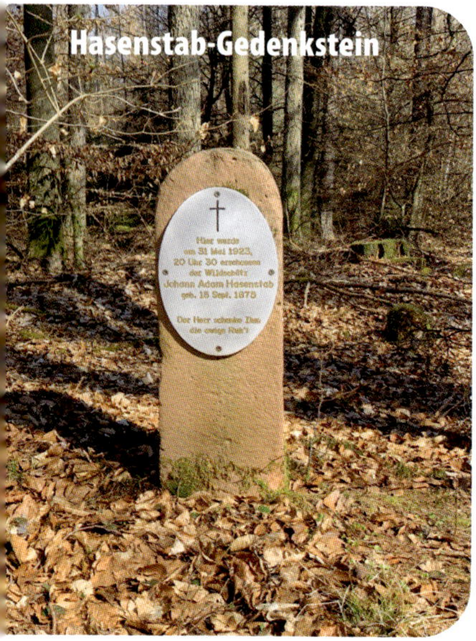

Hasenstab-Gedenkstein

weiter geradeaus den Hügel hinauf. Nach 200 Metern erreichen wir einen Forstweg, der auf den ersten Blick zwar unscheinbar aussieht, früher jedoch ein überregional bedeutender Handelsweg war. Es handelt sich um die alte **Wiesener Straße,** auch Kauffahrteistraße genannt, die von Wirtheim über das Wiesbüttmoor bis nach Langenprozelten verlief und bereits im Frühmittelalter genutzt wurde. Die Hohlwege, die aus Frammersbach auf die Wiesener Straße hinaufführen, dokumentieren heute noch den regen Verkehr von und zu dem alten Handelsweg. Entstanden sind sie durch die gewaltigen Frachtwagen der Frammersbacher Fuhrleute, die nicht selten mit sieben oder mehr Pferden bespannt waren und sich bis zu 6 Meter tief in das Gelände gegraben haben.

Im 18. Jahrhundert soll die alte Wiesener Straße dem echten Schneewittchen – Maria Sophia Margaretha Catharina Freifräulein von Erthal – als Fluchtweg gedient haben. Von Lohr ist sie der Erzählung nach „über die sieben Berge zu den sieben Zwergen“ nach Bieber geflohen (mehr zu Schneewittchen bei Tour Nr. 11). Heute können Wanderer auf dem insgesamt 35 Kilometer langen Schneewittchen-Wanderweg in die Fußstapfen der schwarzhaarigen Schönheit von einst treten.

Auch wir achten ab sofort auf die Markierung des **Schneewittchenwegs** und wenden uns am Forstweg nach rechts. Nach ein paar Schritten bemerken wir rechts des Weges zwischen den Bäumen einen kleinen, roten **Gedenkstein ❶.** Er erinnert an den Tod des Wildschützen Johann Adam Hasenstab, der am 31. Mai 1923 an dieser Stelle erschossen wurde.

Kurz nachdem sich der Wald gelichtet hat, lassen wir unsere Blicke über weite Wiesen schweifen, auf denen sich im Frühjahr Tausende Löwenzahnblüten tum-

*Im Spessart trieben gleich zwei Wilderer mit dem Namen **Johann Adam Hasenstab** ihr Unwesen. Heute weitaus bekannter ist jedoch der 1773 im Kropfbachtal bei Schollbrunn erschossene Wildschütze, um den sich zahlreiche Sagen und Legenden ranken.*

Für die Seele

Wir wandeln auf den historischen Spuren der Frammersbacher Fuhrleute und genießen den umwerfenden Ausblick auf die saftig grünen Hügel.

meln. Noch bevor wir uns an dem leuchtenden Gelb sattgesehen haben, bietet sich uns ein Stück weiter am **Sauerberg-Skilift** ❷ eine grandiose Aussicht auf Frammersbach. Auch wenn kein Schnee liegt, ist der Lift an vielen Wochenenden in Betrieb – als Mountainbike-Lift. Die steilen Hänge des Sauerbergs dienen nämlich nicht nur als Skipiste, sondern beherbergen auch einen großen Bikepark, der mit verschiedenen Abfahrten sowohl Mountainbike-Profis als auch radsportbegeisterte Familien anlockt. Nach dem Biken oder während einer Wanderung sorgt an manchen Wochentagen direkt am Hang eine urgemütliche **Skihütte** ❸ mit Sonnenterrasse für das leibliche Wohl.

Wir setzen unseren Weg auf dem asphaltierten Sträßchen fort und schauen am **Trialgelände** ❹ kurz den Motorsportfreunden dabei zu, wie sie ihre Motorräder geschickt durch die schwierigen Geländepassagen manövrieren. Am **Wegweiserstandort Sportplatz** lassen wir uns nach links Richtung **Hl. Kreuzkirche** lotsen. Kurz darauf

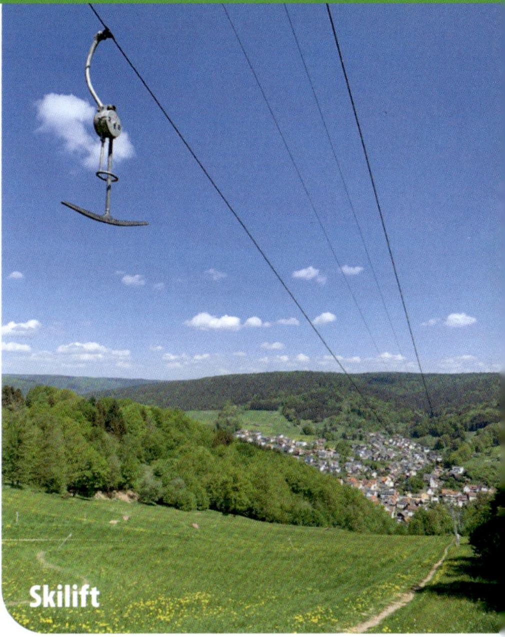

Skilift

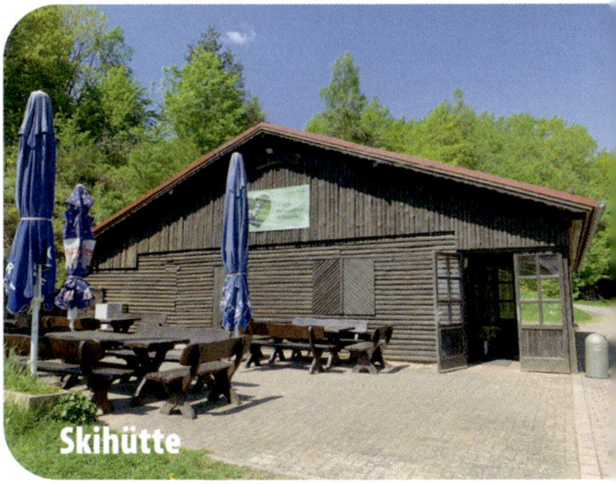

Skihütte

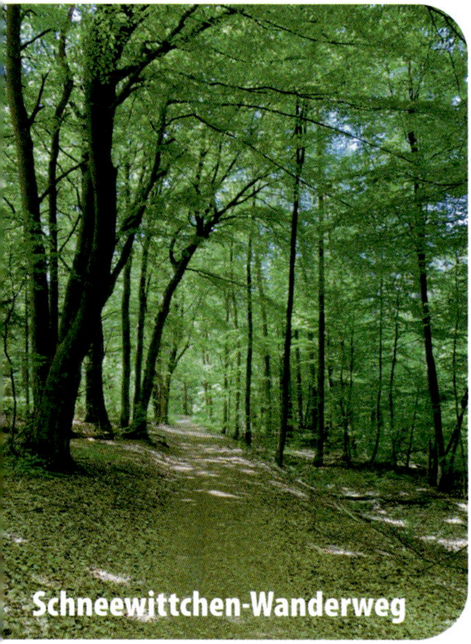

entdecken wir zu unserer Linken den idyllisch gelegenen Biergarten der **Fußballhütte ⑤**, in dem selbstverständlich nicht nur Fußballer, sondern auch Wanderer und Radfahrer herzlich willkommen sind. Wer zuvor noch nicht in der Skihütte eingekehrt ist, kann es sich am Wochenende an diesem herrlichen Fleckchen Erde einfach mal gut gehen lassen.

Weiter auf dem Schneewittchenweg tauchen wir wieder in den Wald ein und – Moment! Ist dort vorne nicht eine rote Zipfelmütze zwischen den Bäumen verschwunden? Verdutzt reiben wir uns die Augen und müssen im nächsten Augenblick herzhaft über unsere blühende Fantasie lachen.

Auf einer sonnenbeschienenen Lichtung treffen wir auf die einsam gelegene **Kreuzkapelle ⑥**, deren Entstehungsgeschichte bis ins 14. Jahrhundert zurückreicht. Den Jahreszahlen an der Kirche können wir entnehmen, dass 1506 und 1681 wesentliche Umbauten stattgefunden haben. Mit Schlichtheit und Eleganz strahlt die Kreuzkapelle eine wohlige Ruhe aus, die wir bei einer Rast auf den Sitzbänken vor dem Gebäude auf uns wirken lassen.

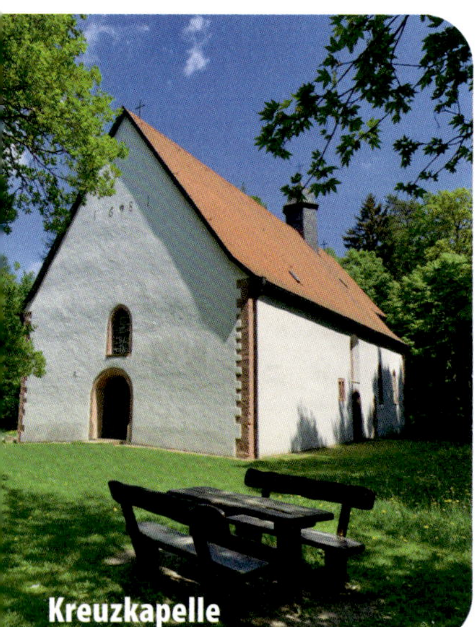

Von der Kapelle aus gehen wir etwa 100 Meter zurück, bis sich der Waldweg an einem Bildstock gabelt. Hier biegen wir leicht links auf einen naturbelassenen, abschüssigen Waldweg ab, dem wir jedoch nur ein Stück gen Tal folgen. Nach etwa 500 Metern schließen wir uns einem unmarkierten Feld- und Wiesenweg an, der linker Hand von unserem Waldweg abgeht. Sogleich stapfen wir an sattgrünen Wiesen vorbei und genießen einen traum-

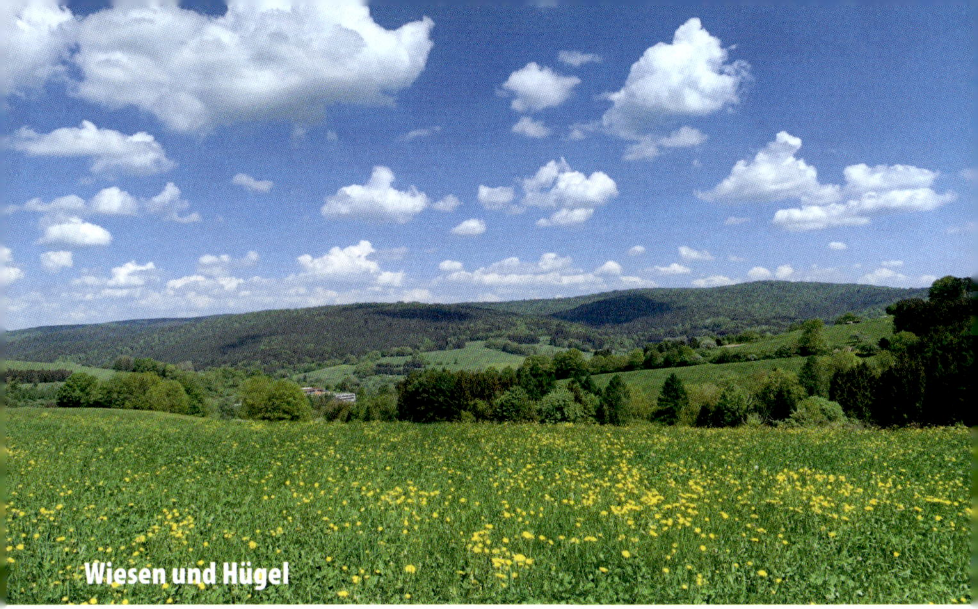

haften Weitblick auf die sanfte Hügellandschaft rund um Frammersbach.

An einer kleinen **Schutzhütte** halten wir uns rechts und gelangen über einen asphaltierten Wirtschaftsweg zu zwei mächtigen Buchen, unter denen uns eine Sitzgruppe dazu auffordert, den herrlichen Ausblick auf Frammersbach zu genießen. Während sich der Asphaltweg rechts- und linksherum weiter den Berg hinabschlängelt, lassen wir uns erneut von der fantastischen Aussicht fesseln. An einer Kreuzung macht die Wegführung schließlich einen scharfen Knick nach rechts und leitet uns zum Frammersbacher Ortsteil **Hofreith** hinab. Wir überqueren die heutige **Wiesener Straße,** biegen in den **Margaretenweg** ein und verlassen die Siedlung direkt wieder über einen geschotterten Pfad. Nach einem Bildstock orientieren wir uns leicht links an der **Markierung F3** und arbeiten uns in einem kleinen Waldstück auf einem schmalen Pfad den **Heuberg** hinauf. Oben angekommen,

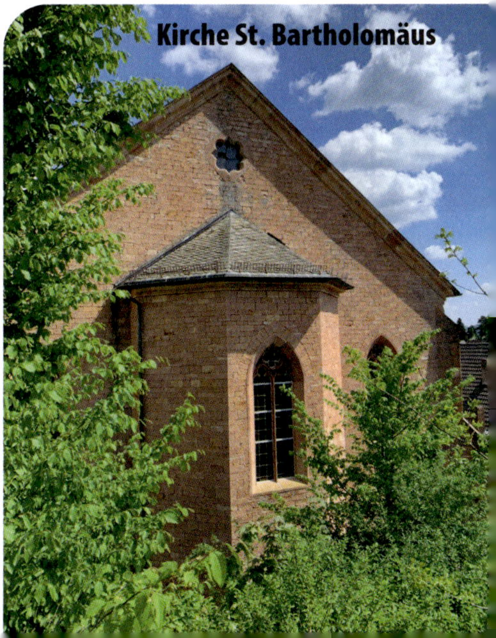

*Die **Kirche St. Bartholomäus** steht heute unter Denkmalschutz. Während die unteren Geschosse des Choranschlussturms aus dem 14. Jahrhundert stammen, wurden der neugotische Chor und das Langhaus erst im 19. Jahrhundert erbaut.*

gehen wir rechts und wandern auf einem weichen Wiesen-Trail am Hang entlang, vorbei an buschigem Besenginster. Kurze Zeit später passieren wir eine Sporthalle und gelangen rechtsherum in die **Schulstraße.** Dort stapfen wir am Schulgebäude vorbei und biegen rechts auf einen Fußweg ab, der uns zur **Kirche St. Bartholomäus** ❼ geleitet.

Nachdem wir die Kirche besichtigt haben, steigen wir über eine Treppenanlage zuerst zur Straße **Kirchberg** und weiter geradeaus über einen gepflasterten Weg zur **Orber Straße** hinab. Auf der anderen Straßenseite erreichen wir den **Frammersbacher Marktplatz** und die **Jahnstraße,** wo wir die Wanderung im **Wirtshaus 1890** ❽ kulinarisch ausklingen lassen.

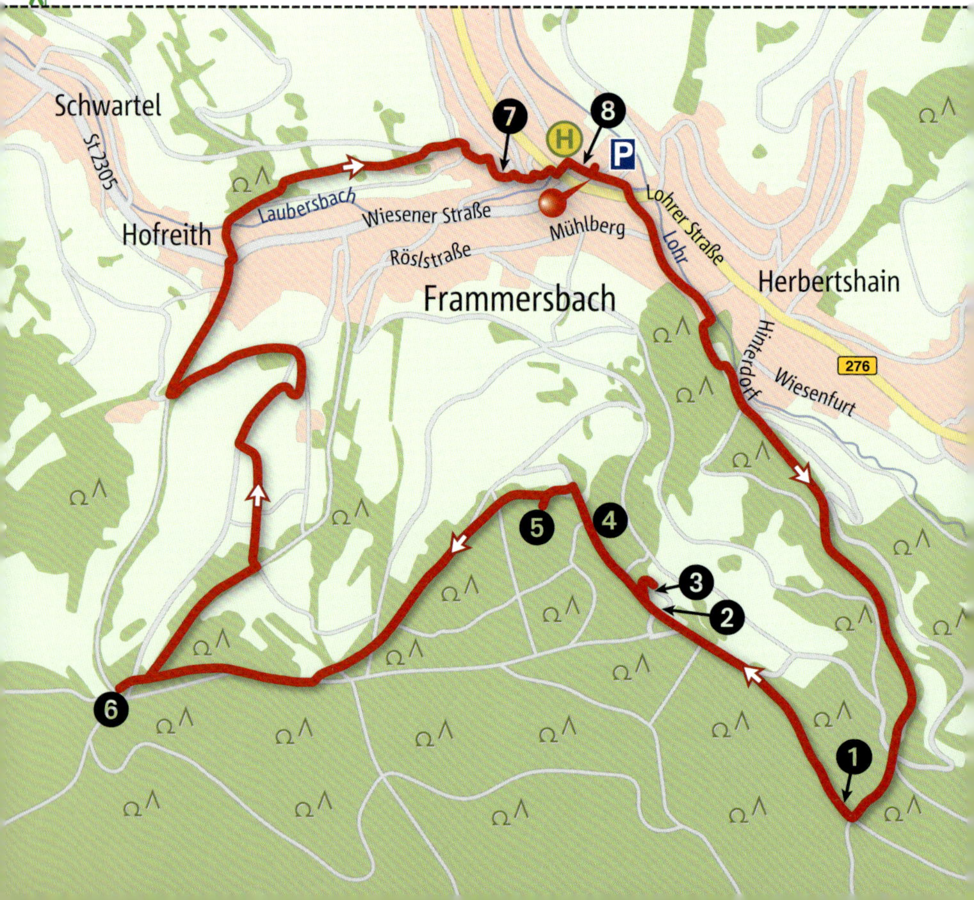

Entspannung ★★★★★
Genuss ★★★★☆
Romantik ★★★★☆

WIE & WANN:
Waldwege und Pfade, asphaltierte Wege, Wiesenwege; beste Wanderzeit von April bis Oktober

HIN & WEG:
Auto: Parkplätze in der Jahnstraße, 97833 Frammersbach (GPS: 50.06378, 9.47155)
ÖPNV: Bus 652 von Lohr ZOB nach Frammersbach, Haltestelle Rathaus

ESSEN & ENTSPANNEN:
Skihütte Frammersbach ❸ 97833 Frammersbach, Tel. (0 93 55) 90 43 10
Fußballhütte Frammersbach ❺ 97833 Frammersbach, Tel. (0 93 55) 26 74, www.fussballhütte-frammersbach.de
Wirtshaus 1890 ❽ Jahnstraße 1, 97833 Frammersbach, Tel. (0 93 55) 18 00, www.wirtshaus1890.de

ENTDECKEN & ERLEBEN:
Gedenkstein Johann Adam Hasenstab ❶
Sauerberg-Skilift und Bikepark ❷
Motorrad-Trialgelände ❹
Kreuzkapelle ❻
Kirche St. Bartholomäus ❼

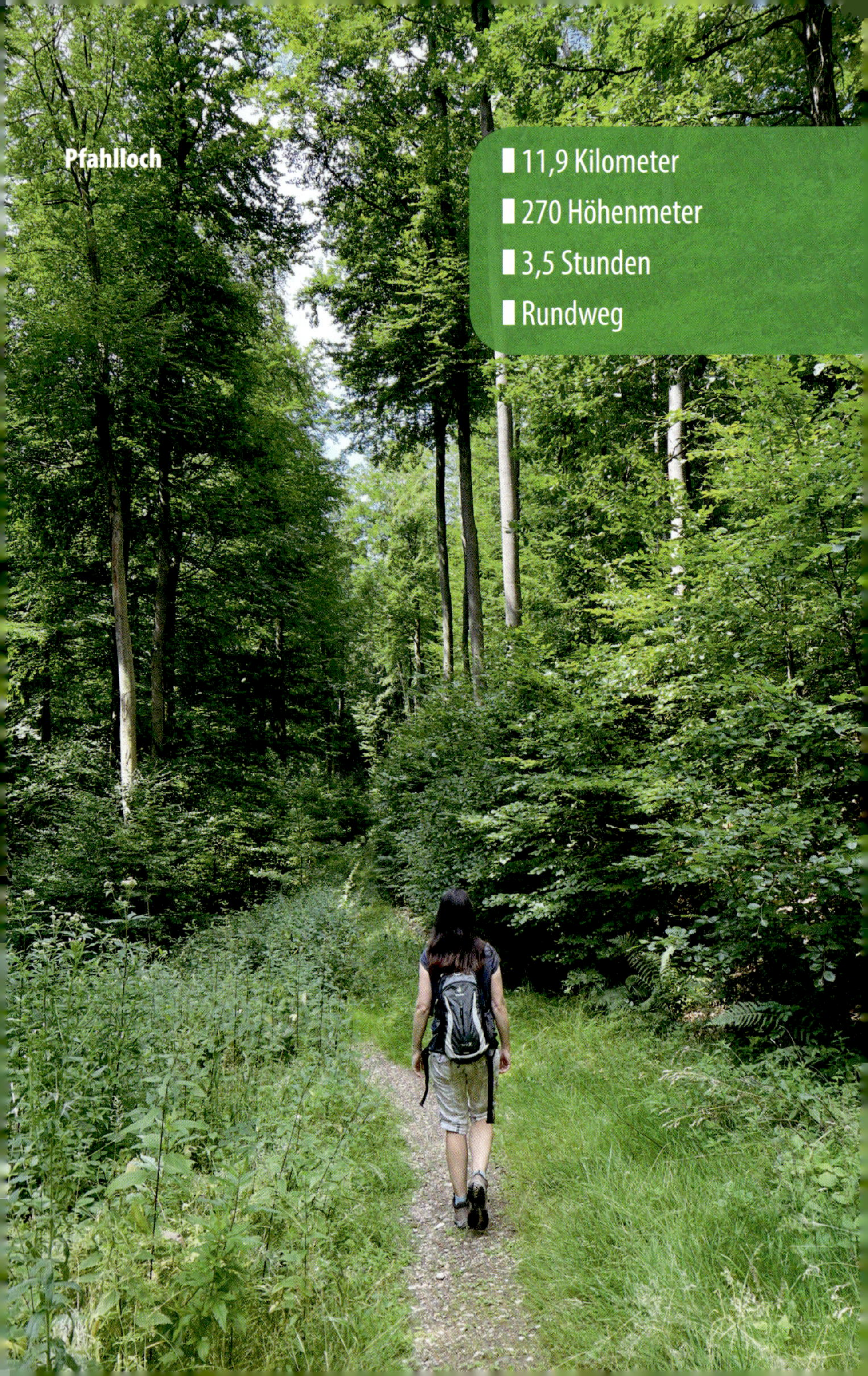

Pfahlloch

- 11,9 Kilometer
- 270 Höhenmeter
- 3,5 Stunden
- Rundweg

Im tiefen Wald

Die Schluchten von Rückersbach

Schluchten gibt es nur im Hochgebirge? Nicht ganz: Auch im Spessart gibt es ein paar tiefe Waldtäler mit steilen Wänden, bizarren Felsformationen und gurgelnden Bächen, die einen gewissen Schluchtcharakter besitzen. Nahe Rückersbach sind gleich zwei solcher Schluchten zu finden, die sich ideal zu einer entspannten Rundtour kombinieren lassen.

Los geht's am **Wanderparkplatz Hohl** in der Nähe von Rückersbach. Wir überqueren die Mömbriser Straße und folgen dem Straßenschild Richtung Rückersbach. An der Beschilderung vorbei finden wir nach wenigen Schritten rechter Hand den Einstieg in den unmarkierten Wanderpfad – an einem Baum hängt an dieser Stelle ein Schild mit der Aufschrift **„Hinteres Pfahlloch".** Der sehr schmale, zum Teil ausgewaschene Pfad trägt uns zackig den Berg zum **Häggraben** hinab. Gleich zu Beginn liegt hier ein großer umgestürzter Baum quer über dem Wanderweg, von dem wir uns jedoch nicht aufhalten lassen: Mühelos klettern wir über die stufig geformte Baumwurzel hinweg. Es wird auf den nächsten 2 Kilometern nicht der einzige entwurzelte Baum bleiben, den wir zu bezwingen haben. Denn das insgesamt 21 Hektar große **Naturwaldreservat Pfahlloch** ❶ ist in seiner Entwicklung größtenteils sich selbst überlassen und befindet sich daher in einem naturnahen Zustand. Mal zwängen wir uns unter den Stämmen hindurch, mal steigen wir darüber hinweg oder weichen zur Seite aus. Eines ist aber Ehrensache: Egal welches Hindernis sich uns in den Weg stellt, wir bleiben

*In **Naturwaldreservaten** ist die Waldbewirtschaftung untersagt, sodass sich ohne Eingriff des Menschen im Laufe der Zeit ein urwaldähnlicher Lebensraum mit starken Bäumen entwickeln kann. Für Wissenschaftler stellen Naturwälder eine Art Freiluftlabor dar.*

immer auf dem angelegten Pfad, um den ungehindert ablaufenden Waldentwicklungsprozess nicht zu stören.

Sobald wir auf einen Forstweg treffen, wenden wir uns nach wenigen Metern gleich wieder dem naturbelassenen Pfad zu, der links von uns zwischen den Bäumen verschwindet. Je weiter wir gen Tal schreiten, umso tiefer wird der Graben um uns herum und nimmt schließlich die Gestalt einer Schlucht an. Rechts und links von uns ragen mächtige Buchen an steilen Hängen in die Höhe, die nur hin und wieder ein paar Sonnenstrahlen durch das Laubdach scheinen lassen. Wie ruhig es hier ist! Nur das leise Gluckern des **Elmertsbachs,** der ein Stück unterhalb des Weges verläuft, vermag die Stille hie und da zu durchbrechen.

Sobald der Waldweg in einen asphaltierten Wirtschaftsweg übergeht, müssen wir aufpassen, dass wir nicht den unscheinbaren Pfad verpassen, der sich links an einem efeuumrankten Nadelbaum in den Wald hineinschlägt. Wir kreuzen den Elmertsbach und stoßen

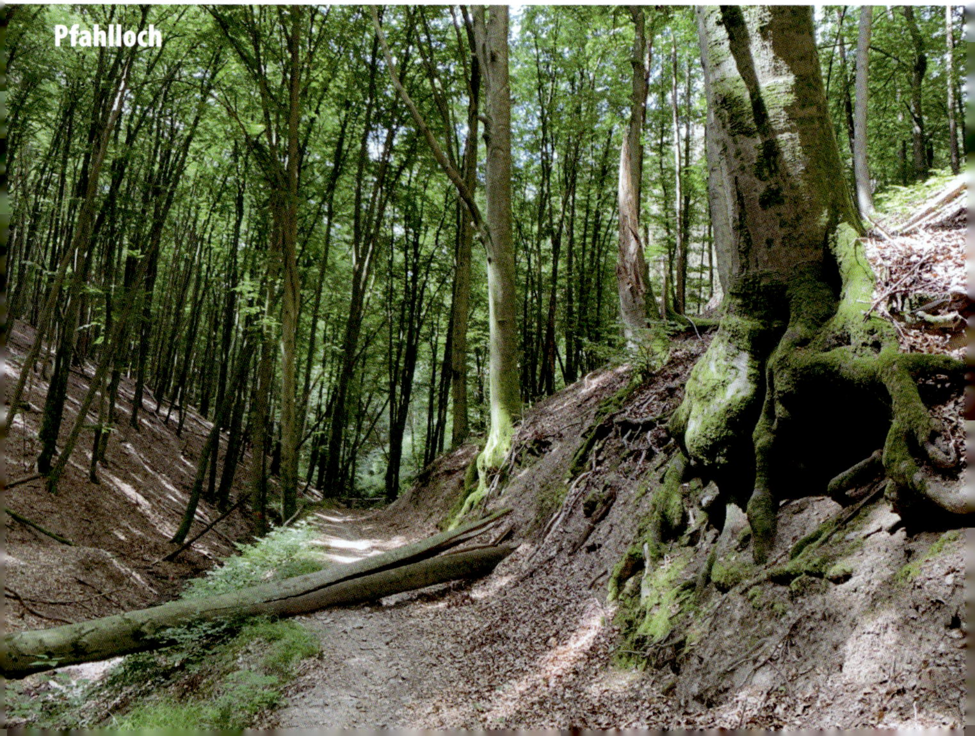

Pfahlloch

Für die Seele

Zwischen steilen Hängen streifen wir durch stille Wälder und lauschen aufmerksam dem munteren Geplätscher der Bäche.

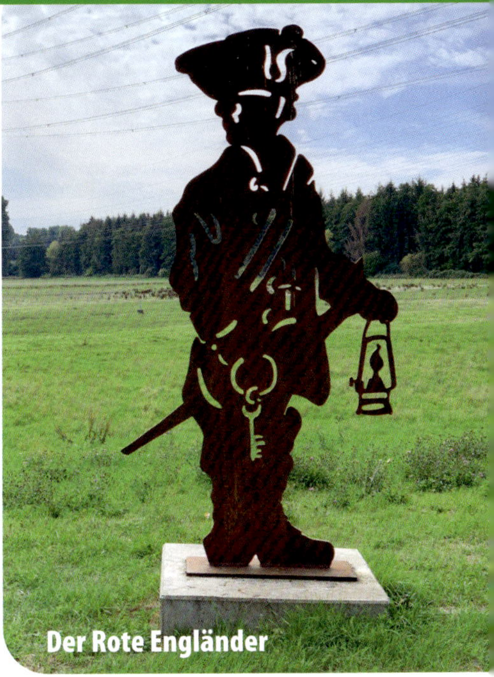

Der Rote Engländer

auf einen breiten Forstweg, dem wir rechtsherum so lange bergab folgen, bis wir am Waldrand linker Hand einen großen Gedenkstein entdecken, das **Anton-Günther-Denkmal** ❷ mit dem Bildnis des Heimatdichters und Sängers. Auf der anderen Seite des Weges befindet sich eine überdachte **Mariengrotte** ❸. Beide Denkmäler sollen an die Folgen und Leiden vergangener Kriege erinnern. Wenn wir an der asphaltierten Straße rechts und direkt darauf links abbiegen, können wir zudem auf der angrenzenden Wiese einen Blick auf die gigantische Skulptur des **Roten Engländers** ❹ werfen – einen stählernen Soldaten, der als Sagenfigur ein Symbol für die Schlacht bei Dettingen im 18. Jahrhundert darstellt. Einer Erzählung nach soll ein Engländer im Lindigwald umherirren und mit dem Schlüssel der vergrabenen Kriegskasse der Pragmatischen Armee winken. Der wandernde Engländer sei besonders oft im Advent zu sehen. Wer sich den Schlüssel vom Engländer holt, könne die Kriegskasse haben – doch dazu habe bisher noch niemand den Mut gehabt.

Wir wandern Richtung Anton-Günther-Denkmal zurück und biegen kurz davor rechts in einen Pfad ein, der in absolut flachem Gelände parallel zu dem asphal-

*Die blutige **Schlacht von Dettingen** fand am 27. Juni 1743 während des Österreichischen Erbfolgekriegs statt. An ihr beteiligt waren britische, österreichische und hannoversche Soldaten auf der einen und französische Truppen auf der anderen Seite.*

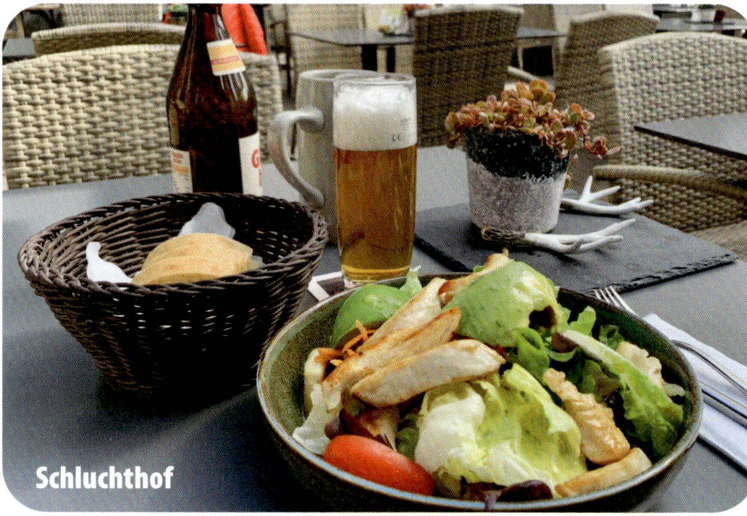

Schluchthof

tierten Wirtschaftsweg verläuft. Nach einiger Zeit bleibt uns nur der Wechsel auf das geteerte Sträßchen, das jedoch kaum befahren ist. Jetzt haben wir die Möglichkeit, in das italienische Restaurant **Heißerackerhof Al Cappuccino** ❺ einzukehren oder aber ein Stück weiter eine Rast im **Schluchthof** ❻ einzulegen. Wir entscheiden uns dieses Mal für die wind- und regengeschützte Terrasse des Schluchthofs und lassen uns in herzlichem Ambiente nach Strich und Faden verwöhnen. Neben klassischen regionalen Speisen befinden sich auch vegane Gerichte, Bioprodukte und köstliche Bowls auf der Speisekarte.

Ab dem Schluchthof folgen wir auf einem gut ausgebauten Wanderweg dem **roten X** in den Wald hinein. An Schönwetter-Wochenenden befinden wir uns hier in der Gesellschaft zahlreicher anderer Wanderer und Mountainbiker, die es aus den umliegenden Städten in die Natur zieht. Schon bald richten wir unsere Aufmerksamkeit auf einen aalglatten, glänzenden Steinbrocken am Wegesrand. Es handelt sich dabei um einen sogenannten **Phonolith** ❼**,** den man in ganz Bayern nur hier finden kann.

***Phonolith** bedeutet zu Deutsch Klingstein. Da das Gestein oft als dünne Platte gefunden wird, lassen sich daraus Lithophone erstellen: Berührt man die Platten mit einem Klöppel, ertönen helle Klänge. Phonolithgestein findet auch als Schottermaterial Verwendung.*

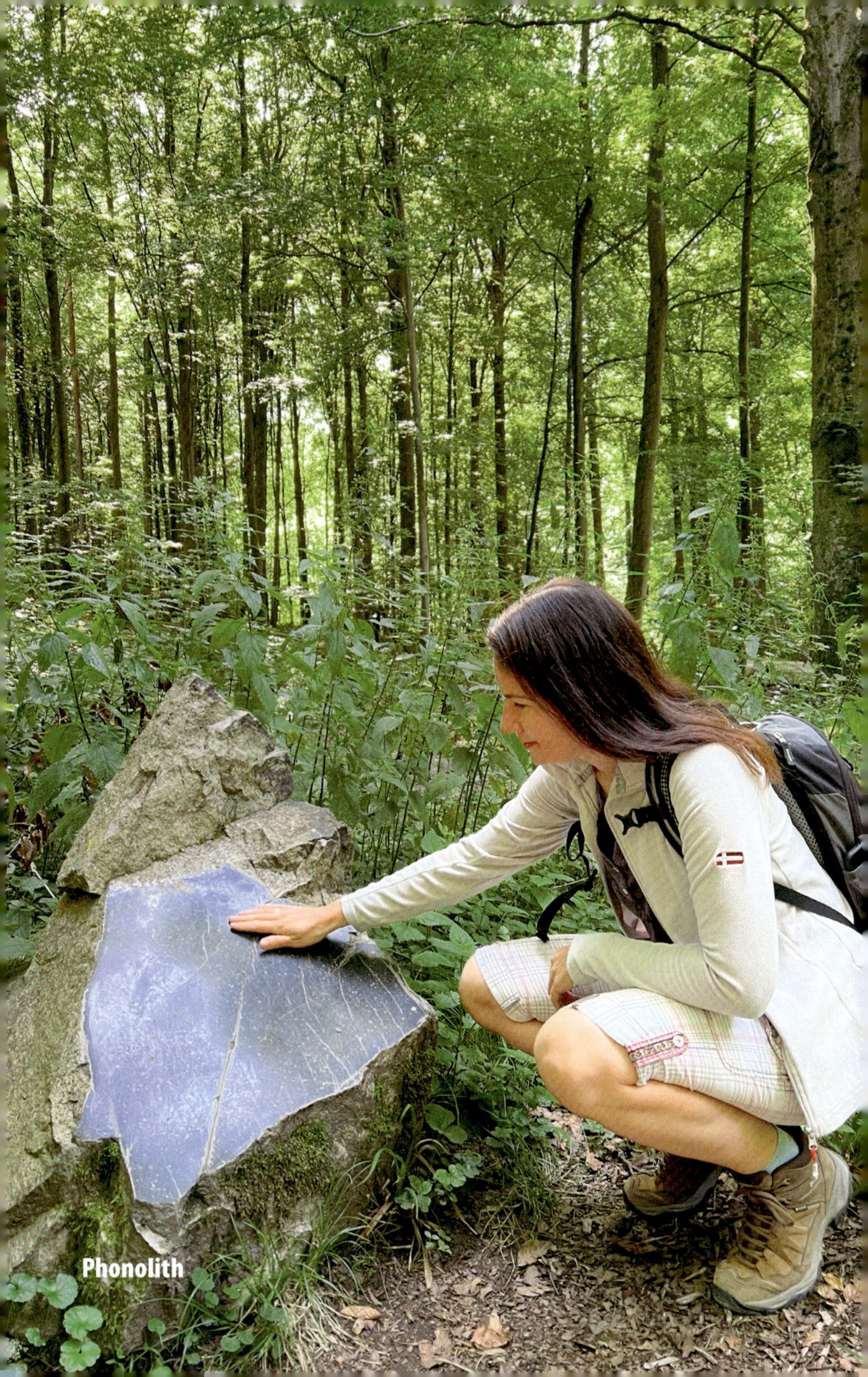

Phonolith

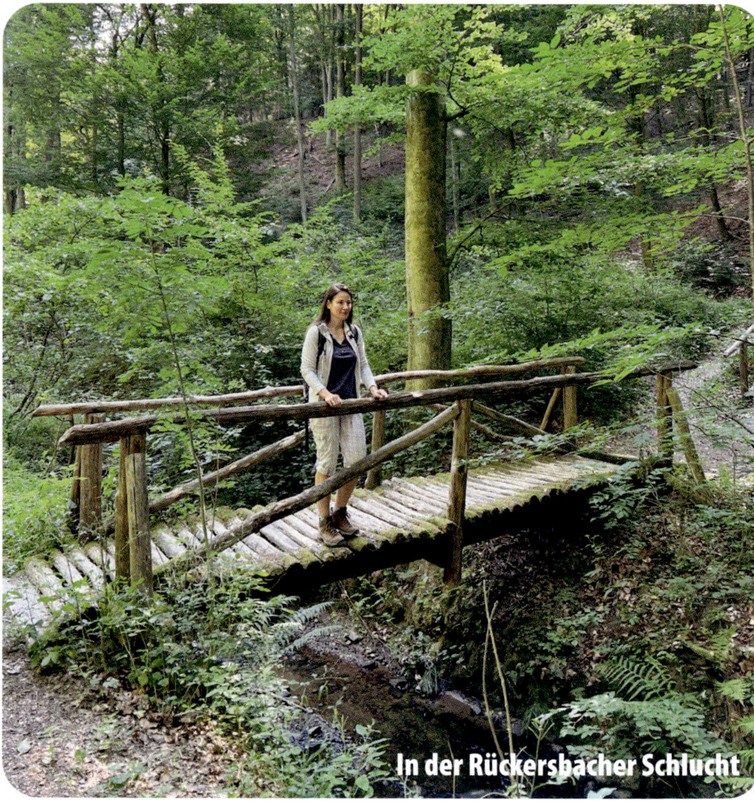

In der Rückersbacher Schlucht

Im weiteren Verlauf schmiegt sich der **Rückersbach** ganz dicht an unseren Wanderweg und erzählt uns mit beruhigendem Geplätscher von seiner Reise durch die **Rückersbacher Schlucht** ❽, in die wir jetzt immer weiter vordringen. Rechts erspähen wir das sogenannte **Hexenhäuschen,** das verlassen mitten im Wald steht. Es wurde einst als Schutzhütte für die Arbeiter errichtet, die früher in den Steinbrüchen rund um die Rückersbacher Schlucht gearbeitet haben.

Wer aufmerksam bleibt, kann so einige weitere Highlights entlang des Weges entdecken. Etwa das **Baumkapellchen** – ein offener Baumstamm, in dem ein mit Blumen geschmücktes Jesuskreuz hängt. Oder aber geheimnisvolle Felsmalereien, die auf steil aufragende

Steinwände gepinselt sind. Keinesfalls zu übersehen ist der markante **Hexenkopffels,** der wildromantisch neben unserem Weg emporragt.

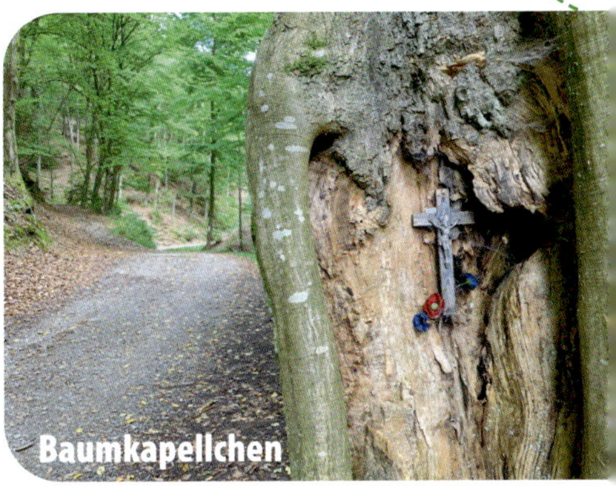
Baumkapellchen

Nachdem wir den Rückersbach über eine Holzbrücke überquert haben, formt der Waldweg eine Linkskurve und führt uns ein ganzes Stück vom Bachlauf weg. Unentwegt schreiten wir bergan, bis sich der Wald lichtet und wir an einem asphaltierten Weg links abbiegen. Ab dem **Wegweiserstandort Klärwerk Rückersbach** orientieren wir uns geradeaus an der Markierung mit der roten Schnepfe und arbeiten uns in steilem Gelände den Berg hoch. Am Ende einer grasgrünen Weide entdecken wir das Zeichen der Schnepfe rechts an einem Baum und stapfen auf einem schmalen Pfad zwischen Waldrand und Wiese den Hügel hinauf. Oben angekommen, erwartet uns die Plattenberg-Hütte, wo wir uns auf den Rastbänken eine kurze Verschnaufpause gönnen.

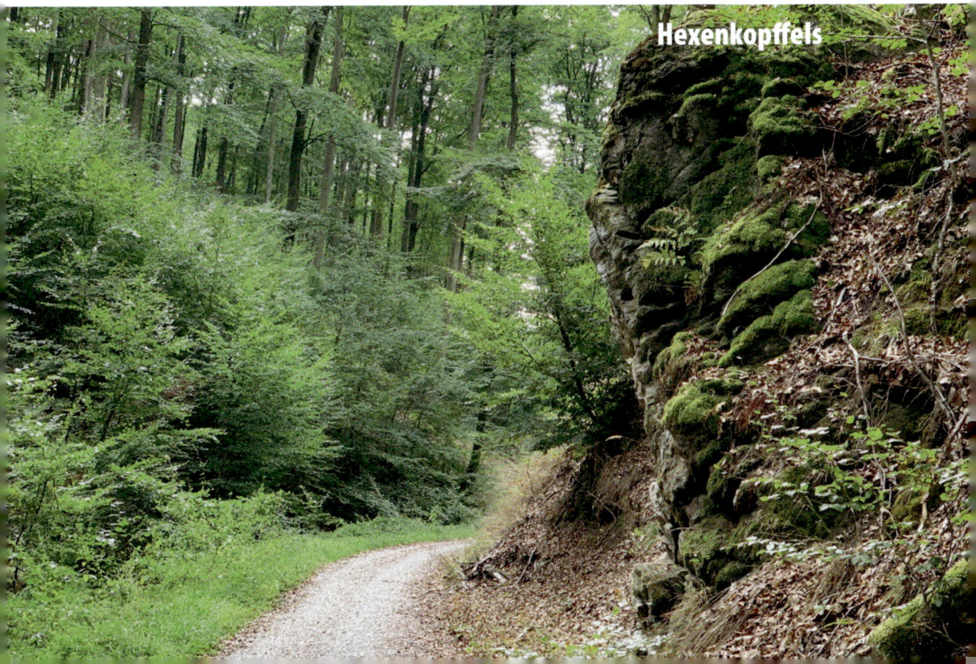
Hexenkopffels

Den Rest unserer Wanderung legen wir erneut auf unmarkierten Wegen zurück. Zunächst halten wir uns an der Hütte rechts und marschieren auf Schotter an Apfelbäumen vorbei bis zur **Hörsteiner Straße.** Neben der Straße entdecken wir linker Hand einen Wiesenpfad, dem wir bis zum Waldrand folgen. Jetzt wählen wir den Weg zu unserer Rechten, der uns unterhalb der Straße durch den Wald führt. Sobald sich der Pfad noch einmal gabelt, orientieren wir uns links und kommen schließlich am **Häggraben** heraus. Jetzt müssen wir nur noch ein kleines Stück rechts den Hang hinaufkraxeln, bis wir wieder an der **Rückersbacher Straße** stehen und linker Hand auf der anderen Straßenseite den Ausgangspunkt unserer Tour erreichen.

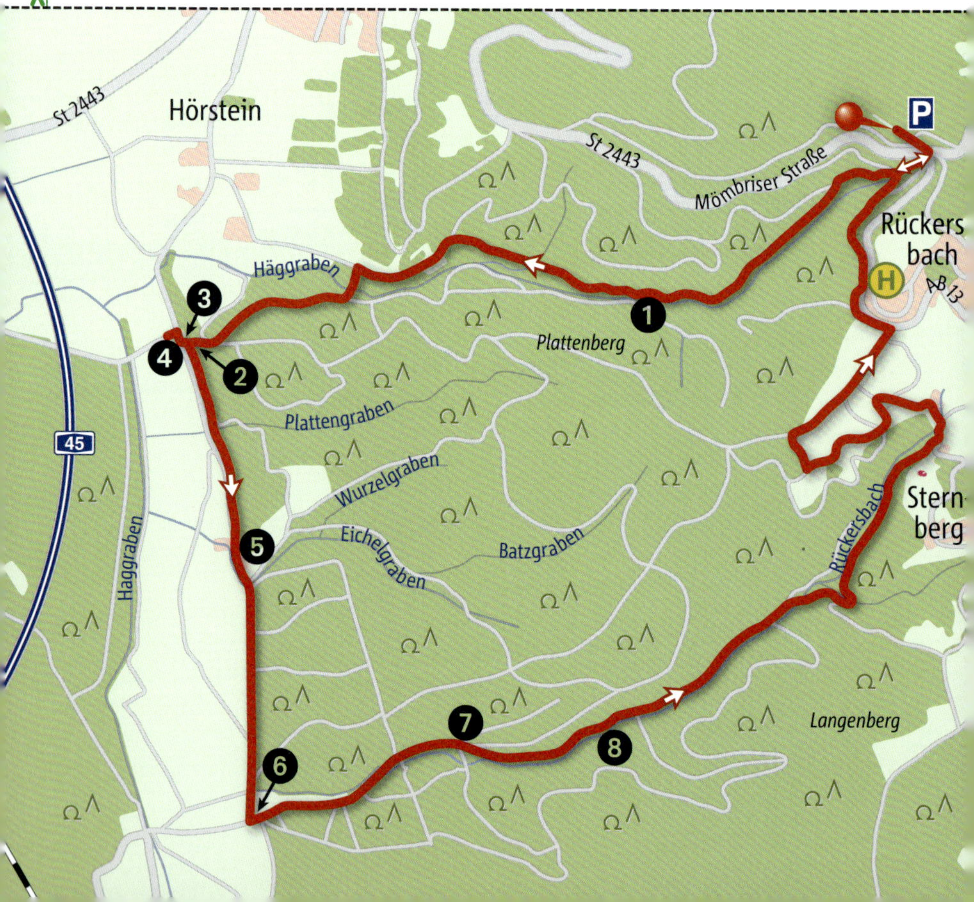

Entspannung ★★★★☆
Genuss ★★★★☆
Romantik ★★★★☆

WIE & WANN:
Überwiegend Waldwege und Pfade, ein asphaltierter Abschnitt; beste Wanderzeit von April bis Oktober (außer bei Nässe und nach Stürmen)

HIN & WEG:
Auto: Wanderparkplatz Hohl, Mömbriser Straße, 63755 Alzenau (GPS: 50.04686, 9.10476)
ÖPNV: Bus 26 von Mömbris Bahnhof nach Rückersbach, Haltestelle Siedlung – Johannesberg

ESSEN & ENTSPANNEN:
Heißerackerhof Al Cappuccino ❺ Heißeracker 8, 63801 Kleinostheim, Tel. (0 60 27) 40 48 06
Schluchthof ❻ Schluchthof 1, 63801 Kleinostheim, Tel. (0 60 27) 81 36, www.schluchthof.de

ENTDECKEN & ERLEBEN:
Naturwaldreservat Pfahlloch ❶
Anton-Günther-Denkmal ❷
Mariengrotte ❸
Der Rote Engländer ❹
Phonolith ❼
Rückersbacher Schlucht ❽

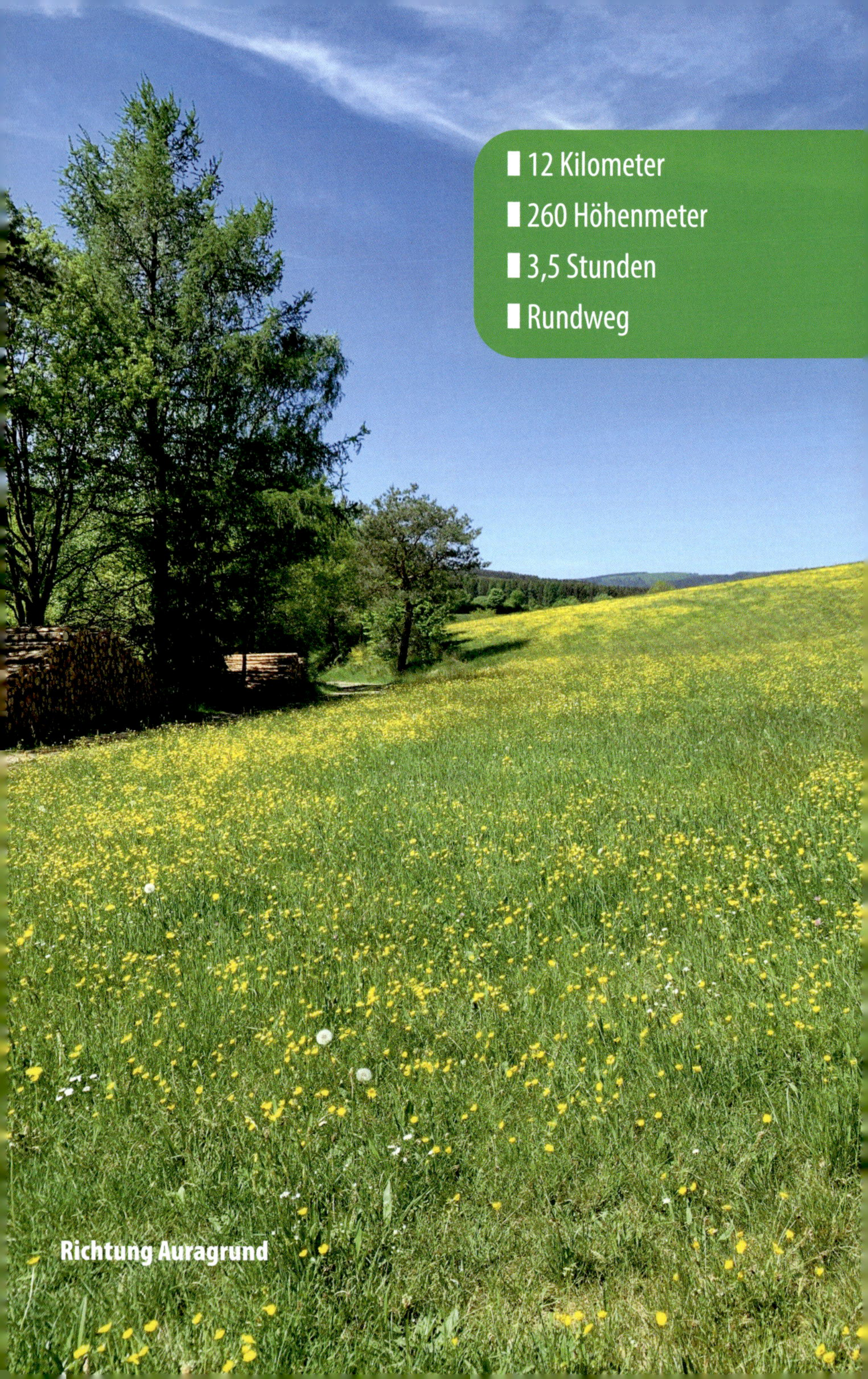

- 12 Kilometer
- 260 Höhenmeter
- 3,5 Stunden
- Rundweg

Richtung Auragrund

Blütenträume

Spessartfährte Jossgrund-Runde

Abseits von Trubel und Hektik liegt das kleine Dörfchen Burgjoß inmitten von zauberhafter Landschaft. Der hessische Spessart zeigt sich hier wahrlich von seiner schönsten Seite. Wer einfach mal runterkommen und dem Alltag entfliehen möchte, findet auf der Spessartfährte Jossgrund-Runde ganz sicher wieder mehr Leichtigkeit und Gelassenheit.

Da wir während der Tour keine Möglichkeit haben einzukehren, packen wir ausreichend Essen und Trinken in unsere Rucksäcke. Startpunkt unserer Wanderung ist der **Burgwiesenpark in Burgjoß,** den wir uns am Ende unserer Tour noch genauer ansehen werden und deshalb erst einmal nur durchqueren. In nordöstlicher Richtung folgen wir dem **orangen Zeichen der Spessartfährte** und spazieren an der Jossa auf einem schmalen, gewundenen **Uferpfad ❶** entlang. Während sich der Fluss in zahlreichen Schleifen ganz natürlich an Bäumen, Sträuchern und Auen vorbeischlängelt, lauschen wir der Gute-Laune-Melodie des fließenden Wassers. Schon jetzt stellt sich bei uns völlige Entspannung ein.

Sobald der Weg endet, orientieren wir uns rechts und überqueren kurz darauf die **Landstraße L 3197.** Wir wandern geradeaus, biegen an der zweiten Abzweigung rechts ab und nehmen gleich darauf links in einem kleinen Waldstück den ersten Anstieg des Tages in Angriff. An Feldern vorbei marschieren wir zuerst auf einem sandigen, dann auf einem grasbewachsenen Wanderweg zum Wald hinauf. Ein naturbelassener Waldweg führt uns links am Waldrand entlang und endet dann an einem asphaltierten Wirtschaftsweg.

!

*Die **Jossgrund-Spessartfährte** ist nur eine von insgesamt neun Spessartfährten im hessischen Spessart. Die Touren tragen das Deutsche Wandersiegel und sind als Premiumwege zertifiziert. Traumhafte Naturerlebnisse sind also garantiert.*

Hier halten wir uns links und biegen gleich darauf rechts ab. An der direkt folgenden Weggabelung schwenken wir nach rechts und setzen unseren Aufstieg zum Steinigen Berg in einem schattigen Waldstück auf weichem Untergrund fort. Über unseren Köpfen vernehmen wir das sanfte Rauschen der Blätter, das sich wie das leise Geflüster eines freundlichen Waldgeistes in unsere Ohren schleicht. Oben angekommen, lichtet sich der Wald und gibt einen grandiosen **Weitblick über den Auragrund ❷** zu den bewaldeten Kuppen im Süden frei. Unmittelbar durchströmt uns ein wohliges Gefühl der Vollkommenheit und lässt uns freudig erschaudern. Lassen sich Glücksmomente wirklich so einfach heraufbeschwören?

Als wir uns endlich von der bezaubernden Szenerie losreißen können, bringt uns ein sandiger Weg den grasbewachsenen Hügel hinab. Wir treffen auf einen Schotterweg, halten uns links und gelangen zu einer der wenigen noch erhaltenen **Wacholderheiden ❸** im

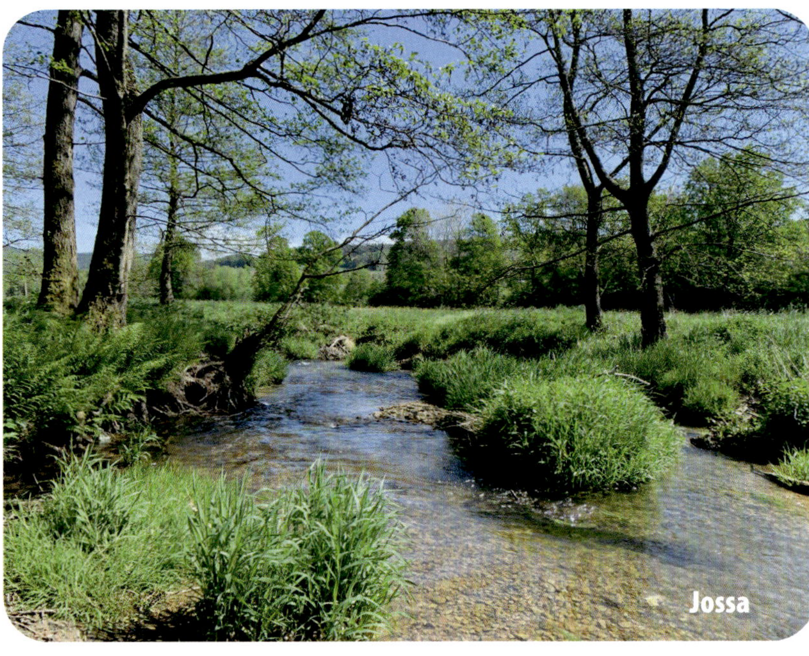

Jossa

Für die Seele

Inmitten sattgrüner Wiesen schreiten wir durch einen Teppich aus gelb leuchtenden Butterblumen und lassen unsere Blicke in die Ferne schweifen.

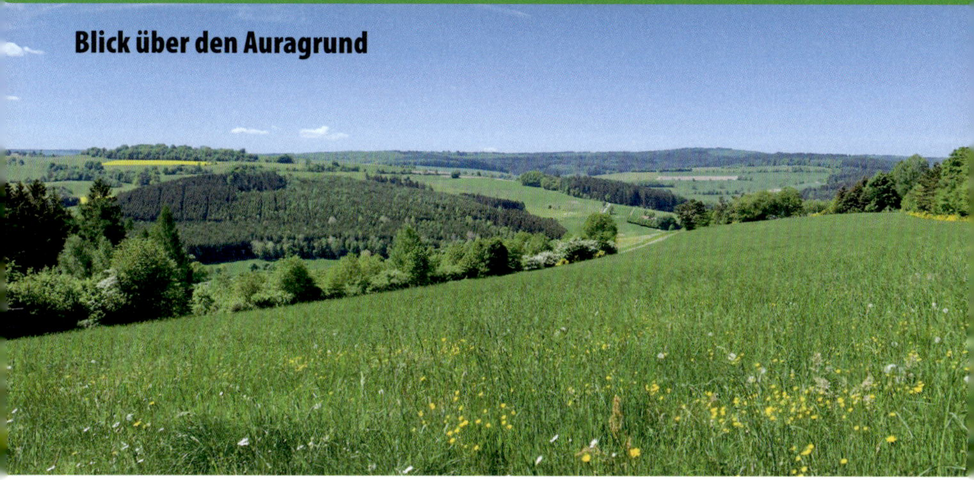

Blick über den Auragrund

Spessart. Zum Zeitpunkt unserer Tour wird die Heide jedoch stark von gelb leuchtenden Ginsterbüschen dominiert.

Nach einem kleinen Waldstück halten wir uns links. Den Blick auf ein idyllisches Wiesental gerichtet, führt uns das orange Spessartfährte-Zeichen in den Auragrund hinab. Besonders schön ist es hier im Frühjahr, wenn das Gras hoch steht und sich eine Schatztruhe aus goldgelben Butterblumen über den Wiesen ergießt. Plötzlich fällt es uns ganz leicht, einfach nur im Jetzt zu leben und frische Kraft zu sammeln. Nahe der **Landstraße L 2303** biegen wir links ab, stapfen auf einem schmalen Pfad durch dichten Laubwald und gelangen über einen Wiesenpfad zum romantischen **Forsthaus Zieglerfeld.** Das Forsthaus ist heute ein hochwertig eingerichtetes Ferienhaus, das seinen Gästen im idyllischen Auragrund ein Stück Himmel auf Erden beschert.

Auf der anderen Straßenseite folgen wir dem geschotterten Weg und schlendern gleich darauf rechts am Waldrand entlang. An der nächsten Abzweigung orientieren wir uns links und erklimmen im lichten Nadelwald den Schönberg auf mit Wurzeln durchzogenen Wegen. Sobald wir aus dem Wald hinaustreten, gelangen wir rechts erneut auf einen Wiesenweg, der uns zu einer malerisch gelegenen Sitzgruppe bringt. Hier genießen wir nicht nur den fantastischen **Fernblick auf Mernes 4**, sondern schmökern auch nach Herzenslust in einem Wandererlebnisbuch, das wir in einem kleinen Holzkasten finden. Selbstverständlich lassen wir uns das Vergnügen nicht entgehen und verfassen selbst ein paar Zeilen über unsere positiven Eindrücke auf der Spessartfährte.

Im Wechsel von Wiesen und Wald bringt uns der Weg schließlich ins malerische **Tiefental 5** hinab, in dem uns einmal mehr der Duft von frischem Gras in die Nase steigt. Umgeben von herrlicher Natur biegen wir links auf einen Schotterweg ab und folgen kurz darauf erst einem asphaltierten Wirtschaftsweg, dann weiter geradeaus einem sanften Wiesenweg den steilen Hang hinauf. Wir schwenken rechts auf einen Schot-

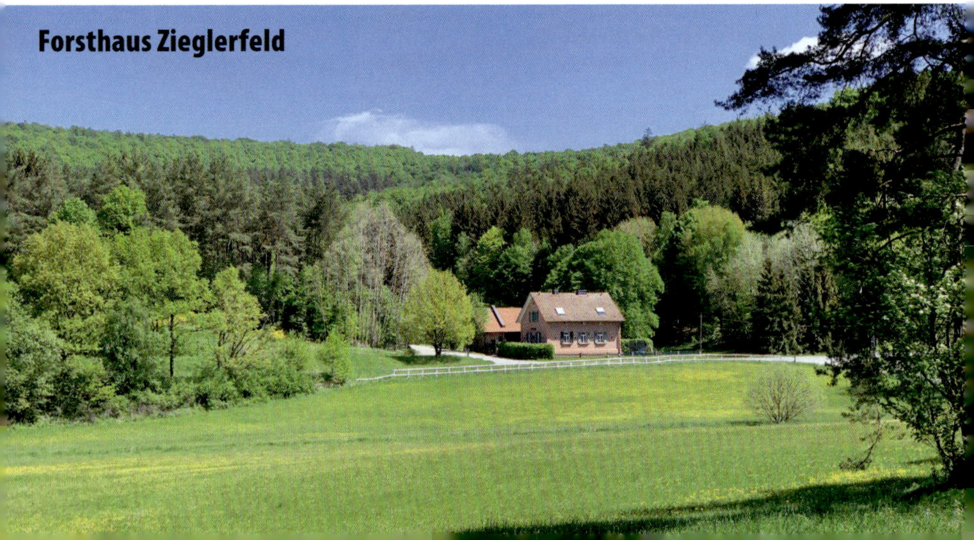

Forsthaus Zieglerfeld

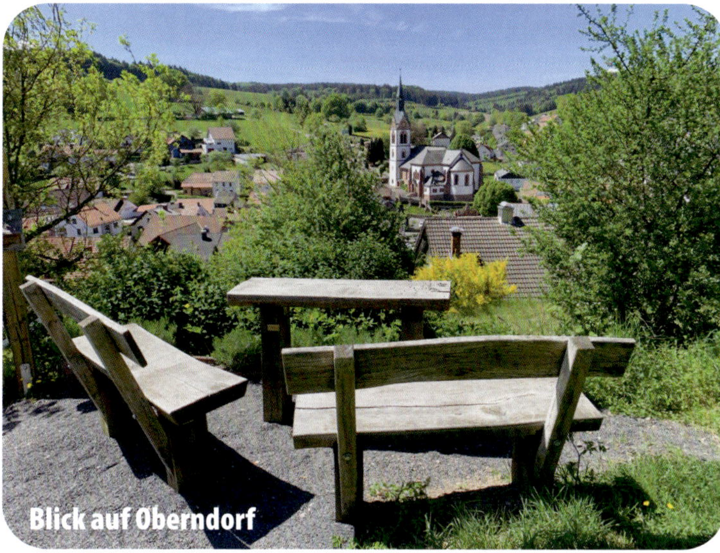

Blick auf Oberndorf

terweg und arbeiten uns auf dem **Hüttkreuzweg** weiter in die Höhe. Gebannt lassen wir den Blick über weitläufige Koppeln bis zu den geschwungenen Hügeln rund um den Auragrund gleiten. Im Frühling erwartet uns auf den ausgedehnten Wiesen auch hier ein prächtiges Blütenmeer, in das wir nur allzu gerne eintauchen würden.

Wir wenden uns nach rechts und steuern schnurgerade auf die Kuppe des **Zöllersbergs** 6 zu, der uns auf dem nächsten Abschnitt unserer Tour mit herrlichen Fernblicken belohnen wird. Linker Hand bringt uns ein Wiesenweg zackig gen Tal, macht jedoch kurz vor den ersten Häusern einen Rechtsknick und leitet uns auf der Höhe an dem malerischen Örtchen Oberndorf vorbei. An einer Sitzgruppe legen wir eine ausgiebige Rast ein und erfreuen uns in aller Ruhe an der fast unwirklich schönen **Aussicht auf Oberndorf** 7 – ein Anblick, der einem Bilderbuch entsprungen scheint.

Am Ende des Wiesenpfads stapfen wir rechts ein paar Meter den Hügel hinauf, um gleich darauf links einem Schotterweg zu folgen, der uns schließlich zur

*Die Geschichte der **Burg Burgjoß** geht auf das 12. Jahrhundert zurück. 1573 wurde sie in ein Renaissance-Wasserschloss umgebaut, dessen Wassergräben später wieder eingeebnet wurden. Seit dem 19. Jahrhundert befindet sich in der Burg ein Forstamt.*

Spessartstraße hinabbringt. Wir wenden uns nach links, machen nach 100 Metern eine Spitzkehre nach rechts und überqueren die Jossa auf einem hölzernen Brückchen. Über die Straße **Am Rathaus** gelangen wir zum Brunnenweg und von dort rechtsherum zur Burgstraße, wo wir rechts auf die **Burg Burgjoß** ❽ treffen.

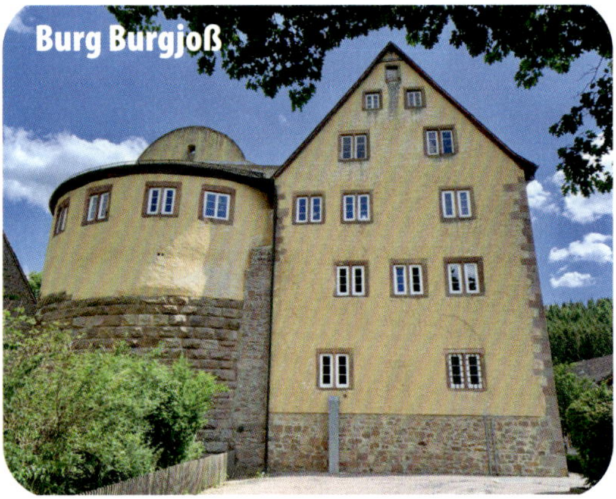
Burg Burgjoß

Am Ende unserer Tour möchten wir uns noch den **Burgwiesenpark** ❾ näher ansehen. Zuerst machen wir es uns am Ufer eines kleinen **Teichs** gemütlich und beobachten mit wohliger Gelassenheit, wie große Goldfische elegant durch das glasklare Wasser gleiten. Ein Stück weiter könnten wir Minigolf oder Boule spielen, doch unsere Wanderschuhe glühen und wir haben anderes im Sinn: Schnurstracks steuern wir

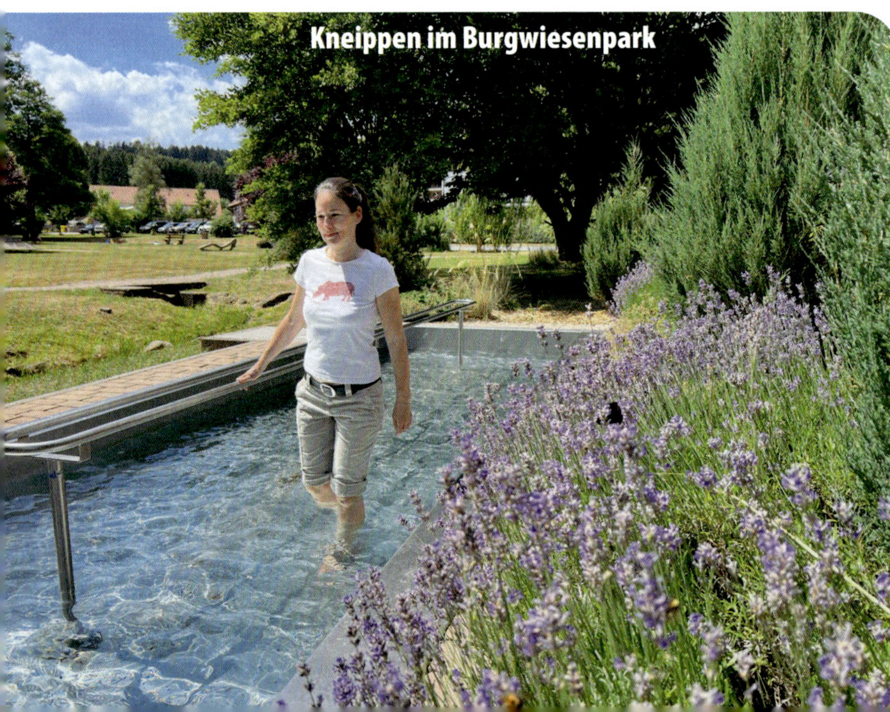
Kneippen im Burgwiesenpark

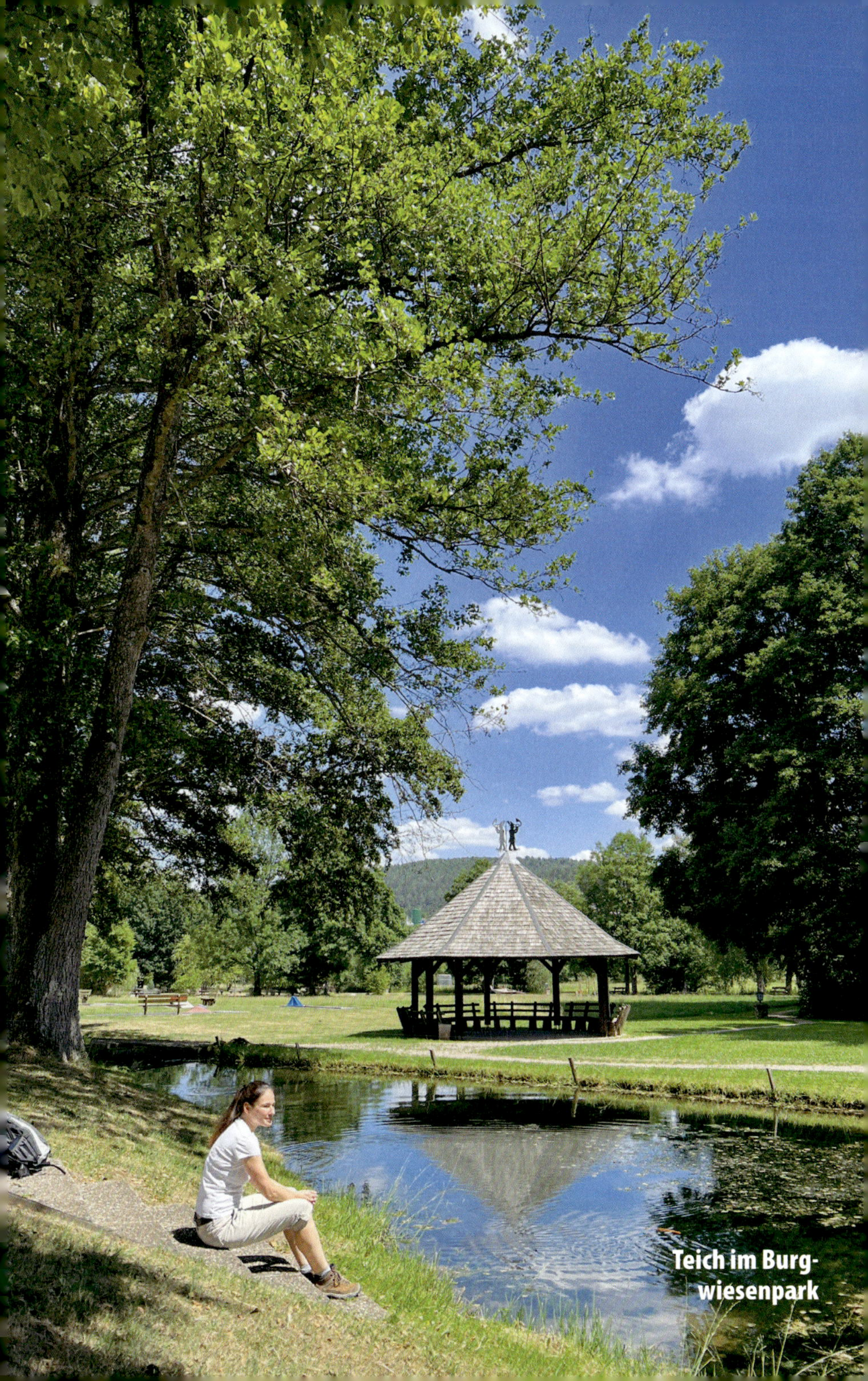

Teich im Burg-
wiesenpark

Auszeittour 3

Tipp: Wer gerne ausgiebig frühstückt, kann sich im ***Schafhof Café*** *bereits vor der Tour verwöhnen lassen. Die liebevoll angerichteten Frühstückskreationen sind weithin dafür bekannt, besonders lecker und abwechslungsreich zu sein.*

die **Kneippanlage** an, die wir bereits am Beginn unserer Wandertour entdeckt haben. Jetzt können wir es kaum noch erwarten, bis wir unsere heißen Füße in das klirrend kalte Wasser tauchen können. Welch eine Wohltat! Während wir unsere Füße an der Luft trocknen lassen, festigt sich in uns der Wunsch nach einer süßen Belohnung zum Abschluss. Leckerer Kuchen und ein köstlicher Kaffee kämen jetzt gerade recht. Wie gut, dass das gemütliche **Schafhof Café** ⑩ direkt am Burgwiesenpark liegt und noch ein Tisch auf der sonnigen Terrasse frei ist. Bei selbst gemachten Waffeln und einem Stück selbst gebackener Torte schlemmen wir, was das Zeug hält. Schöner könnte die Tour kaum enden.

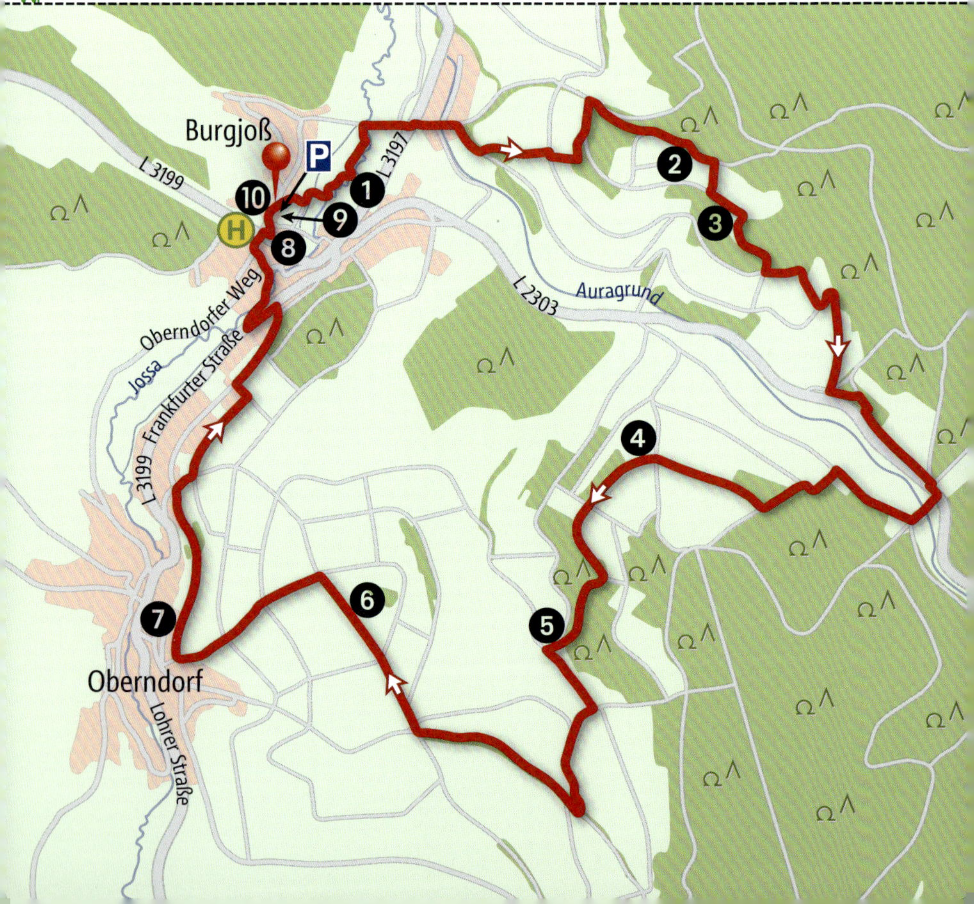

Entspannung ✱✱✱✱✱
Genuss ✱✱✱✱✱
Romantik ✱✱✱✱✱

WIE & WANN:
Viele Wiesen- und Waldwege; beste Wanderzeit von April bis Oktober

HIN & WEG:
Auto: Parkplatz am Burgwiesenpark, Georg-Hartmann-Straße, 63637 Jossgrund (GPS: 50.20517, 9.47992)
ÖPNV: Bus MKK-83 von Bad Orb Busbahnhof nach Burgjoß, Haltestelle Burgstraße

ESSEN & ENTSPANNEN:
Schafhof Café ❿ Georg-Hartmann-Straße 7, 63637 Jossgrund, Tel. (0 60 59) 9 06 53 20, www.schafhof-cafe.de

ENTDECKEN & ERLEBEN:
Uferpfad an der Jossa ❶
Weitblick über den Auragrund ❷
Wacholderheide ❸
Fernblick auf Mernes ❹
Tiefental ❺
Zöllersberg ❻
Aussicht auf Oberndorf ❼
Burg Burgjoß ❽
Burgwiesenpark ❾

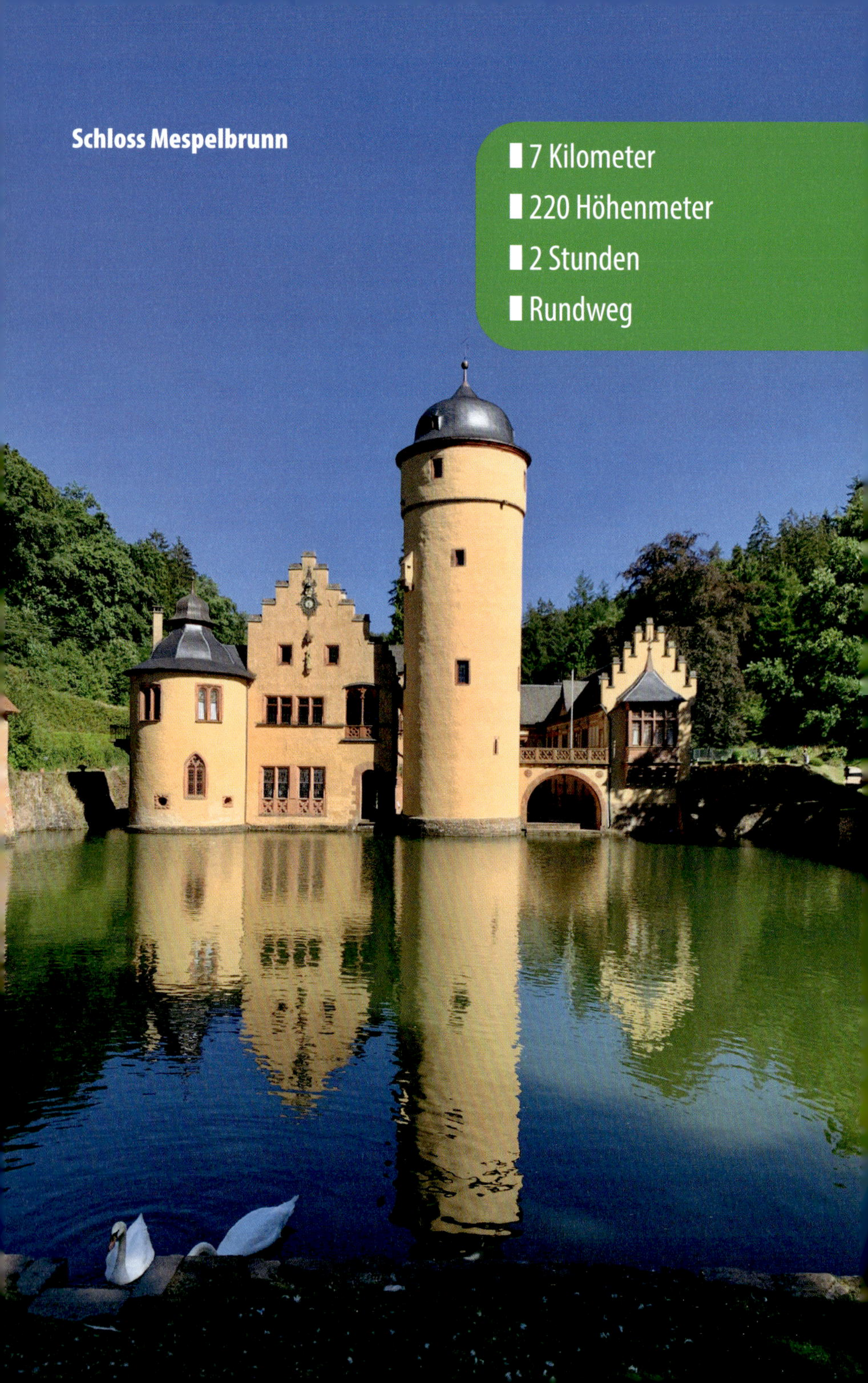

Schloss Mespelbrunn

- 7 Kilometer
- 220 Höhenmeter
- 2 Stunden
- Rundweg

Romantik pur

Zum Wasserschloss Mespelbrunn

Zu den bekanntesten Sehenswürdigkeiten im Spessart zählt das Wasserschloss in Mespelbrunn. Touristen aus der ganzen Welt kommen an diesen bezaubernden Ort, um dem märchenhaften Renaissanceschloss einen Besuch abzustatten. Und so darf eine Schlossbesichtigung auch auf unserer Wanderung auf keinen Fall fehlen. Doch zunächst möchten wir die wunderschöne Natur rund um Mespelbrunn genießen.

Julius-Echter-Weg

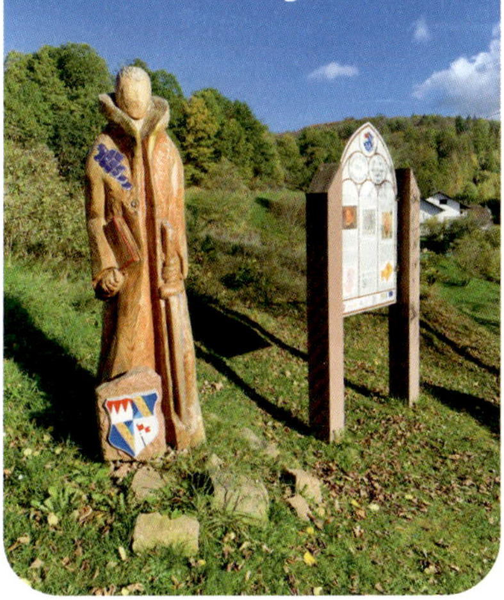

Unsere Tour beginnt an einem Wanderparkplatz, der sich am südlichen Ortsausgang von Mespelbrunn neben einem großen Supermarkt befindet. An der **Hauptstraße** orientieren wir uns links und folgen dieser so lange, bis wir rechts in die **Schloßallee** einbiegen und gleich darauf links den Kapellenweg emporstapfen. Uff, direkt zu Beginn unserer Tour geht es hier richtig steil bergauf. Hier, auf dem **Kapellenweg,** begegnen wir der blau-roten Markierung des Julius-Echter-Wegs, dem wir auf dem ersten Abschnitt unserer Tour folgen. Seine liebevoll angelegten Wegstationen erzählen uns vom Leben und Wirken des einstigen Fürstbischofs – gleich zu Beginn können wir an einer kleinen Marienkapelle die große Holzskulptur des Julius Echter bestaunen. Kurz darauf schließen wir uns der **Jägerstraße** zu unserer Linken an und arbeiten uns nach einem Rechtsknick über den Unteren Panoramaweg zum **Oberen Panoramaweg** ❶ hinauf.

Julius Echter *verbrachte seine Kindheit auf Schloss Mespelbrunn und wurde später Fürstbischof von Würzburg. Als großer Bauherr prägte er mit dem Juliusspital, der Julius-Universität sowie der Festung Marienberg das Stadtbild von Würzburg.*

Die Mühe des anstrengenden Aufstiegs soll sich schon bald bezahlt machen: Sobald wir oben angekommen sind, erwartet uns eine fabelhafte Aussicht auf das Elsavatal. Gemütlich spazieren wir auf dem sonnigen Höhenweg an weiten Wiesenlandschaften vorbei und lassen unsere Blicke über die geschwungenen Hügel in die Ferne gleiten. Während unser Herzschlag allmählich zur Ruhe kommt, spüren wir, wie sich eine angenehme Gelassenheit in uns ausbreitet. Hie und da laden uns Rastbänke mit Panoramablick zum Verweilen und Besinnen ein. Besondere Aufmerksamkeit verdient ein mehrschichtiges Kunstwerk von Stefan Kempf: Wenn wir es aus der richtigen Perspektive betrachten, setzt es sich zu einer Bischofsfigur zusammen und gewährt den richtigen Durchblick.

Nach einer lang gezogenen Rechtskurve tauchen wir schließlich in den Schatten spendenden Wald ein und verabschieden uns vom Julius-Echter-Weg, indem

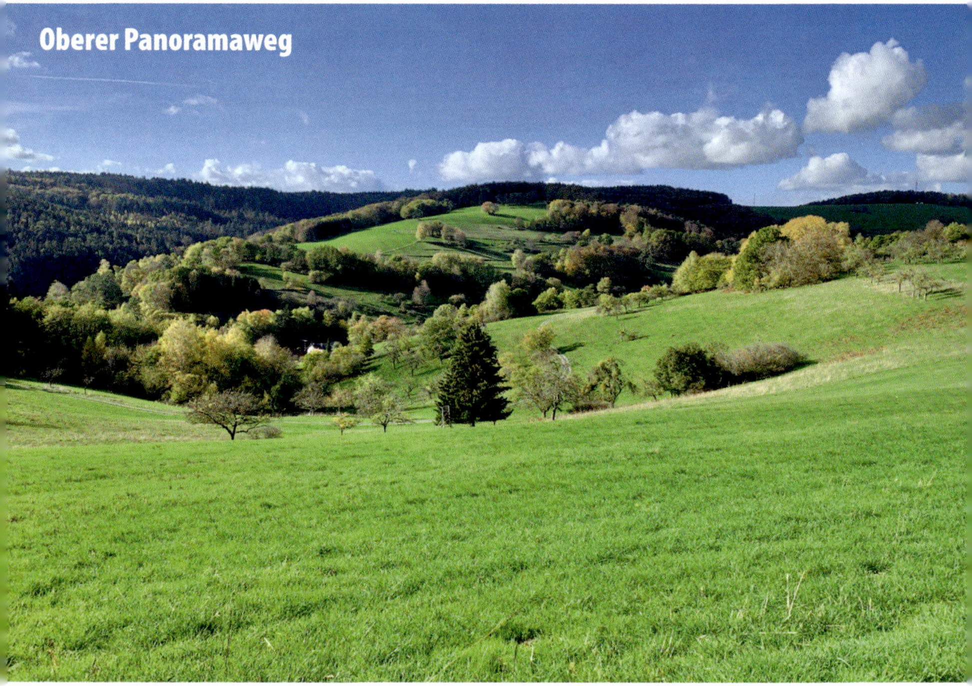
Oberer Panoramaweg

Für die Seele

Wir erfreuen uns an herrlichen Weitblicken, stapfen durch verschwiegene Wälder und lassen uns von echter Spessartromantik verzaubern.

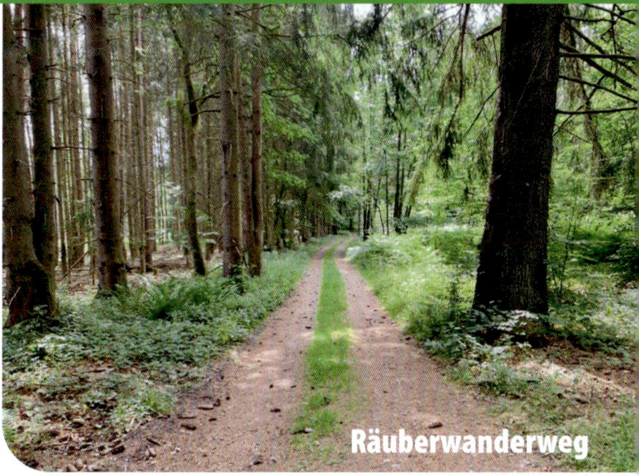

Räuberwanderweg

wir uns an der folgenden Abzweigung rechts halten. Wir befinden uns jetzt auf dem Mespelbrunner **Räuberwanderweg,** der uns auf einem gut ausgebauten Waldweg ein ganzes Stück lang gemäßigt bergan führt. Während wir immer mehr an Höhe gewinnen, saugen wir die Schönheit des Waldes mit allen Sinnen in uns auf. Wir hören, wie die Baumkronen um uns herum rauschen, und lassen uns in beruhigendes Gewisper einhüllen. Wir blicken nach oben und sehen den Ästen dabei zu, wie sie sich von den Kräften des Windes geschmeidig hin- und herschaukeln lassen. Dann schließen wir die Augen und atmen den betörenden Geruch von frischem Moos, feuchtem Holz und vertrauter Heimat ein. Den Augenblick genießen – das ist das Einzige, was in diesem Moment für uns zählt.

Am **Wegweiserstandort Königshöhe** erreichen wir schließlich den höchsten Punkt unserer Wanderung und können an einer überdachten Schutzhütte eine Rast einlegen. Wir biegen rechts ab und orientieren uns ab sofort am **roten Schrägstrich** Richtung Schloss Mespelbrunn. Nach einer leichten Rechtskurve biegen wir vom Forstweg links ab und lassen uns im weiteren Verlauf von schmalen, weichen Waldpfaden rasch den

Hügel hinabtragen. Sobald sich der Wald langsam lichtet, können wir im Frühsommer zwischen den Nadelbäumen ein Meer aus Tausenden Fingerhutblüten bestaunen. Aus ihren pinken und weißen Blütenglocken sammeln fleißige Bienchen und Hummeln süßen Nektar, doch wir sollten mit den prächtigen Blüten besser nicht in Berührung kommen: Die bezaubernden Pflanzen sind für Menschen nämlich hochgradig giftig.

*Das **Schloss Mespelbrunn** wurde um 1427 erbaut. Doch erst zwischen 1551 und 1569 ließ Peter Echter von Mespelbrunn die Anlage in ein Renaissanceschloss umbauen. Dank seiner versteckten Lage hat das Schloss alle Kriege bisher unbeschadet überstanden.*

Wenige Meter weiter endet der Waldweg direkt am **Schloss Mespelbrunn ❷**, das sich seit Anbeginn in Familienbesitz befindet. Zwischen April und November können wir uns tagsüber jederzeit eine Eintrittskarte kaufen und das Schloss bei einer Führung besichtigen. Pro Stunde finden mindestens zwei Führungen statt, sodass wir nicht allzu lange warten müssen, bis wir in einer kleinen Gruppe über das romantische Schlossgelände flanieren dürfen. Während der nächsten 40 Minuten erhalten wir eindrucksvolle Einblicke in die Familiengeschichte der Stammsitzgründer „Echter von und zu Mespelbrunn“ und in die Räumlichkeiten des Nordflügels. Nachdem die Linie der Echter erloschen

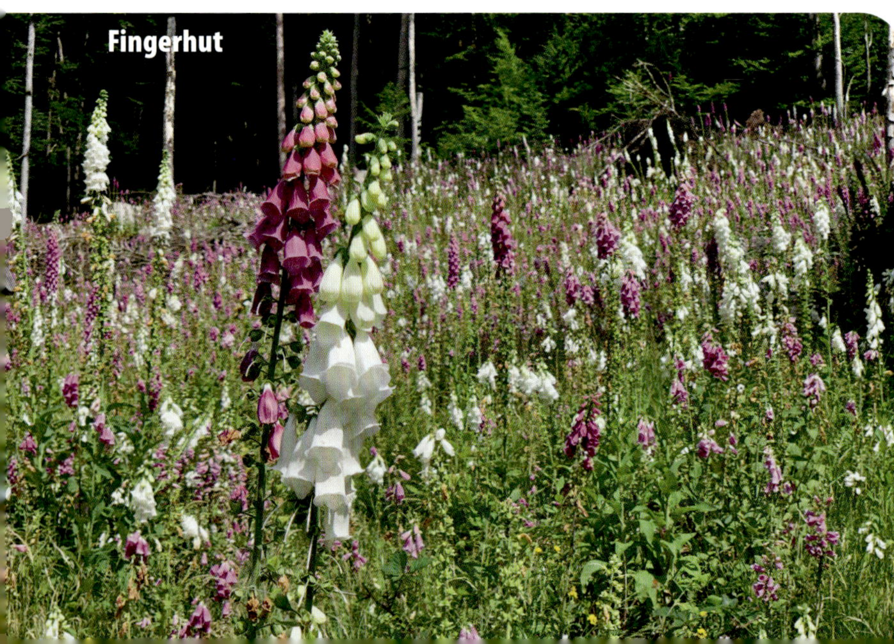

Fingerhut

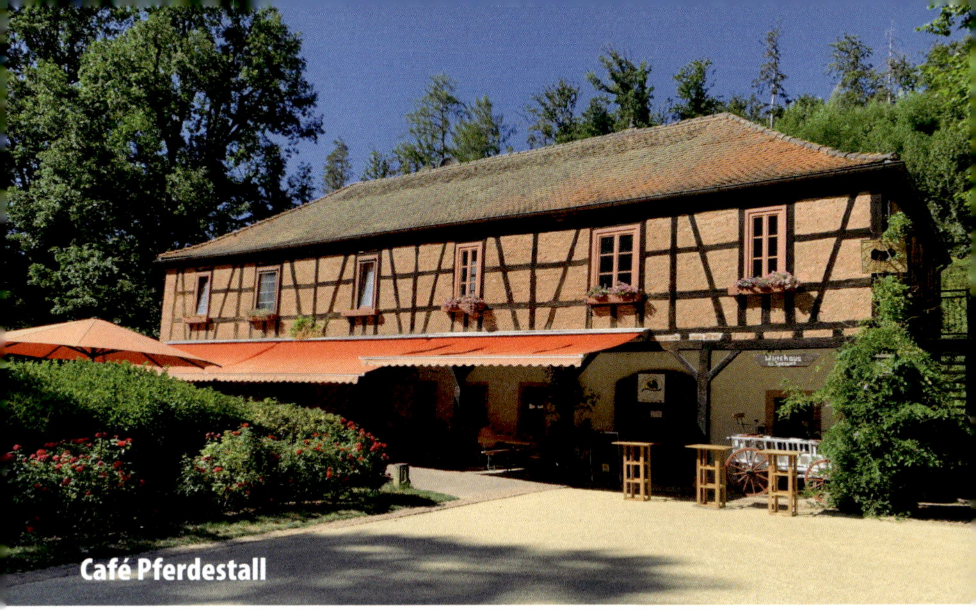

war und die letzte Echterin 1648 Philipp Ludwig von Ingelheim zum Gemahl nahm, wurden beide Namen zusammengeführt. Der Südflügel des Schlosses wird von der Familie „Grafen von Ingelheim genannt Echter von und zu Mespelbrunn" noch heute bewohnt.

Bekannt ist das Schloss Mespelbrunn übrigens auch aus dem Filmklassiker „Das Wirtshaus im Spessart" mit Liselotte Pulver. Spätestens seit diesem Gassenfeger hat sich in den Köpfen vieler Menschen das Bild vom Spessartwald als Räuberwald gefestigt.

Nach der Führung macht sich ein leichter Hunger in uns breit. Wie gut, dass sich innerhalb des Schlossgeländes das bezaubernde **Café Pferdestall ❸** befindet, wo wir uns Kaffee und Kuchen bestellen. Am Ausgang der Schlossanlage setzen wir unseren Weg geradeaus fort und stoßen nach etwa 500 Metern auf ein weiteres bemerkenswertes Bauwerk: die **Gruftkapelle St. Maria ❹**, die mit ihrer markanten Doppelturmfassade erhaben über dem Elsavatal thront. Sie wurde zwischen 1874 und 1875 von Graf Friedrich von Ingelheim als Grablege

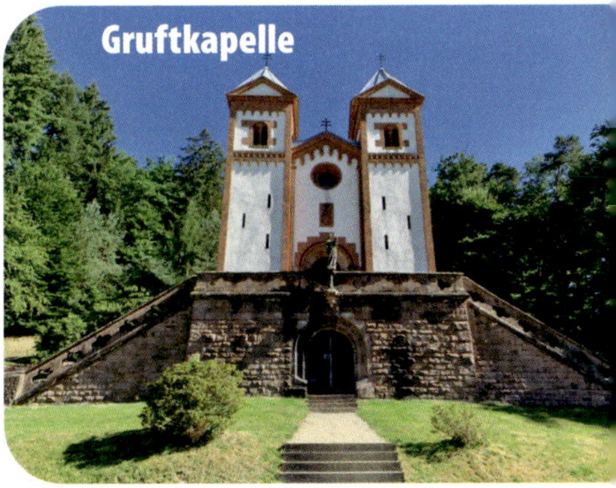

der Grafenfamilie errichtet. Von innen besichtigen können wir sie allerdings nicht. Stattdessen lassen wir uns auf den Sitzbänken vor der Basilika nieder und genießen den Blick auf das beschauliche Mespelbrunn, bevor uns ein steiler Waldpfad zur Hauptstraße und zum Wanderparkplatz zurückführt.

Im Anschluss an unsere nicht allzu anstrengende Tour beschließen wir, uns im malerisch gelegenen **Adventure-Golf Räuberland ❺** bei einer Partie Minigolf herauszufordern. Hierzu fahren oder spazieren wir einfach ein kurzes Stück die Hauptstraße Richtung Heimbuchenthal hinunter und entdecken die Minigolfanlage mitten im grünen Elsavatal zu unserer Rechten.

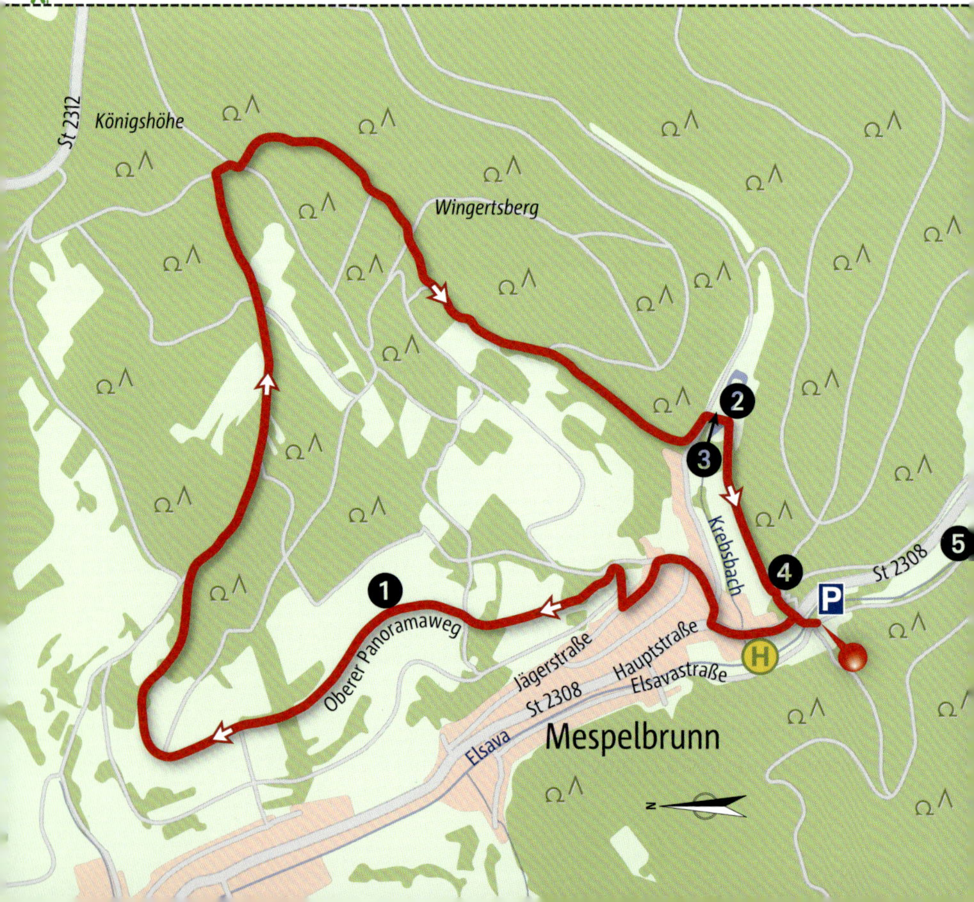

Entspannung ✱✱✱✱✱
Genuss ✱✱✱✱✱
Romantik ✱✱✱✱✱

WIE & WANN:
Waldwege und Pfade, geschotterte Wege; beste Wanderzeit von April bis Oktober

HIN & WEG:
Auto: Wanderparkplatz am südlichen Ortsausgang von Mespelbrunn, 63875 Mespelbrunn (GPS: 49.90327, 9.29830)
ÖPNV: Bus 40 von Aschaffenburg Hauptbahnhof nach Mespelbrunn, Haltestelle Einkaufscenter

ESSEN & ENTSPANNEN:
Café Pferdestall ❸ Im Schloßhof 5, 63875 Mespelbrunn

ENTDECKEN & ERLEBEN:
Oberer Panoramaweg ❶
Schloss Mespelbrunn ❷ Schloßverwaltung, 63875 Mespelbrunn, Tel. (0 60 92) 2 69, www.schloss-mespelbrunn.de
Gruftkapelle St. Maria ❹
Adventure-Golf Räuberland ❺ Millionenweg 1, 63872 Heimbuchenthal, Tel. (0 15 12) 2 69 71 84, adventure-golf-rauberland.business.site

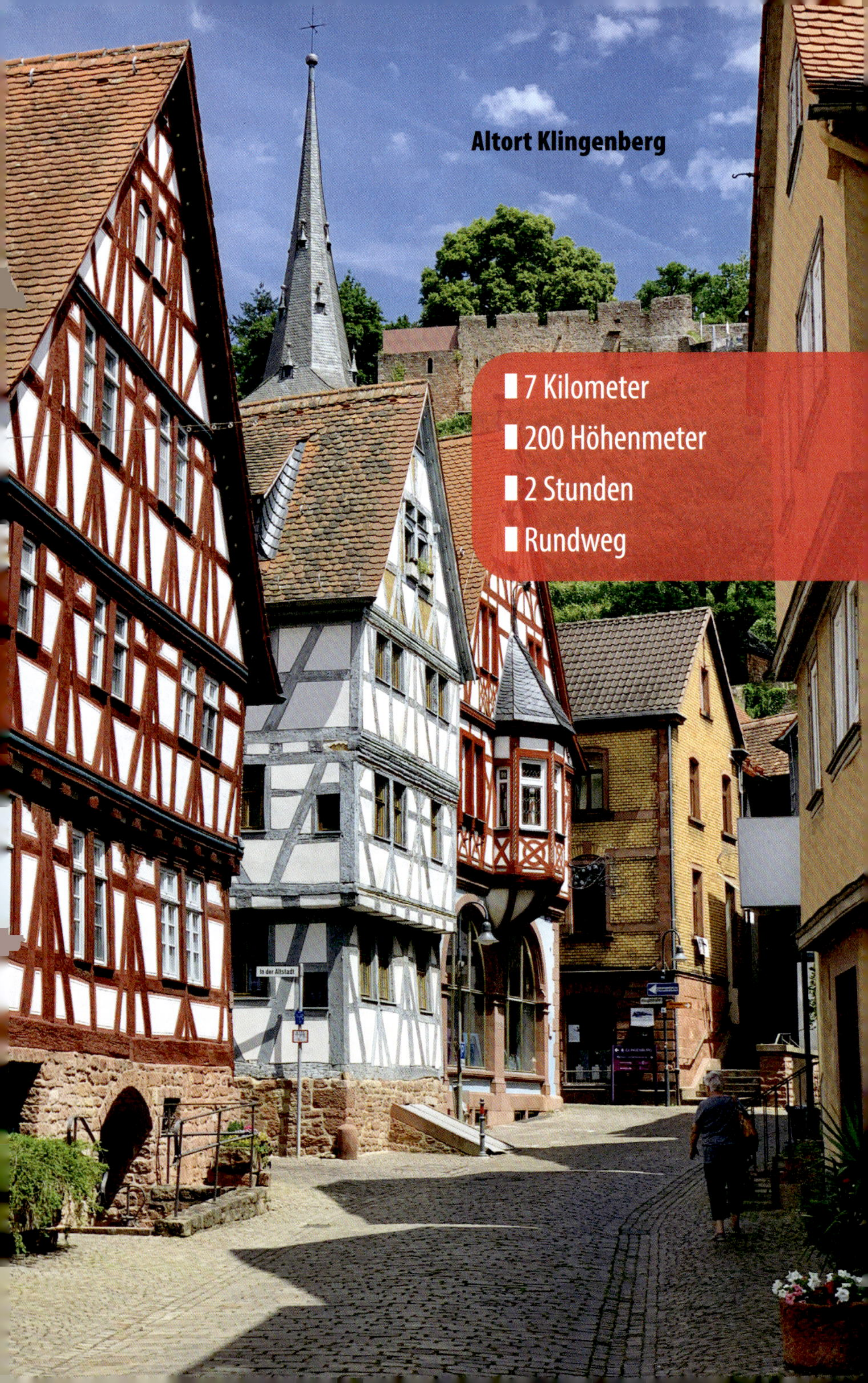

Altort Klingenberg

- 7 Kilometer
- 200 Höhenmeter
- 2 Stunden
- Rundweg

Klingenberg am Main ist heute als Rotweinstadt weltbekannt. Angebaut werden die Trauben in terrassenförmigen Steillagen, die uns beim Wandern durch die Weinberge spektakuläre Ausblicke bescheren. Doch das ist längst noch nicht alles, was Klingenberg zu internationalem Ruhm verholfen hat. Viele Jahr-

Tiefen & Höhen

Die Rotweinstadt Klingenberg

hunderte lang wurde hier auch Ton abgebaut, dem die Stadt ihren legendären Wohlstand verdankte.

Startpunkt der Wanderung ist der **Winzerfestplatz** in Klingenberg, wo jedes Jahr im August eines der ältesten Weinfeste Frankens stattfindet. Direkt am Parkplatz entdecken wir eine Fußgängerunterführung, die uns auf die andere Seite der **Rathausstraße** bringt. Hier halten wir uns rechts, biegen vor dem Restaurant Adria links in einen Fußgängerweg ein und gelangen rechter Hand über den **Glashausweg** zum **Rosengarten ①,** der einst Bestandteil des 8000 Quadratmeter großen Schlossparks war. Die heute nur noch kleine, aber sehr romantische Parkanlage beherbergt Rosen in allen erdenklichen Farben und könnte durchaus einem Märchen entsprungen sein.

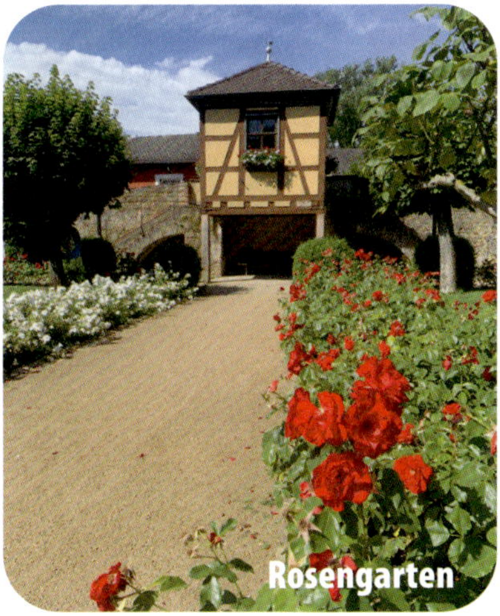
Rosengarten

Vorbei an der markanten **Trinitatiskirche** biegen wir nun zweimal rechts ab und gelangen so über die **Von-Mairhofen-Straße** wieder zur **Rathausstraße.** Hier gehen

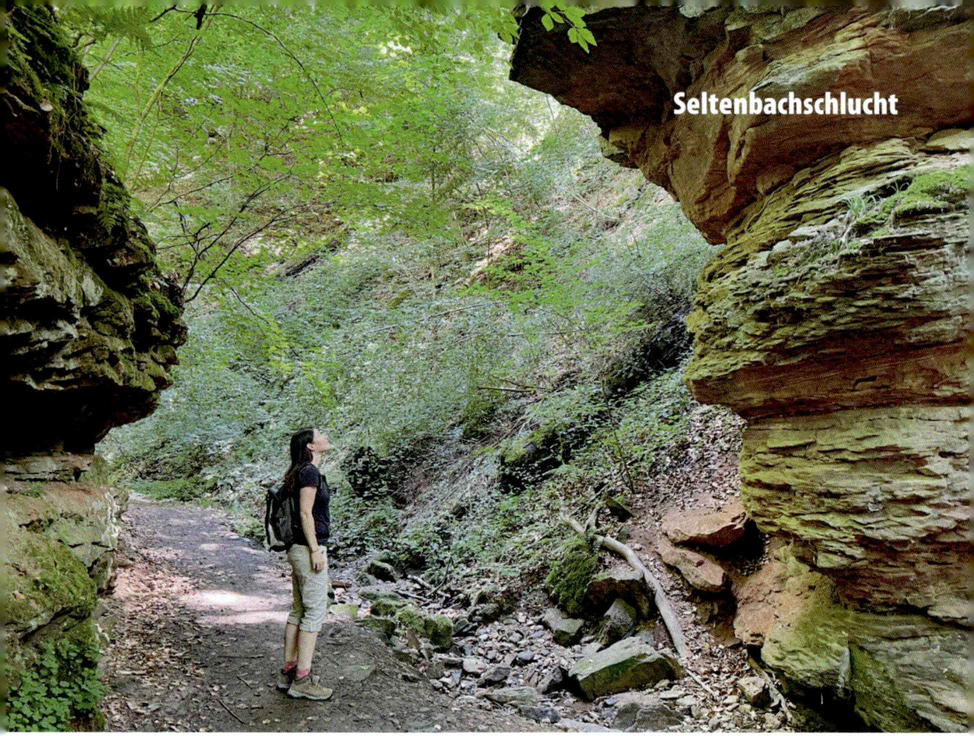

wir links und entdecken auf der anderen Straßenseite ein **großes Parkschild mit der Aufschrift „Schlucht“.** Die Straße führt uns zum Eingangsbereich der Seltenbachschlucht, wo zunächst ein in den Sandstein gehauener **Eiskeller** ❷ unsere Aufmerksamkeit auf sich zieht. Er ist nur einer von mehreren Felsenkellern, die den örtlichen Brauereien und Metzgern früher als Kühlräume dienten. Heute lagern Winzer ihren Wein in den bis zu 40 Meter langen unterirdischen Kellern.

Ein kleines Stück weiter führt uns ein weicher Pfad mitten in die **Seltenbachschlucht** ❸ hinein, die zu den hundert schönsten Geotopen in Bayern zählt. Sie ist im Eiszeitalter entstanden, als sich der Main und seine seitlichen Zuflüsse in die flache Landschaft eingeschnitten haben. Wie in einer Gebirgsklamm wandern wir an eng stehenden, teilweise überhängenden Felswänden vorbei, an denen wir unterschiedliche Steinschichten aus dem Zeitalter des Buntsandsteins studieren können. Geschichtlich betrachtet spazieren wir hier an 250 Millionen Jahren Erdgeschichte vorbei.

*Die Bodenfeuchte, das Totholz sowie der Bach in der Seltenbachschlucht stellen für den **Feuersalamander** ideale Lebensbedingungen dar. Kein Wunder also, dass die Schlucht eines der bedeutendsten Vorkommen dieser Amphibienart beheimatet.*

Zwischen den hoch aufragenden Gesteinsformationen wird es selbst im Hochsommer schlagartig dunkel, feucht und kalt um uns herum. Wir spüren, dass sich auf unseren Unterarmen eine leichte Gänsehaut ausbreitet, doch da der Weg bergan zieht, wird uns schnell wieder warm. Mehrmals kreuzen wir auf schmalen

Für die Seele

Wir marschieren durch eine tiefe Schlucht, erfahren endlose Weite und geben uns bei einem guten Schlückchen Rotwein der Leichtigkeit des Seins hin.

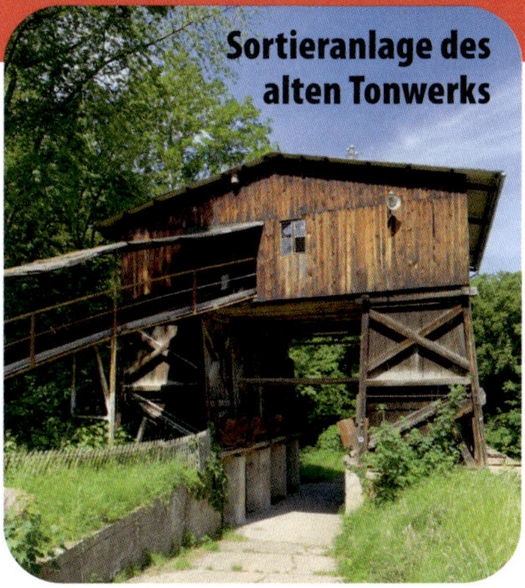

Holzbrücken den Seltenbach, der sich in einem Graben neben unserem Wanderpfad seinen Weg durch die Schlucht bahnt. Wie der Name schon sagt: Der Bach führt nur selten Wasser und begegnet uns deshalb lediglich als kleines Rinnsal.

Allmählich weitet sich die Schlucht etwas und endet schließlich vor einer **Straßenbrücke.** Ab hier orientieren wir uns rechts an der Markierung des **Europäischen Kulturwegs** – einem gelben EU-Schiffchen auf blauem Hintergrund – und folgen einem schmalen Waldpfad so lange, bis dieser uns zur Straße hinaufführt. Oben angekommen, stehen wir direkt vor der Sortieranlage des stillgelegten Klingenberger **Tonwerks** ❹. In den ehemaligen Büro- und Personalgebäuden auf der anderen Straßenseite ist heute eine Greifvogelstation untergebracht, in der kranke Greifvögel fachkundig aufgepäppelt werden. Führungen über das Gelände sind für Gruppen nur nach telefonischer Terminvereinbarung möglich.

*Fast drei Jahrhunderte lang wurde im **Bergwerk** feinster Ton abgebaut, der weltweit exportiert wurde und der Stadt Klingenberg zu großem Reichtum verhalf. In der Blütezeit erhielten die Bürger sogar eine Rendite. Geschlossen wurde das Tonwerk 2011.*

Nach einem kurzen Stück an der Straße entlang lockt uns der **Altenbrunnweg** wieder in den Wald hinein. Nach einer Rechtskurve können wir entscheiden, ob wir auf dem geschotterten Forstweg bleiben oder unsere Tour auf einem naturbelassenen Weg fortsetzen möchten. Wir entscheiden uns für Letzteres und biegen erst links und kurz darauf rechts in einen schmalen Waldpfad ein. Dieser verläuft nun parallel zum Europäischen Kulturweg und bringt uns auf weichem Untergrund geschwind bergab. Sobald der Pfad wieder in den Forstweg mit der offiziellen Markierung mündet, schlendern wir in einer Rechtskurve an der **Hütte des Feuerschutzvereins** vorbei, lassen uns kurz darauf links auf den **Hasenstallweg** leiten und gelangen weiter geradeaus auf den **Kastanienweg.** Durch das Laubdach stehlen sich immer wieder einzelne Sonnenstrahlen, die einen freundlichen Flickenteppich aus hellen Lichtpunkten auf unseren Weg zaubern. Nach einer scharfen Spitzkehre nach links steht uns auf erdig-steinigen Pfaden schließlich ein kurzer, steiler Anstieg bevor.

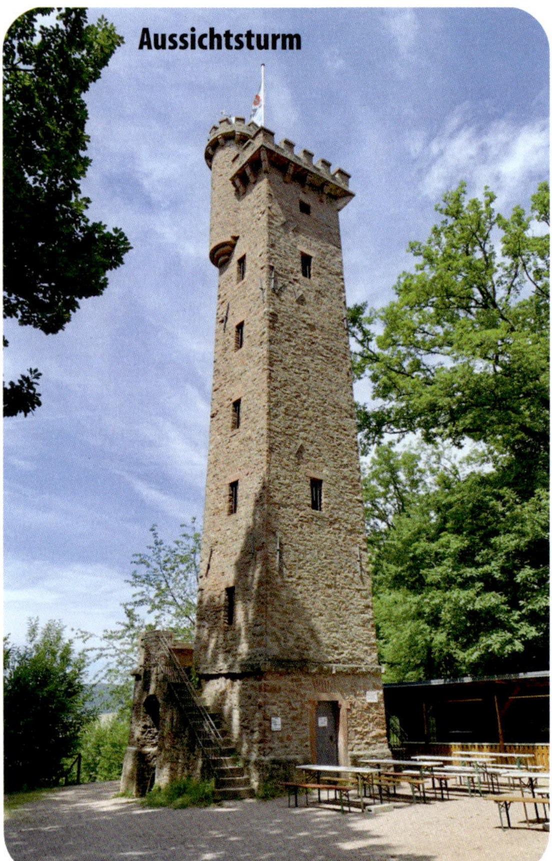

Aussichtsturm

Wir orientieren uns rechts und erreichen nach einer Linkskurve einen Pfahl mit vielen Wegweisern. An dieser Stelle führt uns eine steinerne Treppe zu un-

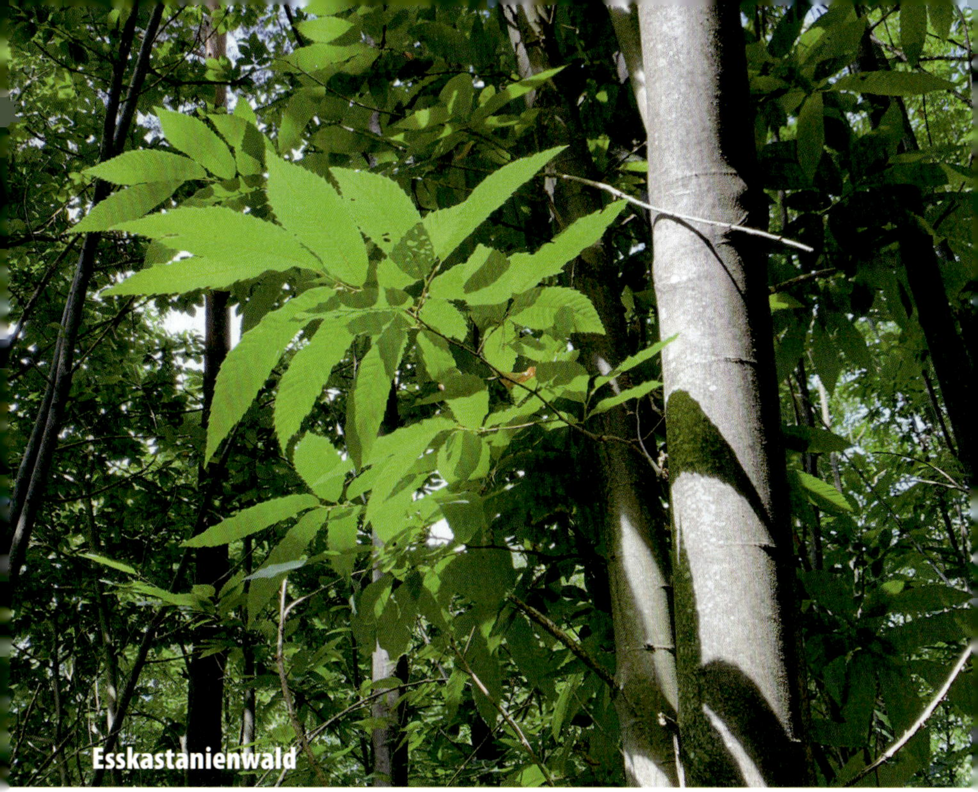

Esskastanienwald

serer Linken zum 22 Meter hohen Klingenberger **Aussichtsturm** ❺ hinauf. Geschwind stapfen wir über die schmalen Treppenstufen zur frei zugänglichen Aussichtsplattform empor und genießen den fabelhaften Fernblick über das Maintal. Direkt unter uns erspähen wir außerdem den Biergarten des bewirtschafteten **Wanderheims am Aussichtsturm** ❻, der uns zu einer Rast mit gutbürgerlichen Speisen und kalten Getränken einlädt.

Gestärkt kehren wir zum Wanderpfad zurück, wo wir uns links Richtung Röllfeld wenden. Rechts und links des Weges ragen die Baumstämme von **Esskastanien** ❼ in die Höhe, deren gespreizte Blätter im Sonnenlicht hellgrün erstrahlen. Nach einer Weile führt uns das **Zeichen des Kulturwegs** auf einem Pfad mit Holzgeländer leicht rechts den Berg hinab. Kurz darauf stapfen wir über schmale Steinstufen den Hang bis zum **Sonnenweg** ❽ hinunter und halten uns dort

*Klingenberg verfügt mit einer Fläche von rund 10 Hektar über den größten **Esskastanienbestand** Bayerns. Die Bäume bevorzugen vollsonnige Lagen und wachsen in Weinanbaugebieten besonders gut. Sie können mehrere 100 Jahre alt werden.*

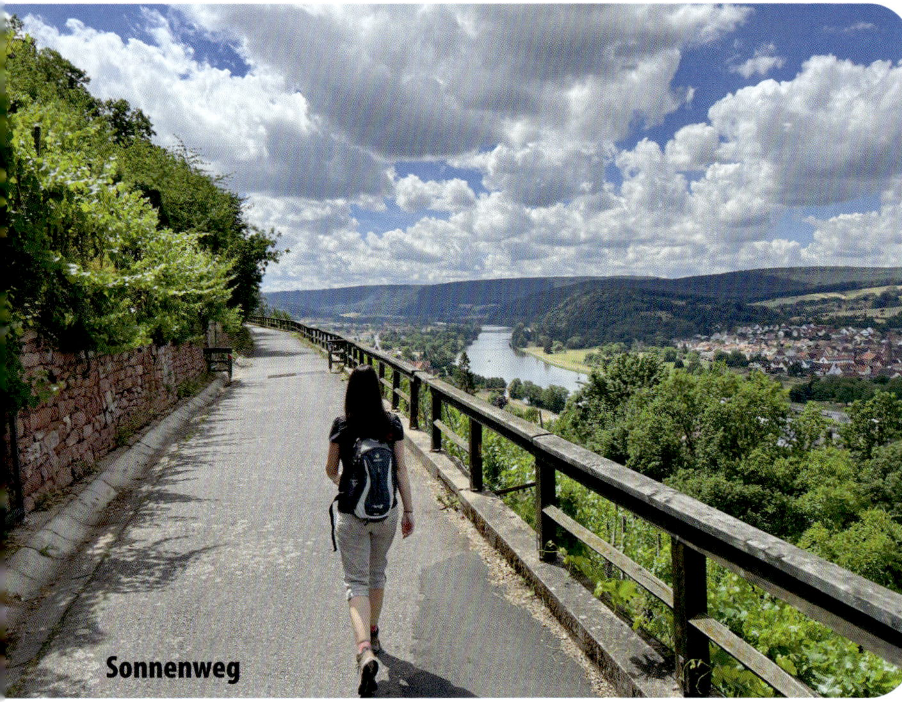

rechts. Während wir auf dem folgenden Kilometer durch die mit Weinreben bepflanzten Buntsandsteinterrassen marschieren, bleiben wir immer wieder fasziniert stehen und genießen die grandiose Aussicht. Am Ende des Panoramawegs treffen wir auf die **Burgruine Clingenburg ⑨**, die heute ein tolles Restaurant, das **Restaurant Burgterrasse Clingenburg ⑩**, beherbergt. Wählen können wir zwischen Neuinterpretationen fränkischer Klassiker, vegetarischen Köstlichkeiten und selbst gebackenen Kuchen. Dazu noch einen edlen Tropfen Frankenwein, und das Genusserlebnis ist perfekt. Zumal sich uns auch hier eine herrliche Weitsicht bietet, an der wir uns immer noch nicht sattgesehen haben.

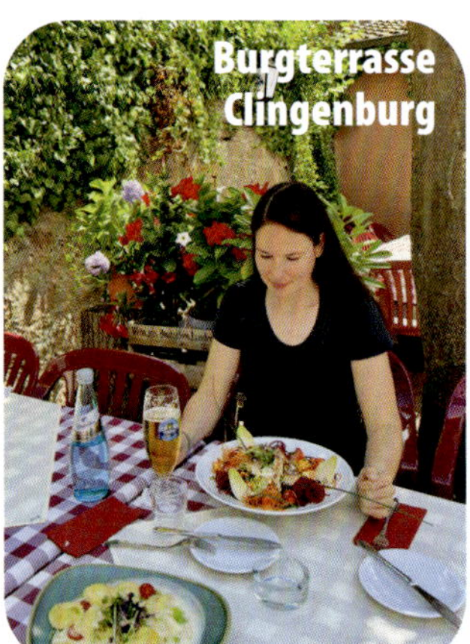

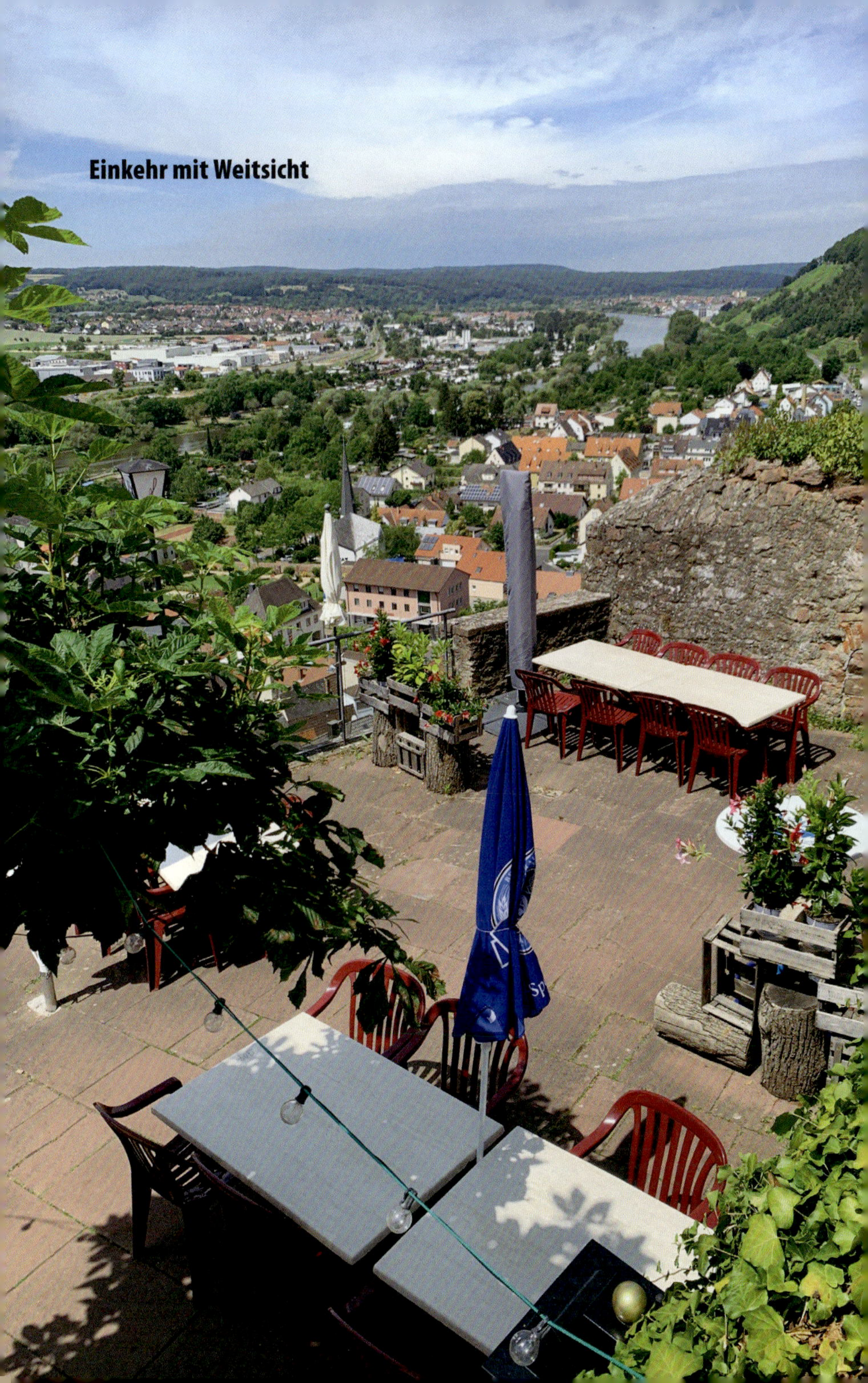

Einkehr mit Weitsicht

Panoramatour 5

Die **Clingenburg** wurde um das Jahr 1160 von Conradus Colbo, dem Mundschenk Kaiser Friedrich Barbarossas, erbaut. Heute können wir uns in den Sommermonaten inmitten der historischen Gemäuer von Musicals und Theaterstücken unterhalten lassen.

Auch wenn wir uns wünschen, dass dieser Verwöhnmoment niemals enden möge, müssen wir der Realität ins Gesicht sehen: Selbst die schönste Spessartwanderung hat irgendwann einmal ein Ende. Und so treten wir schließlich auf einem schmalen, gepflasterten Fußgängerweg den Abstieg an. Am Hang bringt uns eine Spitzkehre nach rechts zur Hauptstraße hinunter, die uns direkt in den **Altort von Klingenberg** ⑪ führt. Die urigen Fachwerkhäuser und das Stadtschloss sind durchaus einen Blick wert. Wer sich die Erinnerung an das Klingenberger Urlaubsfeeling bewahren möchte, kann nach der Tour noch eines der vielen Weingüter ansteuern und sich ein paar Flaschen Rotwein mit nach Hause nehmen.

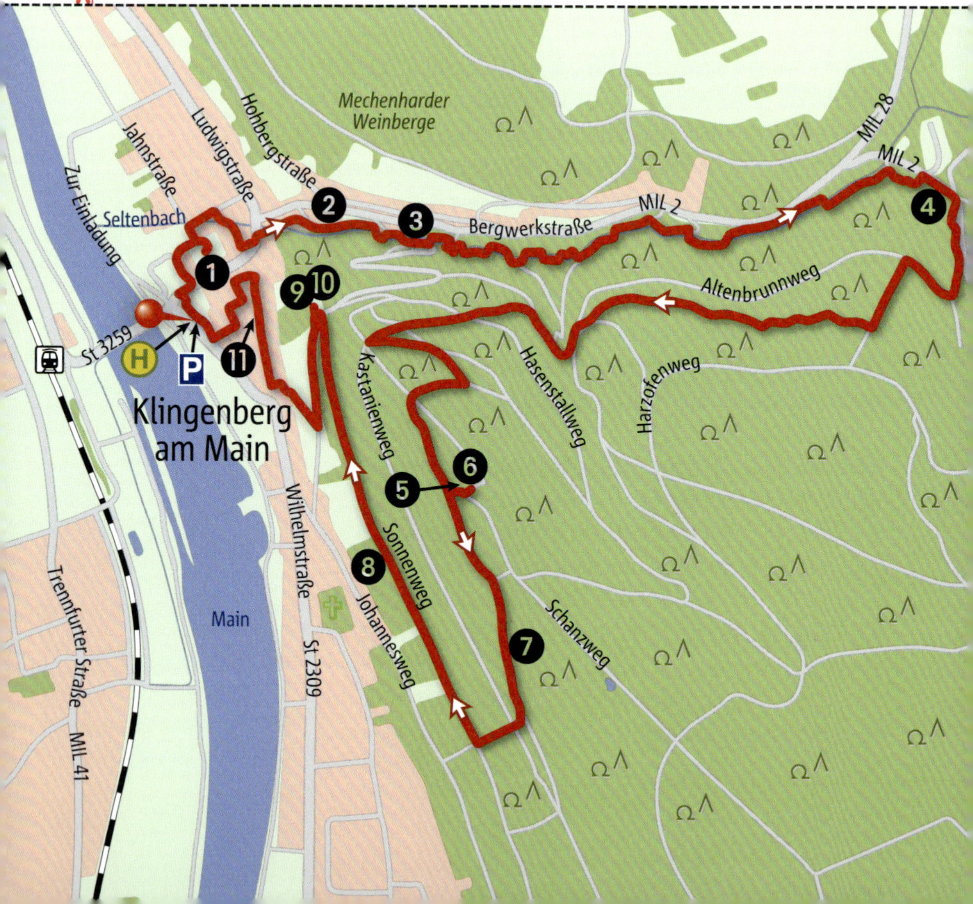

Alles auf einen Blick

WIE & WANN:
Waldwege und Pfade, asphaltierte Weinbergswege; beste Wanderzeit von April bis Oktober

Entspannung ✱✱✱✱✱
Genuss ✱✱✱✱✱
Romantik ✱✱✱✱✱

HIN & WEG:
Auto: Parkplatz am Winzerfestplatz, 63911 Klingenberg (GPS: 49.78223, 9.18082)
ÖPNV: Bus 61 von Aschaffenburg Hauptbahnhof nach Klingenberg, Haltestelle Festplatz; Bus 81 von Miltenberg Bahnhof nach Klingenberg, Haltestelle Festplatz

ESSEN & ENTSPANNEN:
Wanderheim am Aussichtsturm ❻ 63911 Klingenberg am Main, Tel. (01 62) 8 19 95 83
Restaurant Burgterrasse Clingenburg ❾ Clingenburgstraße 5, 63911 Klingenberg am Main, Tel. (0 93 72) 25 94, www.burgterrasse.de

ENTDECKEN & ERLEBEN:
Rosengarten ❶
Eiskeller ❷
Seltenbachschlucht ❸
Tonwerk ❹
Aussichtsturm ❺
Esskastanienbäume ❼
Sonnenweg mit Panoramablick ❽
Burgruine Clingenburg ❿
Altort von Klingenberg ⓫

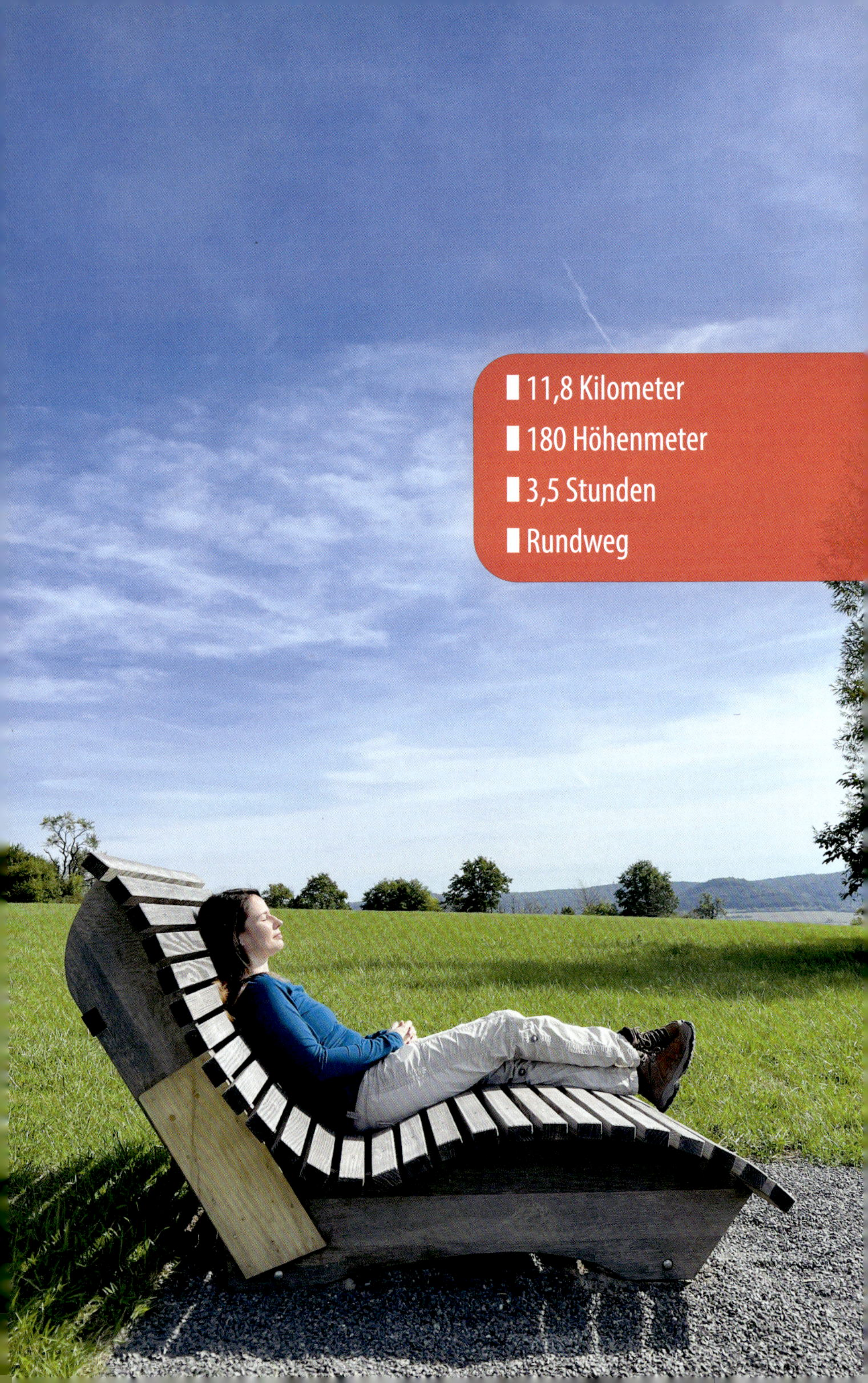
11,8 Kilometer
180 Höhenmeter
3,5 Stunden
Rundweg

Höhentouren sind häufig mit mehreren anstrengenden Steigungen verbunden. Nicht so unsere Panoramatour rund um Krombach: Bis auf einen zackigen Anstieg können wir uns über relativ flaches Gelände freuen – und werden trotzdem unentwegt mit einer

So weit, so gut

Höhenwege rund um Krombach

atemberaubenden Fernsicht belohnt. Besser geht's eigentlich nicht.

Unsere Wanderung startet bereits in Höhenlage am **Sportplatz** von Dörnsteinbach. Wir folgen der Markierung des **Europäischen Kulturwegs** – einem gelben EU-Schiffchen auf blauem Hintergrund – in ein Waldstück hinein. Kurz darauf spazieren wir auf einem Asphaltweg am Waldrand entlang und genießen dabei die ersten wundervollen Aussichten auf das Krombacher Umland. Neben einem Apfelbaum lädt uns eine geschwungene **Panoramaliege mit Vorspessartblick** ❶ zu einem wohltuenden Sonnenbad ein. Obwohl wir gerade erst gestartet sind, lassen wir uns von der herrlichen Kulisse gerne jetzt schon zu einer kleinen Pause verleiten. In freiem Flug schweifen unsere Blicke zu den grünen Wiesen und bewaldeten Kuppen in die Ferne.

Kurz bevor wir die ersten Häuser von Krombach erreichen, schwenken wir links auf einen Feldweg, der uns zum Krombach hinunterführt. Wir biegen erst rechts, dann links ab und gelangen über einen leicht ansteigenden Wiesenweg zu einer Landstraße. Auf der anderen Straßenseite führt uns das gelbe Schiffchen

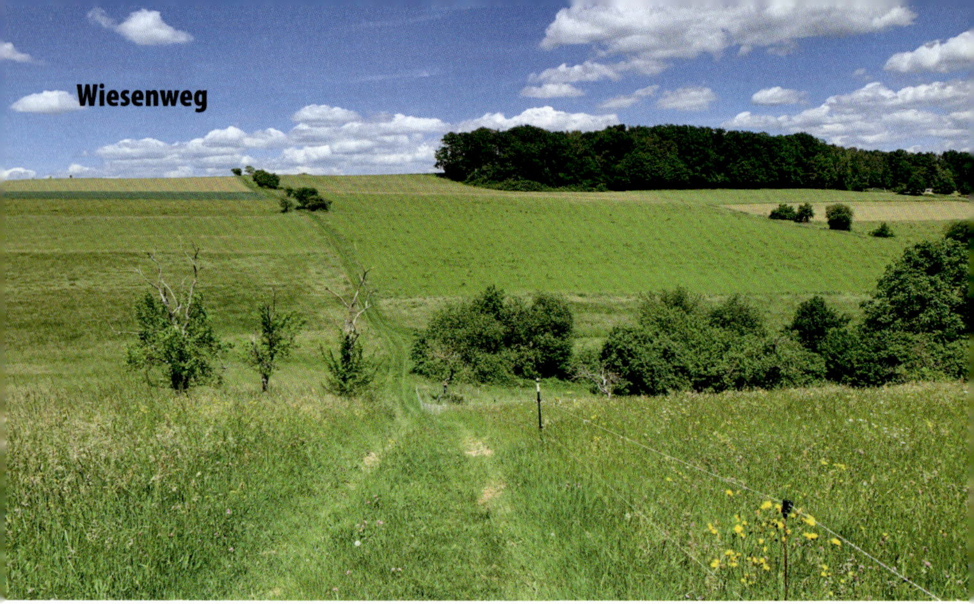

auf einen asphaltierten Wirtschaftsweg, der uns direkt zur zweiten **Panoramaliege mit Blick auf Krombach** ❷ bringt. Wir geben uns erneut dem süßen Nichtstun hin und lassen uns voll und ganz auf die Weite ein, die vor uns liegt.

Auf dem angrenzenden Schotterweg stapfen wir als Nächstes zum **Schöneberg** hinauf, der als Galgenberg eine düstere Geschichte in sich birgt. Wo sich heute der Krombacher Grillplatz befindet, lag früher der **historische Richtplatz** ❸ des Krombacher Landgerichts. In den Zeiten der Hexenprozesse wurden hier zwischen 1627 und 1629 über fünfzig „Hexen" und „Zauberer" bei lebendigem Leibe verbrannt.

*Der Ort, wo das Krombacher Landgericht tagte, und der **Richtplatz** waren voneinander getrennt. Die Gerichtsverhandlungen fanden früher in einem Gebäudekomplex in der Nähe des Krombacher Kirchbergs statt. Der Gerichtsbezirk wurde 1848 aufgelöst.*

Inmitten einer herrlichen Wiesenlandschaft marschieren wir nachdenklich den Hügel hinab, bis uns das sanfte Kitzeln der Grashalme an unseren Beinen wieder in die sonnige Realität zurückholt. Das ist auch gut so, denn das vor uns liegende Panorama dürfen wir auf keinen Fall verpassen. Wir können bis zum Reuschberg bei Schöllkrippen blicken, der mit seiner markanten bewaldeten Kuppe deutlich aus dem Landschaftsbild hervorsticht. An dem folgenden geschotterten Weg halten wir uns rechts, biegen gleich darauf erst links, dann rechts ab und gelangen so auf einen schier endlos langen Wiesenweg, der uns zu einem weit entfernten Horizont leitet. Wer angesichts der bezaubernden Weitblicke bisher noch nicht in vollkommene Verzückung verfallen ist, wird spätestens auf diesem Abschnitt pure Glückseligkeit verspüren. Mit jedem Schritt schlägt unser Wanderherz höher und höher. Je

Für die Seele

Wir wandern dem weit entfernten Horizont entgegen, genießen die spektakuläre Fernsicht und lassen uns von der wohlig warmen Sonne verwöhnen.

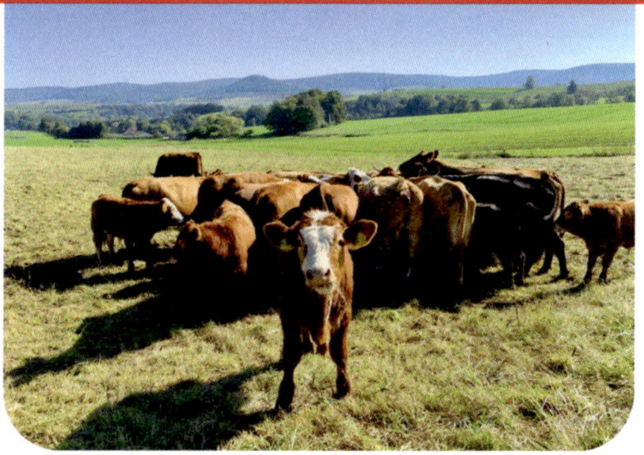

nach Jahreszeit tummeln sich auf den saftigen Weiden um uns herum pumperlgesunde Rinder, denen die frische Luft genau wie uns ein zufriedenes Grinsen aufs Gesicht zu zaubern scheint.

Schließlich leitet uns ein geschotterter Weg rechts auf die **Schneppenbacher Höhe** hinauf, wo wir links auf einen Asphaltweg gelangen, der zur **Schöllkrippener Straße** führt. Hier orientieren wir uns rechts und folgen dem wenig befahrenen Landsträßchen nur ein kurzes Stück, bevor wir weiter geradeaus erneut einen Feldweg erobern. Zwischen Wiesen hindurch schlendern wir beschwingt gen Tal und gelangen nach einem kleinen Waldstück rechtsherum über die **Schlemmgasse** zur **Krombacher Hauptstraße** hinab. An der **Alten Brauerei** vorbei arbeiten wir uns rechts über den Schulberg und zahlreiche Stufen steil den Kirchberg hinauf, bis wir vor der **Kirche St. Lambertus und St. Sebastian** ❹ stehen.

*Krombachs Geschichte begann am Kirchberg: Die Ursprünge der **Kirche St. Lambertus und St. Sebastian** gehen vermutlich auf das 12. Jahrhundert zurück, wobei die Sakristeitür ein Relikt aus der Gotik ist. Wo heute die Alte Brauerei steht, lag das Amtsgebäude des weltlichen Gerichts.*

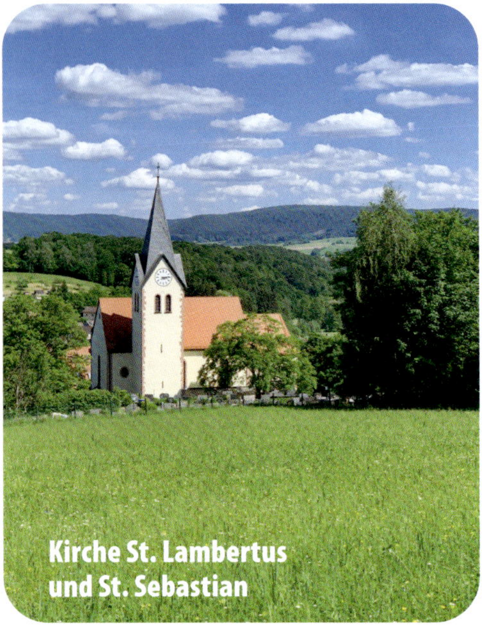

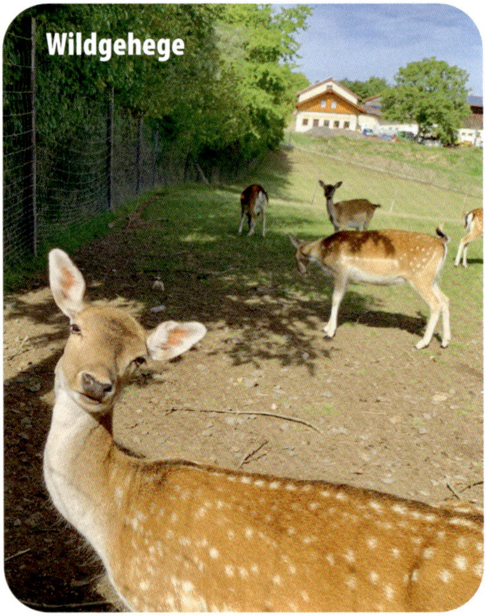

Wir marschieren links am Friedhof vorbei und schwenken rechts auf einen Asphaltweg, der uns zügig bergauf trägt. Erst nach rund 1 Kilometer flacht das Gelände langsam ab und wir können wieder verschnaufen. An einem großen **Flurkreuz** orientieren wir uns rechts und legen einen kleinen Abstecher zum Krombacher **Damwildgehege** ❺ ein. Am Automat kaufen wir etwas Futter für die Rehe, sodass wir nicht lange warten müssen, bis wir die Tiere aus nächster Nähe betrachten können. Während wir den Rehen beim Fressen zuschauen, bekommen auch wir plötzlich einen Bärenhunger. Also kehren wir zur Route zurück und stoßen kurz darauf auf **Hof Hauenstein.** Zu unserer Freude beherbergt das Gehöft nicht nur eine Pferdepension und eine Reitschule, sondern auch die Gaststätte **Reiterstübchen** ❻, die gewöhnlich von Freitag bis Sonntag geöffnet hat. Das Besondere: Hier erhalten wir leckere Gerichte mit Biorindfleisch aus eigener Erzeugung. Wer das hochwertige Fleisch vom Hauensteiner Weiderind auch zu Hause genießen möchte, kann Steaks, Gulasch und vieles mehr sogar über einen Webshop bestellen. Wir werden das auf jeden Fall im Hinterkopf behalten.

Satt und zufrieden setzen wir unseren Weg fort und lassen uns rechts auf einen ansteigenden Schotterweg lotsen. Nach einem Rechtsknick erwartet uns auf einem Höhenweg eine wundervolle Weitsicht über den Vorspessart. An einer schmalen Asphaltstraße schwenken wir links auf einen Wanderpfad, der kurz vor Oberschur endet. Hier lohnt es sich, noch ein Stück auf der Straße weiterzugehen und einen Blick auf die überdimensionalen Apfelskulpturen von **Rostocks Obsthof** 7 zu werfen. Spontan beschließen wir, dem angrenzenden Hofladen nach unserer Wanderung einen Besuch abzustatten und ein paar regionale Köstlichkeiten mitzunehmen. Frisches Obst und Gemüse ist hier genauso erhältlich wie Marmelade, Käse und Hausmacher Wurst.

*Der **Hof Hauenstein** wurde Mitte des 19. Jahrhunderts teilweise aus Steinen der Burgruine Hauenstein erbaut. Die Burg wurde vermutlich im 13. Jahrhundert errichtet und stand bis zu ihrer Zerstörung im Dreißigjährigen Krieg in der Nähe des heutigen Hofes.*

Wir gehen wieder ein kleines Stück zurück und entdecken links die Markierung des **Europäischen Kulturwegs,** die uns auf einen Schotterweg lockt. An Pferdekoppeln vorbei bietet sich uns ein letztes Mal ein herrlicher Blick auf das Krombacher Tal, bevor wir links auf die Spessartstraße abzweigen und rechter Hand über den **Heideweg** zur **Frankenstraße** marschieren. Wir biegen links in die **Brunnengasse** ein, an deren Ende wir einen **Brunnen** 8 mit einem tollen Kupferdrachen entdecken. Hier lassen wir uns die Gelegenheit einer Erfrischung nicht entgehen und kühlen kurz unsere Arme und Hände an dem fließenden Wasserstrahl. Danach halten wir uns links, schlendern auf einem geschotterten Weg erneut an duftenden Apfelbäumen vorbei und biegen

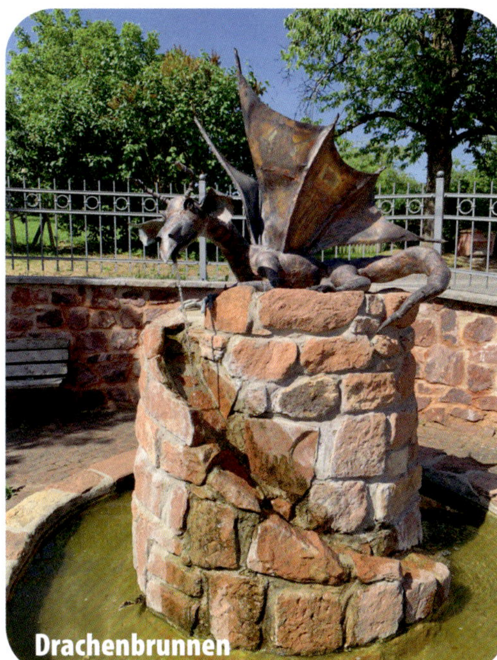

Drachenbrunnen

Panoramatour 6

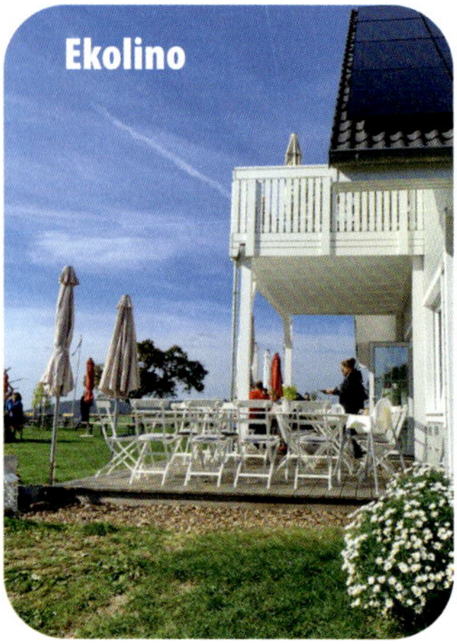

zweimal rechts ab. Nachdem wir ein Landsträßchen überquert haben, wenden wir uns nach links und erreichen rechter Hand über einen schnurgeraden Asphaltweg unseren Ausgangspunkt.

Doch halt: Das soll es noch nicht gewesen sein. Am Parkplatz wartet bereits das **Ekolino Spielcafé und -garten 9** auf uns, das auf seiner großen Terrasse jede Menge Platz für Jung und Alt bietet. Bei einem köstlichen Stück Kuchen und einer aromatischen Tasse Kaffee recken wir unsere Gesichter der Sonne entgegen, schließen die Augen und denken mit einem starken Gefühl der Zufriedenheit an die schönsten Erlebnisse des Tages zurück.

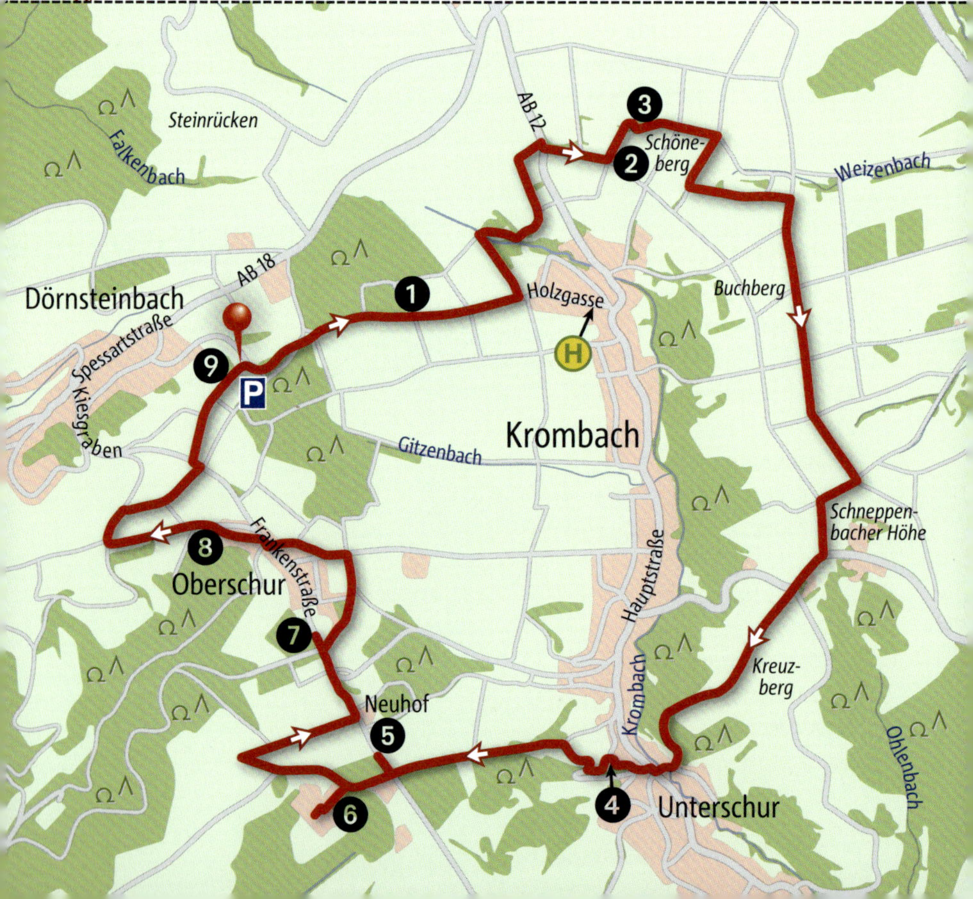

Alles auf einen Blick

WIE & WANN:
Feld-, Wiesen- und Asphaltwege; beste Wanderzeit von April bis Oktober

Entspannung ★★★★★
Genuss ★★★★☆
Romantik ★★★★☆

HIN & WEG:
Auto: Parkplatz am Sportplatz Dörnsteinbach, Kiesgraben 99, 63776 Mömbris (GPS: 50.09236, 9.18587)
ÖPNV: Bus 29 von Schöllkrippen Bahnhof nach Krombach, Haltestelle Holzgasse, dann Zuweg über die Holzgasse

ESSEN & ENTSPANNEN:
Reiterstübchen im Hof Hauenstein ❻ Hof-Hauenstein 1a, 63829 Krombach, Tel. (0 60 29) 82 30, www.hof-hauenstein.de
Ekolino Spielcafé und -garten ❾ Kiesgraben 50, 63776 Mömbris-Dörnsteinbach, Tel. (0 15 73) 1 76 40 68, www.ekolino.de

ENTDECKEN & ERLEBEN:
Panoramaliege mit Vorspessartblick ❶
Panoramaliege mit Blick auf Krombach ❷
Historischer Richtplatz ❸
Kirche St. Lambertus und St. Sebastian ❹
Damwildgehege ❺
Rostocks Obsthof ❼ Frankenstraße 1a, 63829 Krombach, Tel. (0 60 29) 99 62 69, www.rostocksobsthof.de
Drachenbrunnen ❽

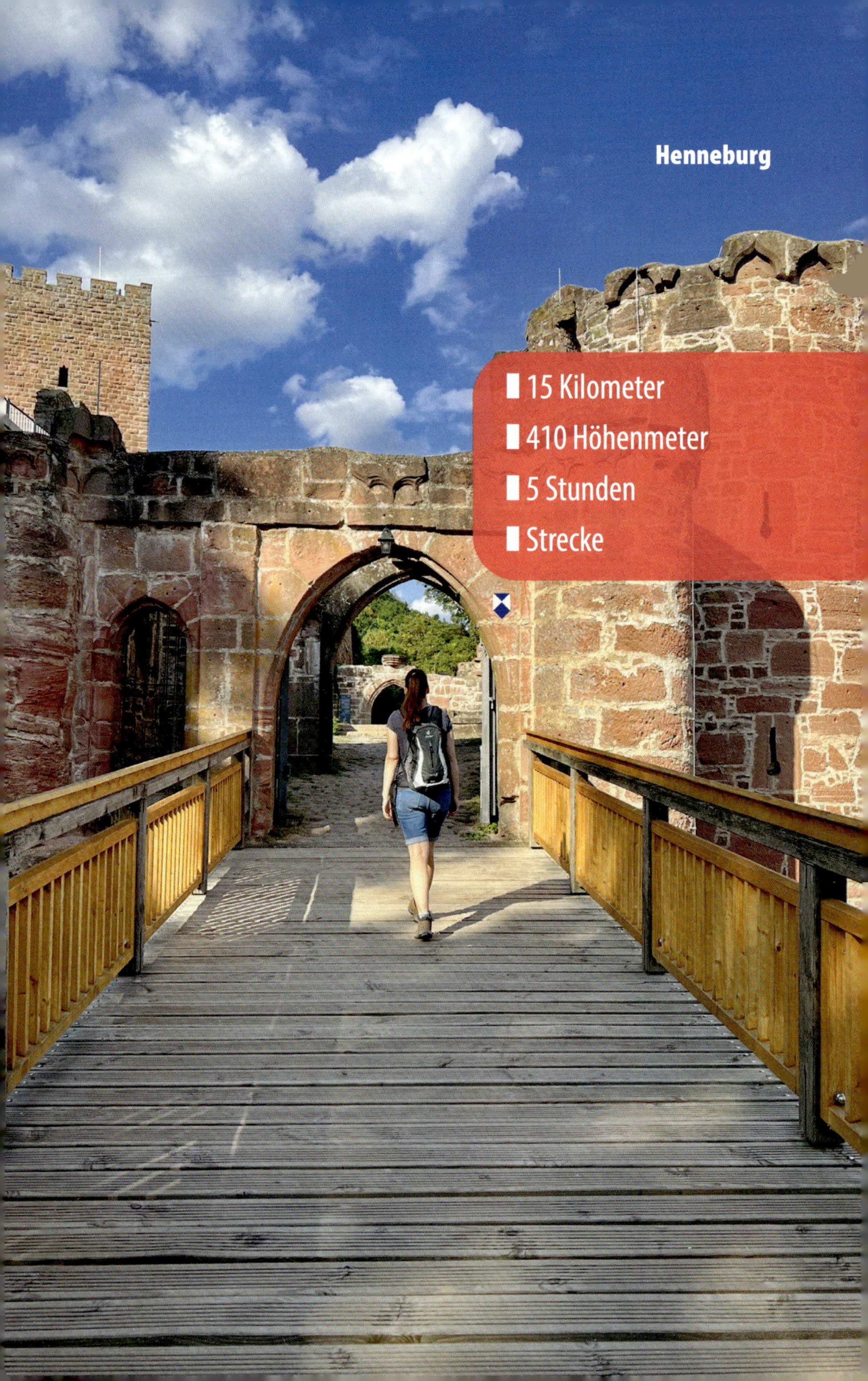

Henneburg

- 15 Kilometer
- 410 Höhenmeter
- 5 Stunden
- Strecke

Im Spessart gibt es viele Burgen und Schlösser, die uns mit ihrer aufregenden Geschichte in ihren Bann ziehen. Zwei besonders beeindruckende Burgruinen – die Kollenburg und die Henneburg – besuchen wir heute bei einer Wanderung auf den Mainhängen im südlichen Buntsandstein-Spessart.

Auf Burgentour

Von Collenberg nach Stadtprozelten

Startpunkt unserer Burgentour ist der **Bahnhof in Collenberg-Fechenbach.** Wir marschieren am Bahnhofsgebäude vorbei in westliche Richtung und finden direkt neben den Gleisen einen schmalen Pfad, der uns zu einem **Bahnübergang** für Fußgänger führt. Solange sich kein Zug in der Nähe befindet, überqueren wir die Gleise und stoßen direkt auf den **Main-Radweg.** Hier halten wir uns links und spazieren gemütlich an den Mainauen entlang. Nach etwa 1 Kilometer biegen wir an der dritten Bahnunterführung links ab und folgen ab sofort dem Wanderzeichen des **Fränkischen Marienwegs.** Auf der anderen Seite der Schloßstraße leitet uns die Markierung den Hügel hinauf und bringt uns über die Straße **In den Herrnäckern** zum **Friedhofsgelände.** Hier orientieren wir uns rechts und arbeiten uns auf der **Friedhofstraße** Schritt für Schritt den Berg hinauf. Am folgenden Wegweiserstandort lassen wir uns von den Schildern rechts Richtung Kollenburg lotsen und wählen an der ersten Gabelung den rechten Weg.

Ein kleines Stück weiter stoßen wir auf die **Marienruh ❶,** eine ansehnliche Marienstatue aus rotem Sandstein, die das Ende des Kreuzwegs markiert. An diesem

*Um 1900 herum stellte der **Mainsandstein** ein wichtiges wirtschaftliches Standbein dar und brachte die Schifffahrt in der Region zum Erblühen. Die rot leuchtenden Sandsteinbrüche sind heute zum Teil als Vogelschutzgebiete ausgewiesen.*

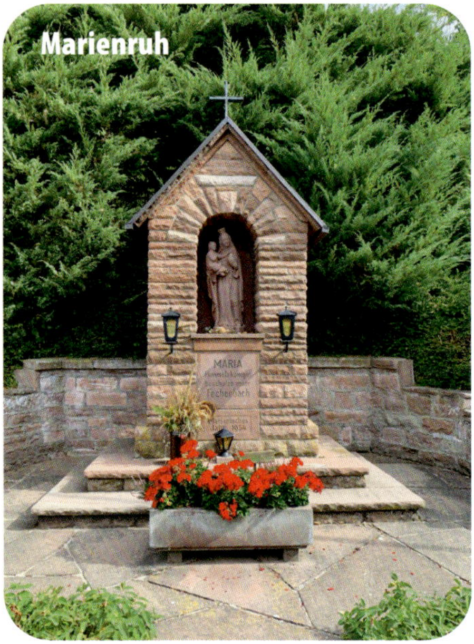

Marienruh

idyllischen Ruheort lassen wir uns kurz auf den Sitzbänken nieder und genießen den wundervollen Ausblick über Fechenbach hinweg bis zu den Buntsandsteinfelsen in Reistenhausen.

Wir setzen unseren Weg fort und wandern eine ganze Zeit lang auf einem naturbelassenen Pfad, der von allerlei Bäumen und Buschwerk flankiert wird. Ehe wir uns versehen, taucht nach einem Anstieg die **Ruine Kollenburg** ❷ vor uns auf, deren frei zugänglichen Eingang wir auf der Rückseite der Anlage entdecken. Neugierig schlüpfen wir durch das große Gittertor und lassen uns von dem weitläufigen Burggelände mal eben ein paar Jahrhunderte in die Vergangenheit beamen. Während wir die spätmittelalterlichen und renaissancezeitlichen Überreste der Schlossruine bewundern, stellen wir uns vor, wie prachtvoll das Leben auf der Burg einst gewesen sein musste. Im Burghof lugen wir vorsichtig in die hohen Treppentürme und die dunklen, großräumigen Gewölbekeller. Last but not least wenden wir uns der fantastischen Aussicht zu: Auf einer Sitzbank packen wir ein paar Kekse aus und erfreuen uns an dem umwerfenden Blick ins Maintal.

*Die **Kollenburg** – auch Burg Kollenberg genannt – wurde in der Mitte des 12. Jahrhunderts errichtet und erfuhr um 1600 herum einen Neubau in zeittypischen Renaissanceformen. Die Ruine befindet sich rund 70 Meter über dem Main.*

Vom Eingang der Kollenburg schlendern wir geradeaus den Hügel hinab, halten uns am folgenden Forstweg rechts und schreiten weiter gen Tal. Vor einem Gehöft machen wir eine Wende nach links und steigen in lang gezogenen Serpentinen wieder bergan. Sobald wir links abbiegen und auf einen geschotterten Forstweg wechseln, sind wir besonders aufmerksam, da die Route plötzlich einen Knick nach rechts macht und uns auf einen unscheinbaren Waldpfad führt. Beherzt erklimmen wir in steilem Gelände die letzten Höhenmeter dieses Anstiegs und treffen schließlich auf einen gut ausgebauten Forstweg, dem wir nun leichtfüßig durch den Wald folgen. Nach einiger Zeit entdecken wir zu unserer Rechten ein Schild mit der Aufschrift „Heimatblick". Über einen kurzen laubbedeckten Pfad errei-

Für die Seele

Wir erobern imposante Burgruinen, streifen durch lauschige Wälder und staunen über die spektakulären Ausblicke auf das beschauliche Maintal.

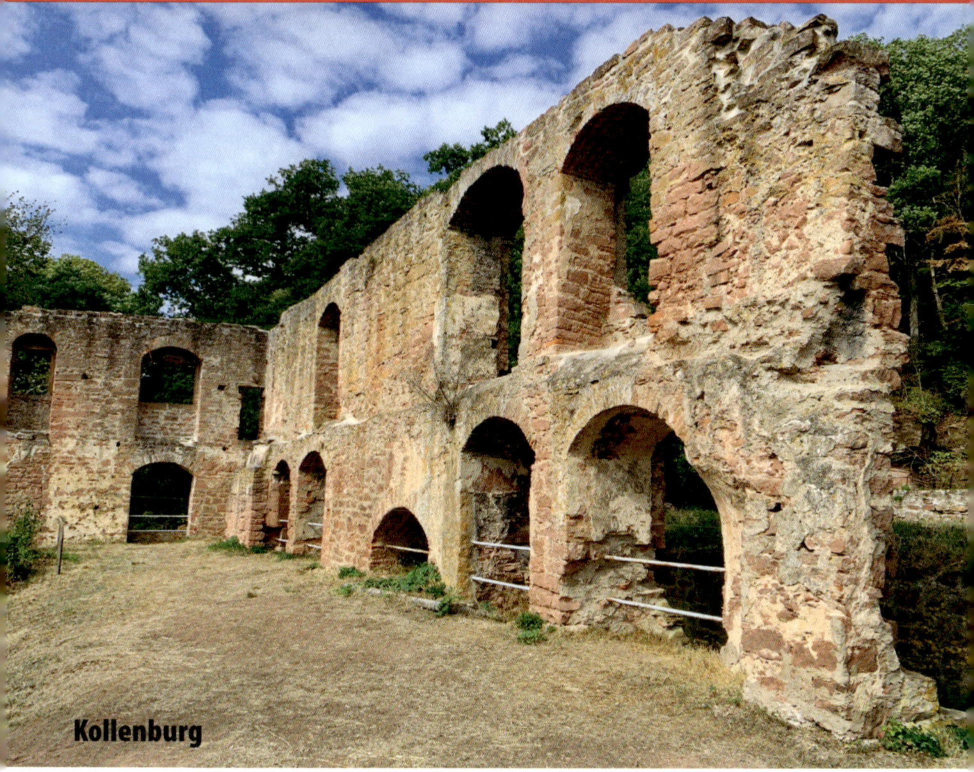

Kollenburg

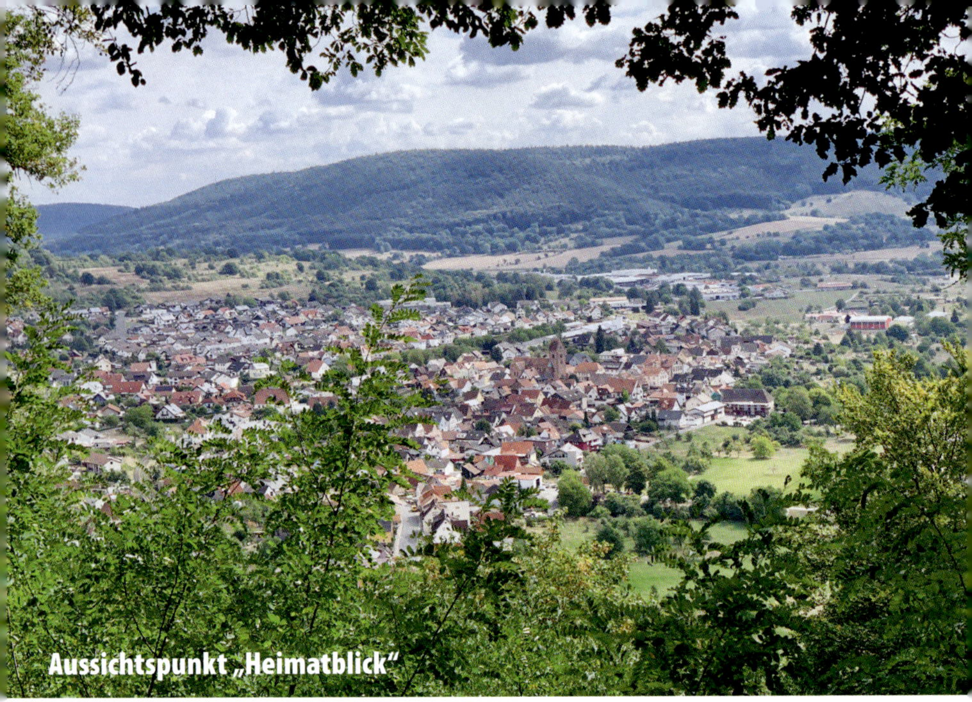

Aussichtspunkt „Heimatblick"

chen wir einen **Aussichtspunkt** ❸ mit Bildstock und Sitzbank, der uns mit einem herrlichen Panoramablick auf Dorfprozelten belohnt. Wer Abgeschiedenheit und Ruhe sucht, ist hier genau richtig.

Am folgenden Wegweiserstandort flechten wir einen kleinen Abstecher in unsere Tour ein und orientieren uns an der **Markierung D3,** die uns auf Stein- und Holzstufen den Berg zur **Kriegergedächtniskapelle** ❹ hinaufführt. Die idyllisch gelegene Gedenkstätte soll an die Gefallenen und Vermissten des Zweiten Weltkriegs erinnern, deren Namen auf mehreren Steinplatten verewigt sind. Ein unglaublich friedlicher Ort, der erneut zum Innehalten einlädt. Stress und Hektik sind hier definitiv fehl am Platz.

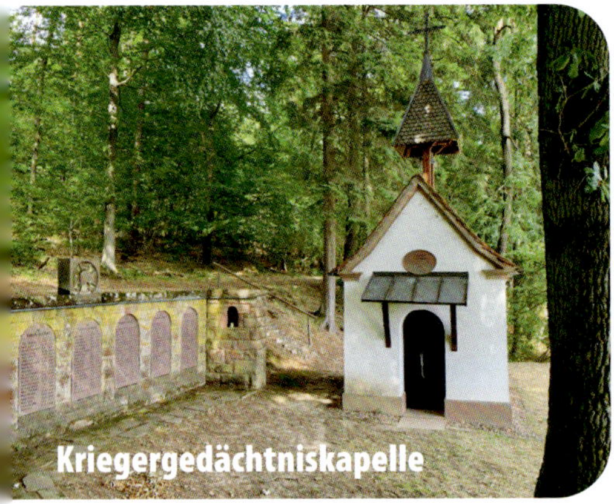

Kriegergedächtniskapelle

Zurück am Wegweiserstandort schließen wir uns wieder dem **Fränkischen Marienweg** Richtung Steingasse an, der uns geschwind nach

Dorfprozelten hinabbringt. Zwischendurch statten wir jedoch noch der **Banneuxkapelle** einen Besuch ab, die sich links des Weges befindet. Über die **Steingasse** erreichen wir die **Hauptstraße,** überqueren diese und biegen auf der anderen Straßenseite in den **Stockgrabenweg** ein. An der **Brunnenstraße** halten wir uns links und stoßen am Ende der Straße auf das **Gasthaus Goldener Stern ❺,** das einen lauschigen Biergarten mit Wohlfühlküche direkt am Main betreibt. Wir lassen uns von Bratwürsten mit Sauerkraut verführen und sind uns sicher: Heimat kann man wahrhaft schmecken.

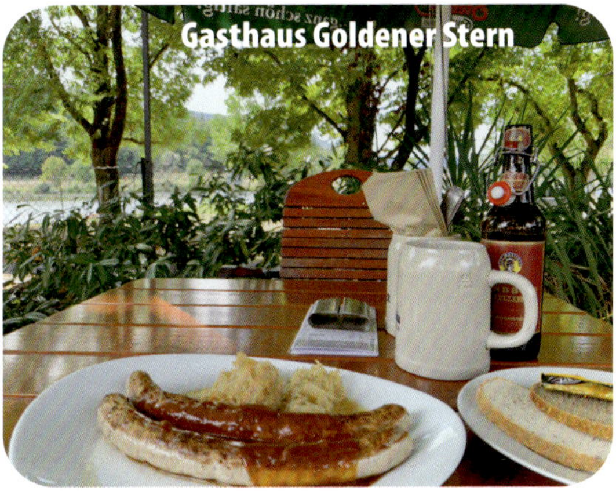
Gasthaus Goldener Stern

Nach der Rast müssen wir ein Stück auf demselben Weg zurückgehen, auf dem wir gekommen sind. Nach der Bahnunterführung biegen wir von der Steingasse rechts in die **Höhbergstraße** ein und gewinnen schnell an Höhe, während wir uns an Weinbergen vorbei zum **Wildgehege ❻** hinaufarbeiten, in dem sich auf einer Fläche von 3,5 Hektar heimisches Rotwild tummelt. Auf mehreren Sitzbänken können wir die anmutigen Geschöpfe in aller Ruhe beobachten.

An der Weggabelung halten wir uns rechts und lassen uns vom **Fränkischen Marienweg** an Wiesen vorbei in einem weiten Linksbogen über die Höhe leiten. Neben einer **geschwungenen Holzliege** lockt uns ein schmaler Pfad leicht rechts in den **Sellgrund** hinab, wo uns ein malerischer Picknickplatz erneut zum Rasten verleiten möchte. Dieses Mal widerstehen wir jedoch der Versuchung und setzen unseren Weg Richtung **Hofthiergarten** fort. Nach etwa 400 Metern wechseln wir vom breiten Forstweg rechts auf einen kaum erkennbaren, zugewachsenen Pfad. Ein letztes Mal

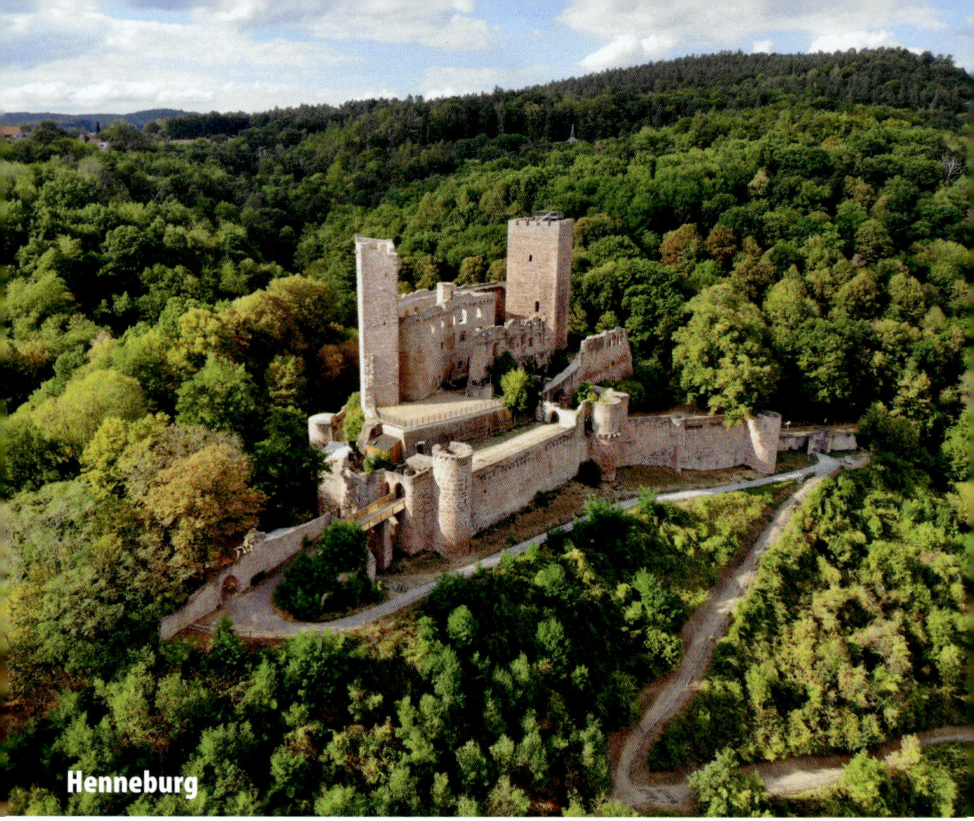

stapfen wir steil bergauf, biegen am Ende des Pfades rechts ab und erreichen über einen asphaltierten Wirtschaftsweg schließlich den kleinen Weiler Hofthiergarten. Hier orientieren wir uns links und kommen an der **Hofmetzgerei Birkholz** 7 vorbei, die hervorragende Fleischwaren aus eigener Produktion sowie Käse aus der Region anbietet. Wir beschließen, nach unserer Wanderung noch einmal im Hofladen vorbeizuschauen und uns an der Frischetheke mit regionalen Wurstspezialitäten einzudecken. Zuvor sollten wir uns jedoch über die Öffnungszeiten informieren.

Nachdem wir den Weiler passiert haben, wenden wir uns rechts und marschieren zwischen Koppeln hindurch Richtung Wald. Nach einer Rechtskurve trägt uns der Weg rasch den Berg hinab, sodass es nicht lange dauert, bis wir auf die stattliche **Ruine Henneburg** 8 oberhalb von Stadtprozelten treffen.

*Die **Henneburg** ist eine der größten und schönsten Burgruinen in Bayern. Sie thront auf dem Schlossberg rund 100 Meter oberhalb von Stadtprozelten. Der mächtige Bergfried stammt aus dem 12. Jahrhundert und ist damit der älteste Teil der Burg.*

Schon am Fuße der Burg erwartet uns ein grandioser Ausblick ins Maintal. Doch das ist noch nichts im Vergleich zu der eindrucksvollen Fernsicht, die wir auf den beiden großen Türmen der Burg genießen können. Voller Vorfreude überqueren wir auf einer Holzbrücke den Ringgraben und erobern in der Kernburg Schritt für Schritt die beiden Aussichtsplattformen. Dort oben scheint der Himmel zum Greifen nah zu sein. Wir sind uns einig: Nur fliegen kann noch schöner sein.

Nach der Burgbesichtigung orientieren wir uns an den Schildern, die uns den Weg Richtung Stadtprozelten weisen. So gelangen wir über einen steilen Fußweg in nur wenigen Minuten zur **Hauptstraße,**

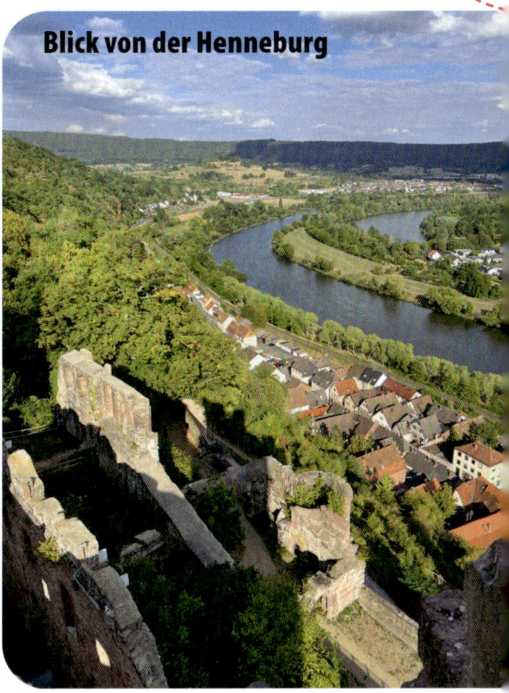
Blick von der Henneburg

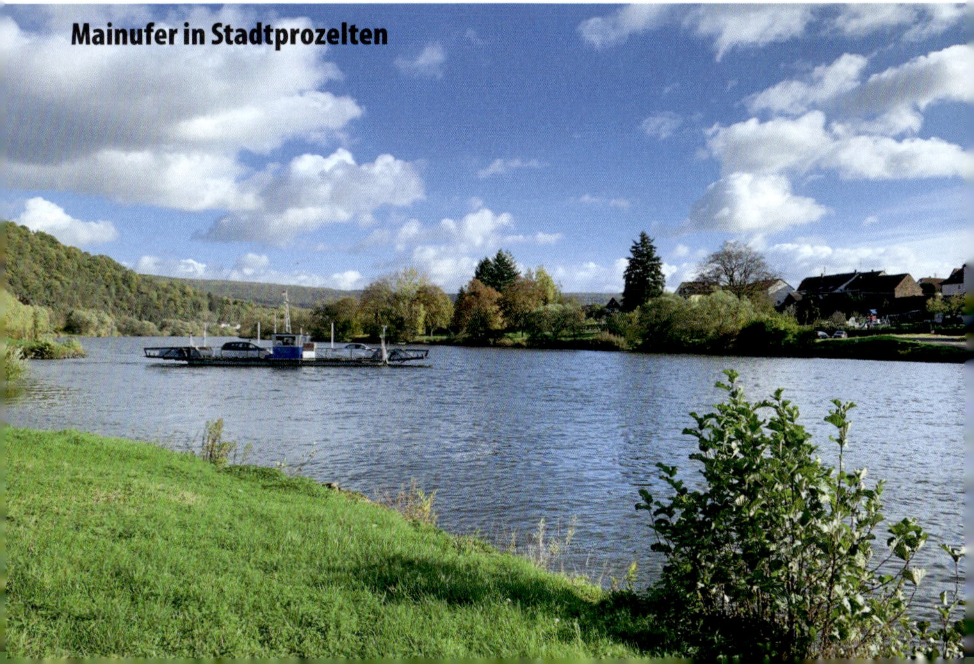
Mainufer in Stadtprozelten

Panoramatour 7

wo wir uns rechts halten und auf der anderen Straßenseite über die Straße **Judenthor** zum **Main-Radweg** marschieren. Wir folgen dem Radweg rechtsherum, passieren die Fähre und genießen das wohlige Urlaubsgefühl am **Mainufer 9.** Nach einer Weile entdecken wir zu unserer Rechten einen zwischen Mauern versteckten **Fußpfad,** der uns durch ein Campingplatz-Gelände führt. Nachdem wir eine Bahnunterführung unterquert haben, kommen wir am **Bahnhof Stadtprozelten** heraus. Von hier aus fahren regelmäßig Züge nach Collenberg, sodass wir nicht lange warten müssen, bis wir zum Ausgangspunkt unserer Tour zurückchauffiert werden.

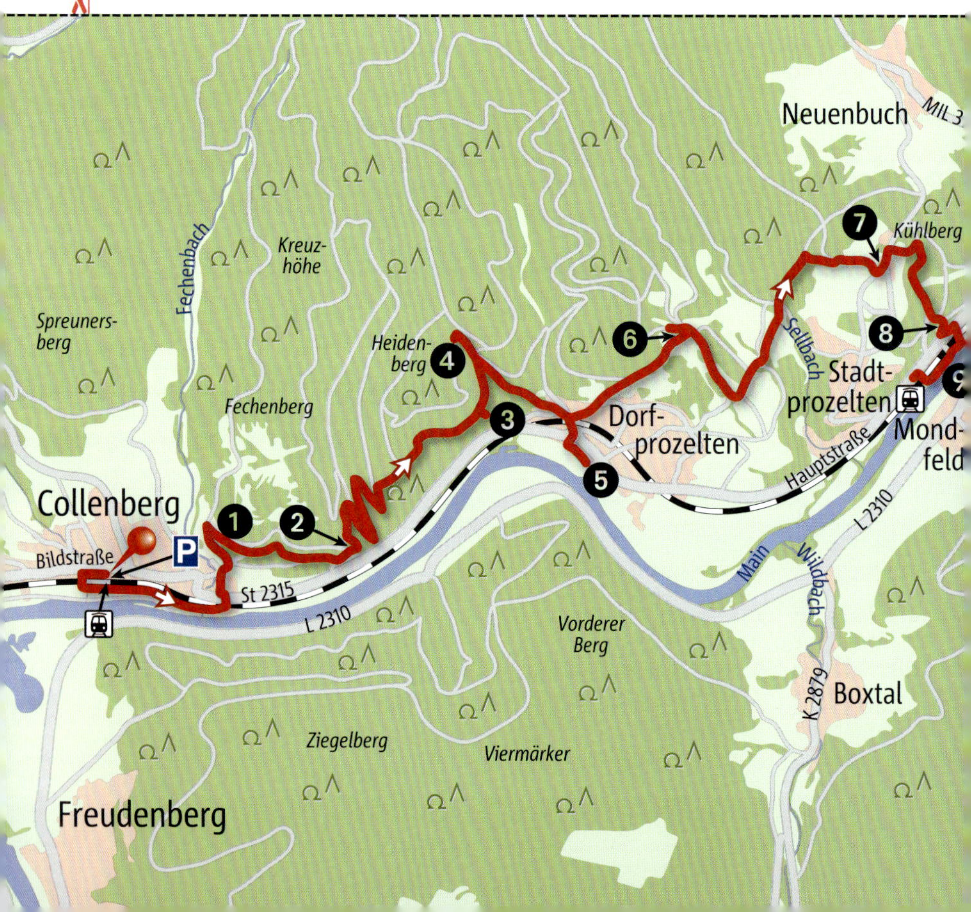

Alles auf einen Blick

WIE & WANN:
Waldwege und Pfade, asphaltierte und geschotterte Wege; beste Wanderzeit von April bis Oktober

Entspannung ★★★★☆
Genuss ★★★☆☆
Romantik ★★★★★

HIN & WEG:
Auto: Parkplatz am Bahnhof in Collenberg, Bahnhofstraße, 97903 Collenberg (GPS: 49.77119, 9.32966)
ÖPNV: Zug RE 87 von Wertheim oder Miltenberg nach Collenberg; Rückkehr zum Ausgangspunkt: Zug RE 87 von Stadtprozelten nach Collenberg

ESSEN & ENTSPANNEN:
Gasthaus Goldener Stern ❺ Maingasse 5, 97904 Dorfprozelten, Tel. (0 93 92) 72 95, www.stern-dorfprozelten.de
Hofmetzgerei Birkholz ❼ Hofthiergarten 7, 97909 Stadtprozelten, Tel. (0 93 92) 9 35 35 95, www.hofmetzgerei-birkholz.de

ENTDECKEN & ERLEBEN:
Marienruh ❶
Burgruine Kollenburg ❷
Aussichtspunkt „Heimatblick“ ❸
Kriegergedächtniskapelle ❹
Wildgehege ❻
Burgruine Henneburg ❽
Mainufer ❾

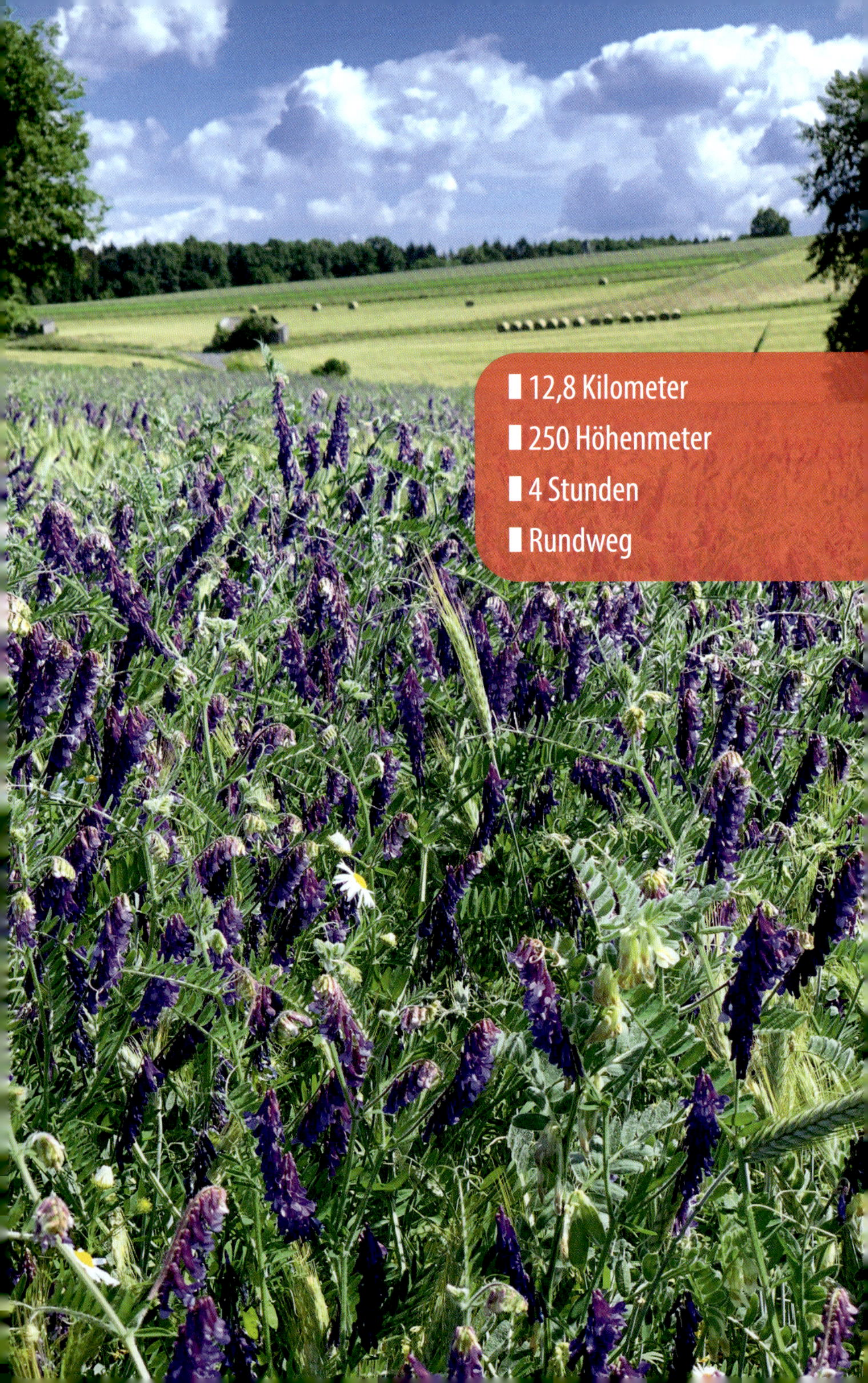

- 12,8 Kilometer
- 250 Höhenmeter
- 4 Stunden
- Rundweg

Auch wenn der Spessart den größten zusammenhängenden Laubmischwald Deutschlands beherbergt, sind viele Dörfer und Täler in herrliche Wiesenlandschaften eingebettet – so auch das beschauliche Lohrhaupten, das zur Gemeinde Flörsbachtal gehört. Wenn es an manchen Tagen in den Wäldern noch zu kühl

Fernab von allem

Die Sonnenhänge von Lohrhaupten

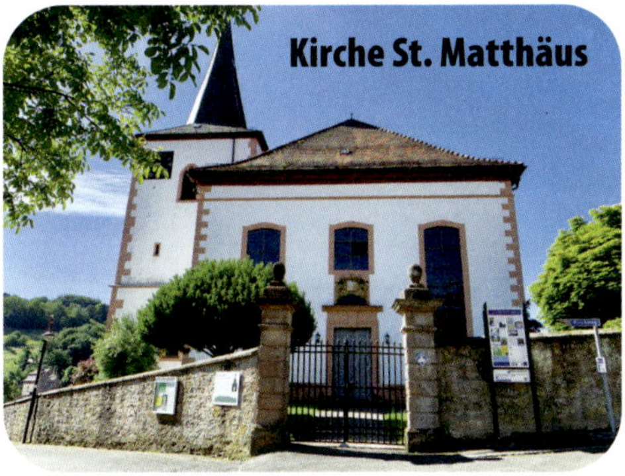
Kirche St. Matthäus

und matschig ist, kann eine Panoramatour auf den sonnenverwöhnten Hügeln die reinste Wohltat für Körper und Seele sein.

Unsere Wanderung startet im Dorfkern von Lohrhaupten an der Ecke **Hauptstraße/Kirchweg.** Auf den ersten 10 Kilometern der Tour werden wir uns an der orangefarbenen Markierung der **Spessartfährte** „Sonnenhänge Lohrhaupten" orientieren. Direkt vom Parkplatz aus geht es auf dem **Kirchweg** steil bergauf, sodass wir ordentlich schnaufen müssen. An der **Kirche St. Matthäus** ❶ legen wir unseren ersten Stopp ein und bringen an einer Infotafel so einiges über die bewegte Geschichte der Pfarrei in Erfahrung.

Weiter geradeaus leitet uns ein asphaltierter Fußweg geschwind den Berg hinauf und lässt uns erst an der Straße **In der Steinau** kurz pausieren. Linker Hand weist uns ein Schild den Weg zu einem **Aussichtspunkt** ❷, der sich rund 100 Meter abseits der eigentlichen Route befindet. Der kleine Abstecher lohnt sich

*Mit der Weihe der Kirche zu Lohrhaupten im Jahr 1057 ist die älteste überlieferte Pfarreigründung im Spessart beurkundet. Die Ursprünge von **St. Matthäus** gehen auf das 13./14. Jahrhundert zurück, der barocke Neubau erfolgte zwischen 1764 und 1767.*

allemal: Auf einer Rastbank können wir einen wundervollen Ausblick auf Lohrhaupten genießen.

Zurück auf der Spessartfährte gewinnen wir auf einem naturbelassenen Weg weiter an Höhe, bis wir am Waldrand nach rechts schwenken und sich das Gelände langsam abflacht. Wir schlendern an hohen Nadelbäumen vorbei und erreichen einen Wiesenweg, der uns zwischen Weiden hindurch ins **Gelnhäuser Tal** hinabführt, um uns dann im Zickzack weiter nach oben zu lotsen. Obwohl die Tour bisher kaum eine Steigung auslässt, macht sich in uns völlige Entspannung breit. Inmitten der einsamen Wiesenlandschaft fällt es uns plötzlich ganz leicht, vom Alltagstrott Abstand zu nehmen und jegliche Last abzuschütteln. Wir blicken hinter uns, erfreuen uns an der grandiosen Aussicht und schicken unsere Sorgen mir nichts, dir nichts ins Tal hinab. Und wenn die Getreidefelder im Frühsommer hoch stehen, können wir uns an Tausenden violetten Blüten der Zottigen Wicke erfreuen, die zwischen den Ähren sanft im Wind wogen.

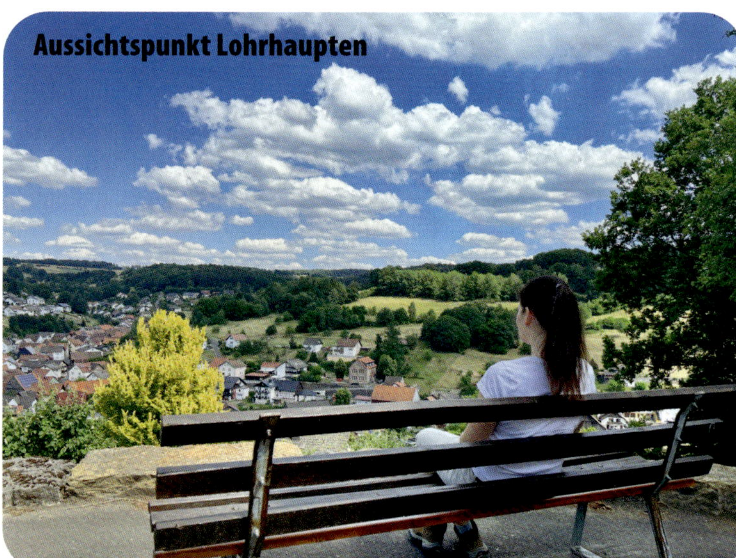
Aussichtspunkt Lohrhaupten

Nach mehreren Richtungswechseln passieren wir einen asphaltierten Wirtschaftsweg und nähern uns auf einem Feldweg zu unserer Rechten mit schnellen Schritten der Bergkuppe des **Widdehuh ③.** Mit einer Höhe von 508 Metern markiert sie den höchsten Punkt unserer Tour. Weiter auf einem Wiesenweg hal-

Für die Seele

Während wir im Herzen der Natur an duftenden Wiesen und steilen Hängen entlangwandern, erleben wir die Einsamkeit von ihrer schönsten Seite.

ten wir uns links und spazieren auf der Höhe an allerlei Buschwerk und struppigem Besenginster vorbei. An einer herrlich gelegenen Rastbank erwartet uns erneut ein **umwerfender Fernblick ④,** den wir bei einer Brotzeit gerne etwas länger genießen. Durch die steil abfallenden Hänge kommt fast so etwas wie Hochgebirgsfeeling auf.

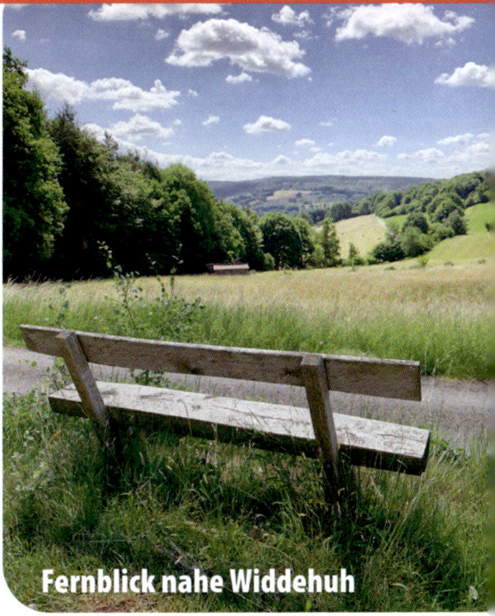
Fernblick nahe Widdehuh

Glückselig schlüpfen wir in den Wald hinein, wo wir an zwei dicht aufeinanderfolgenden Weggabelungen aufmerksam auf das Zeichen der Spessartfährte achten. Auf weichem Waldboden wandern wir an einem zauberhaften **Birkenhain ⑤** vorbei, in dem sich die schwarz-weiß gestreiften Birkenstämme freundlich unserem Weg zuneigen. Nachdem wir das Waldstück durchquert haben, wechseln wir links auf einen geschotterten Weg, der uns über den **Gosseberg** führt und uns einen grandiosen Weitblick gewährt. Ein asphaltierter Wirtschaftsweg bringt uns über eine Rechtskurve ins **Engetal** hinab, wo wir an einem Gehöft links in den Wald hineinschlüpfen. Über ein schmales Pfädchen gelangen wir zu einem idyllischen Wiesenabschnitt, zu dem sich kurze Zeit später rechts und links des Weges ein paar Bäume und Hecken gesellen.

Wir kreuzen die **Landstraße L 3199,** finden auf der anderen Straßenseite zwischen den Bäumen ein schmales Schlupfloch und erreichen nach einem kleinen Waldstück eine geschützt gelegene Rastbank. Unsere Blicke auf eine urige Holzscheune und sanfte Hügel gerichtet, gönnen wir uns inmitten der fast unwirklichen Wohlfühlkulisse eine Extraportion Sonnenstrahlen. Fernab von jeglichem Trubel versinken wir in einer tiefen Zufriedenheit. Manchmal kann Einsamkeit einfach wunderbar sein.

Bevor wir vollends wegdösen, machen wir uns wieder auf den Weg und erklimmen die sattgrünen Hän-

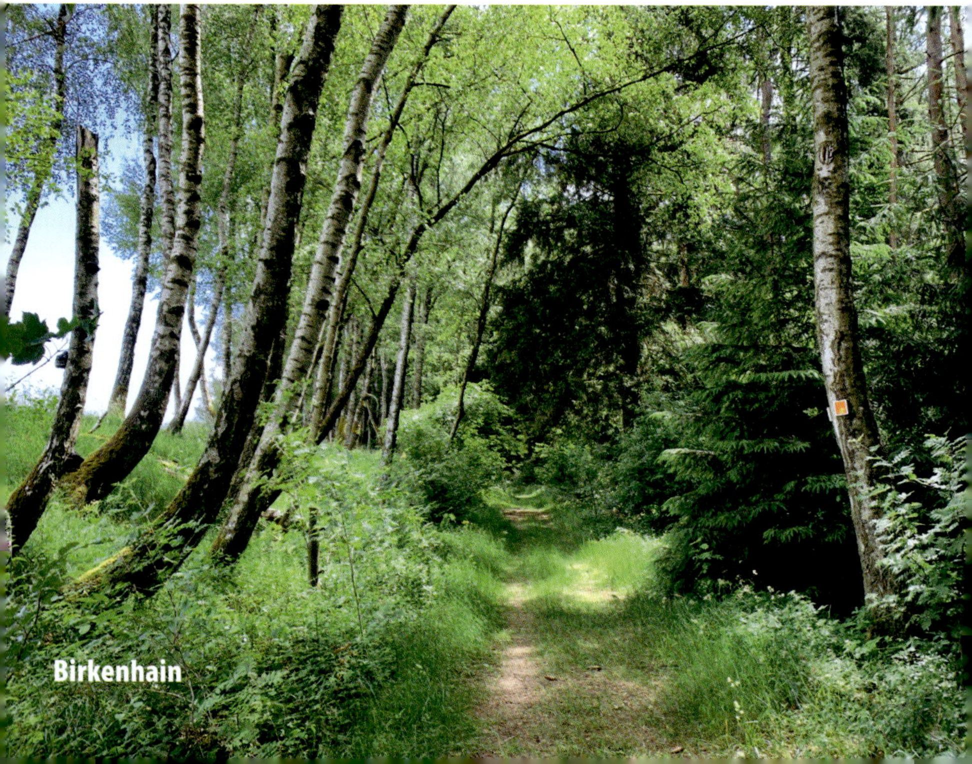

Birkenhain

ge der **Weicherstaler Höhen.** Nahe der Birkenhainer Straße – einem bedeutenden Handelsweg vergangener Tage – leitet uns das Spessartfährte-Zeichen über Wiesenwege im Zickzack-Kurs zum **Querberg 6,** der mit 505 Metern Höhe fast so hoch ist wie der Widdehuh und uns zum wiederholten Male mit einer wundervollen Fernsicht begeistert. An den Rändern der Äcker ragen blaue Kornblumen in die Höhe und verwandeln die Felder mal eben in ein Kunstwerk von van Gogh.

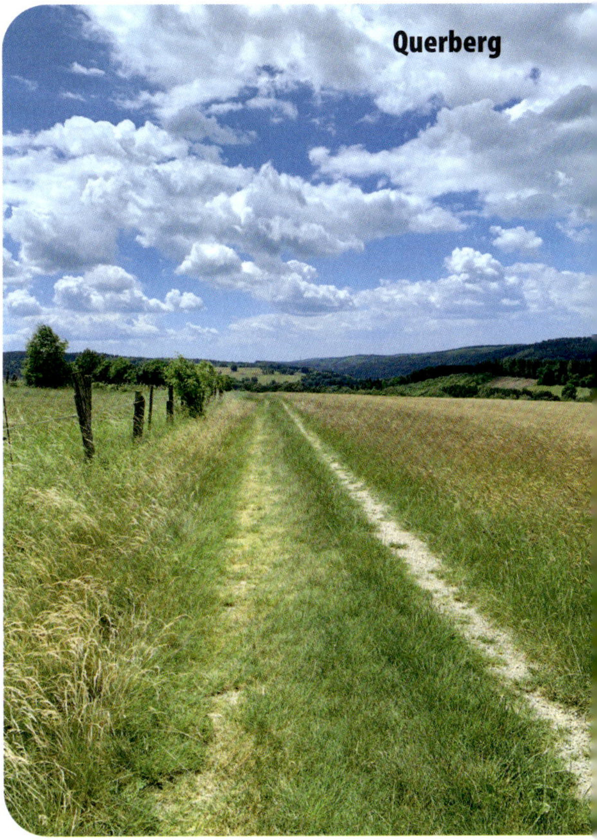

Über die Höhenzüge erreichen wir schließlich einen Asphaltweg, der aus dem Wohnroder Tal heraufführt. Wir überqueren den Weg und beschließen an der folgenden Abzweigung, uns von der insgesamt rund 16 Kilometer langen Spessartfährte zu verabschieden. Statt weiter geradeaus zu gehen, biegen wir rechts ab und folgen erst einem Wiesenweg, dann einem Waldweg schnurgerade ins Tal hinab. Am Ortsrand von Lohrhaupten bietet sich uns noch ein letzter schöner Blick auf das Spessartdorf, bevor wir schnell an Höhe verlieren. Über die Straße **Am Hüßberg** gelangen wir auf die **Wohnroder Straße** und schließlich zur **Hauptstraße,** der wir rechtsherum folgen.

Als wir das **Gasthaus Adler 7** erblicken, fangen unsere Mägen unvermittelt an zu knurren. Voller Vor-

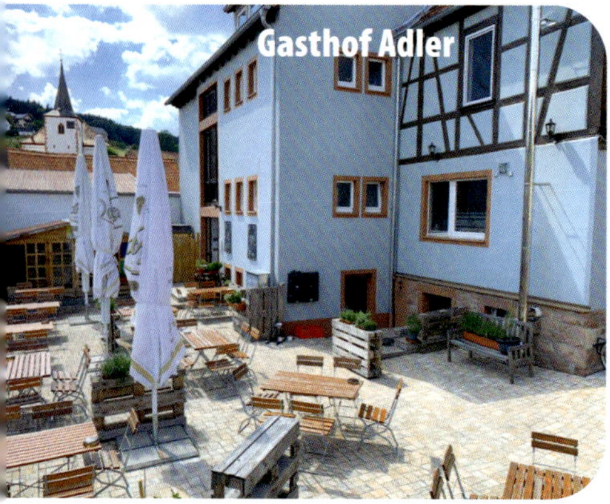

freude auf deftige Hausmannskost schnappen wir uns im Biergarten einen freien Tisch und belohnen uns mit einem herzhaften Burger und einer köstlichen Forelle. Da wir so gut wie am Ausgangspunkt unserer Wanderung angelangt sind, können wir nach Herzenslust zugreifen. Wer auf Nummer sicher gehen möchte, dass der Landgasthof geöffnet hat, sollte sich zuvor im Internet über die Öffnungszeiten informieren.

Jetzt sind es nur noch wenige Meter bis zum Ausgangspunkt unserer Tour.

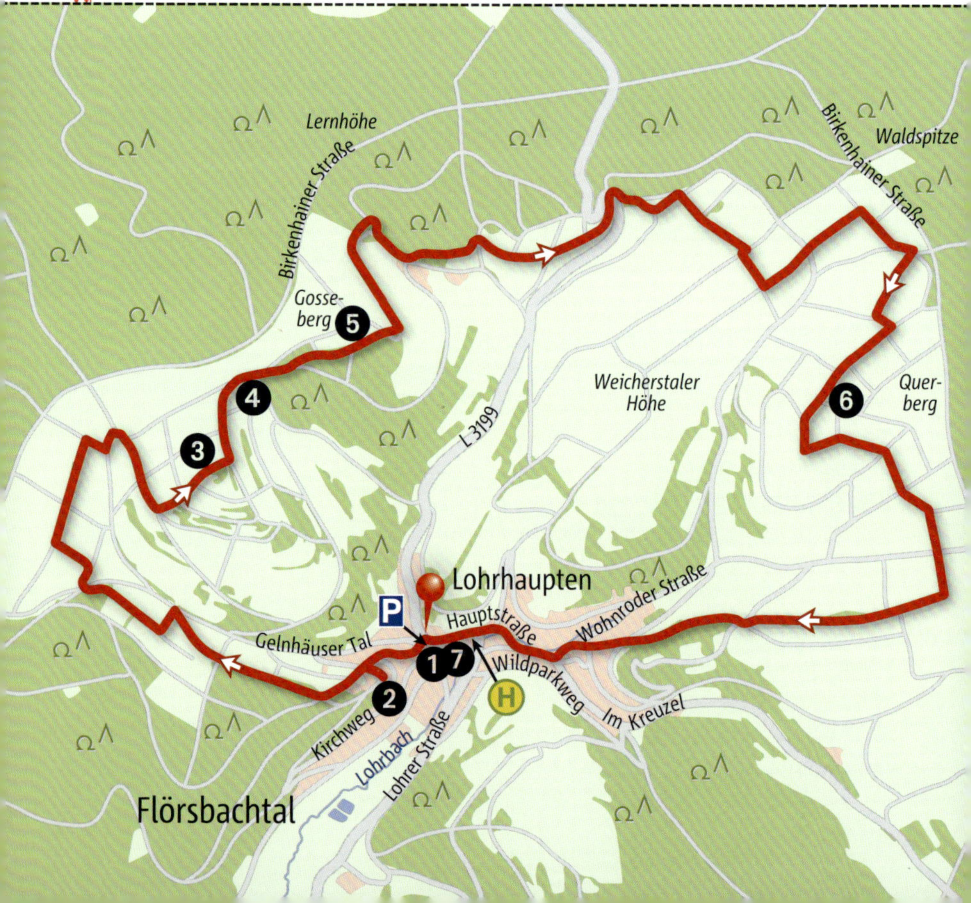

Alles auf einen Blick

WIE & WANN:
Überwiegend Wiesenwege, ein paar Asphalt- und Waldwege; beste Wanderzeit von April bis Oktober

Entspannung ✱✱✱✱✱
Genuss ✱✱✱✱✱
Romantik ✱✱✱✱✱

HIN & WEG:
Auto: Parkplatz Ecke Hauptstraße/Kirchweg, 63639 Flörsbachtal (GPS: 50.12735, 9.47738)
ÖPNV: Bus MKK-64 von Gelnhausen Busbahnhof nach Lohrhaupten, Haltestelle Post

ESSEN & ENTSPANNEN:
Gasthaus Adler ❼ Hauptstraße 12, 63639 Flörsbachtal, Tel. (0 15 75) 2 71 90 86

ENTDECKEN & ERLEBEN:
Kirche St. Matthäus ❶
Aussichtspunkt Lohrhaupten ❷
Widdehuh ❸
Rastbank mit Fernblick ❹
Birkenhain ❺
Querberg ❻

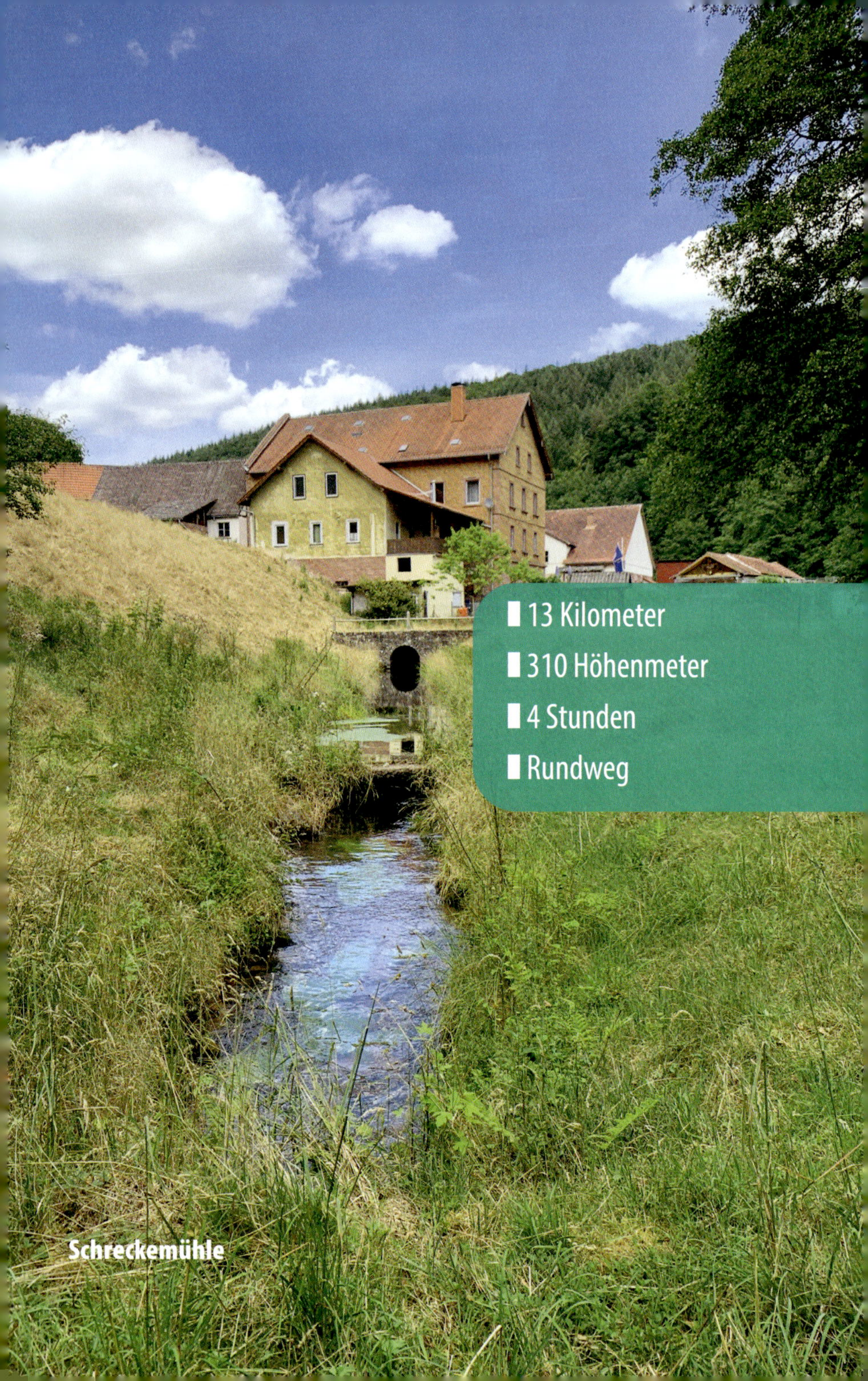

Schreckemühle

Wie die meisten Gasthöfe im Spessart haben auch die bewirteten Mühlen an der Mühlenstraße Haseltal nur an bestimmten Tagen geöffnet. Um das kulinarische Angebot rund um Schollbrunn voll auskosten zu können, legen wir unsere Tour deshalb auf einen Sonntag – denn dann stehen uns die Türen aller Wirtshäuser ab der Mittagszeit offen. Außerdem reservieren wir vorab einen Tisch in der Kartause Grünau, die selbst unter der Woche stets lebhaft besucht ist.

Wir starten am Wanderparkplatz **Schwarzer Weg,** halten uns links und legen zunächst ein kleines Stück entlang der **Staatsstraße St 2316** zurück. Am folgenden Wegweiserstandort lassen wir uns von der **Hasenstab-Markierung** Richtung Zwieselmühle über die Straße

Klosterkulinarik

Schlemmerparadies Schollbrunn

leiten. Jetzt stehen wir direkt vor der **Ruine der Markuskapelle ❶,** die 1216 zum ersten Mal erwähnt und nachweisbar seit 1297 als Wallfahrtsort genutzt wurde. Ihr Verfall begann während des Bauernkriegs und der Reformation im 16. Jahrhundert.

Linker Hand biegen wir in die **Mühlenstraße Haseltal** ein und folgen dem asphaltierten Sträßchen durch den Wald hindurch bis zum **Landgasthaus Nickelsmühle ❷.** Die Anlage gehörte einst zur Gründungsausstattung des Klosters Grünau, das wir am Ende unserer Tour noch besuchen werden, und beherbergte später neben einer Getreidemühle auch ein Sägewerk mit Dampfmaschine. Seit Mitte der Siebzigerjahre steht sie Besuchern als Landgasthof offen. Bereits am Aushang

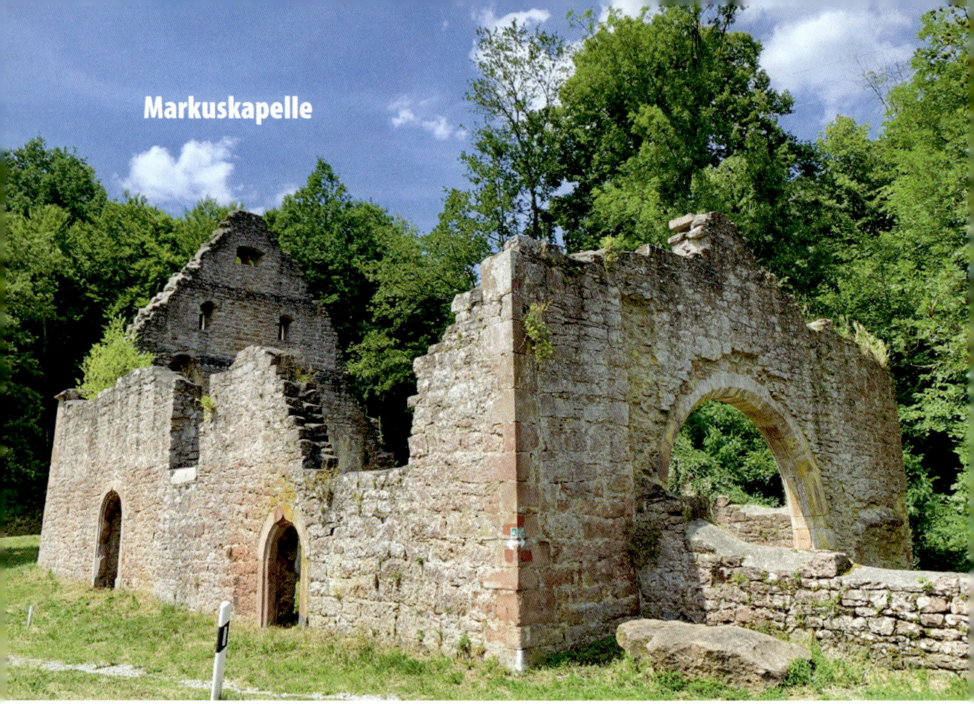

läuft uns angesichts der umfangreichen Speisekarte das Wasser im Mund zusammen. Ohne zu zögern marschieren wir den Weg zur Mühle hinab, passieren das große Hoftor und schnappen uns im gemütlichen Innenhof einen freien Tisch. Von deftigen Fleischgerichten über frische Spessartforellen bis hin zu vegetarischen Köstlichkeiten lässt das kulinarische Angebot keine Wünsche offen.

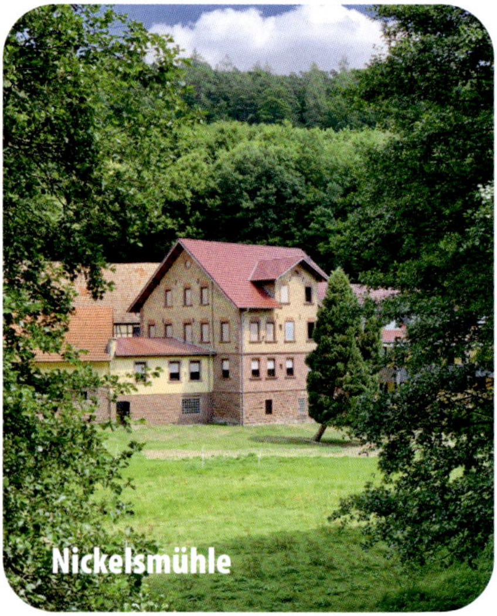

Nach der Rast setzen wir unseren Weg auf der asphaltierten Mühlenstraße bis zum **Wanderparkplatz Holländerbrücke** fort. Hier verlassen wir den befestigten Weg und orientieren uns links an einem großen Holzschild, das uns den Weg zur Schreckemühle weist. Wir sagen der Hasenstab-Markierung ade und lassen uns von einem weiteren Holzschild leicht rechts auf einen naturbelassenen Pfad lotsen. Kurzzeitig begleitet uns das muntere Plätschern des Haslochbachs, bevor sich der Wald lichtet und uns saftig grüne Weideflächen vom Bachlauf trennen. Auf dem Weg wachsen hohe Grashalme, die bei jedem Schritt unsere Beine streifen und unsere Haut mit einem sanften Kitzeln liebkosen.

Als wir an einem **steinernen Bildstock ③** vorbeikommen, entdecken wir weit oben im zugewachsenen Waldhang versteckt eine kleine Grotte, aus der eine zierliche Marienstatue auf uns herabblickt. Fast scheint es so, als würde sie uns zulächeln. Wir schlängeln uns durch ein hüfthohes Gatter hindurch und gelangen über einen Wiesenpfad zur friedlich gelegenen **Schreckemühle ④,** die früher ebenfalls im Besitz der Kartause Grünau war. Auf der gemütlichen Garten-

Die ***Schreckemühle*** *ist die letzte Mühle im Haseltal, die heute noch Mehl mahlt. Die hochwertigen Roggen-, Weizen- und Dinkelmehle werden von Bäckereien aus der Region verarbeitet und können auch von Endverbrauchern direkt an der Mühle gekauft werden.*

Für die Seele

Wir treten in die Fußstapfen der Kartäusermönche und schlemmen uns inmitten jahrhundertealter Gemäuer durch die regionalen Wild- und Fischgerichte.

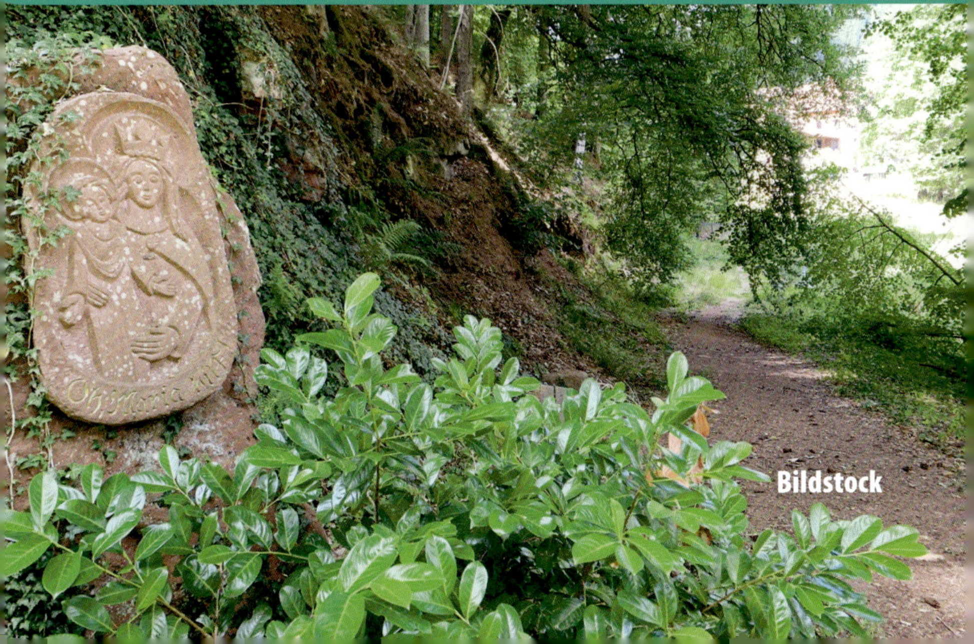

Bildstock

terrasse lassen wir uns die Sonne auf die Nase scheinen und uns mit echter fränkischer Hausmannskost verwöhnen. Hier haben wir die Qual der Wahl zwischen zünftigen Wildgerichten und frisch zubereiteten Forellen.

Gut gestärkt stapfen wir zur Mühlenstraße hinauf, wenden uns nach rechts und gelangen links über eine Spitzkehre auf einen beschrankten, unmarkierten Waldweg, der parallel zur Mühlenstraße auf weichem Terrain verläuft. Hier sind wir ganz für uns, können abschalten und uns unseren Gedanken hingeben. Im Frühjahr erfreuen wir uns an dem pink leuchtenden Blütenmeer der hoch aufragenden Fingerhutkelche, die zwischen den langen Nadelbaumstämmen aufragen.

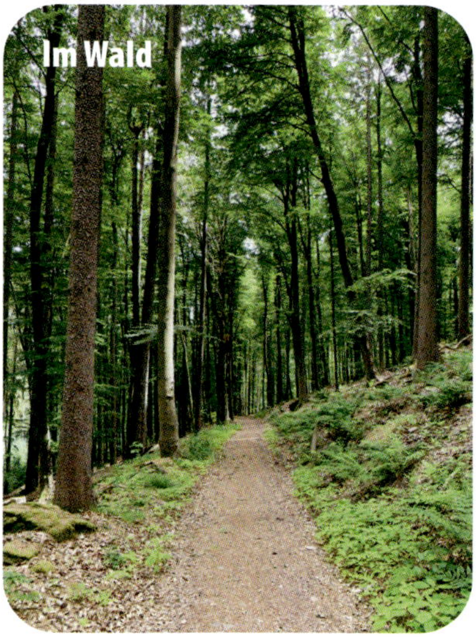
Im Wald

Sobald wir die vierte Schranke umwandert haben, biegen wir links ab und nähern uns abwärts der **Pension Zwieselmühle,** wo sich Wanderer und Ruhesuchende im verträumten Haseltal gerne eine Auszeit gönnen. Am Wegesrand erspähen wir einen Wegweiserstandort und folgen von nun an der Markierung mit dem **roten Querbalken.** Beschwingt durchschreiten wir das Tal, überqueren auf einer Brücke den rauschenden Haslochbach und stellen uns auf den folgenden 1,5 Kilometern heldenhaft dem Anstieg nach Schollbrunn. Während sich der Waldweg unentwegt aufwärts zieht, legen wir immer mal wieder eine Pause ein und lauschen dem geheimnisvollen Rascheln der kleinsten Waldbewohner zu unseren Füßen.

Am höchsten Punkt des Weges schlüpfen wir links aus dem Wald hinaus und erreichen die ersten Häuser von Schollbrunn. Über die **Friedhofstraße** schlendern wir zur **Rohrbrunner Straße** hinab und biegen auf der anderen Straßenseite in die **Spessartstraße** ein. Der Anstieg hat uns durstig gemacht, und so lassen wir uns

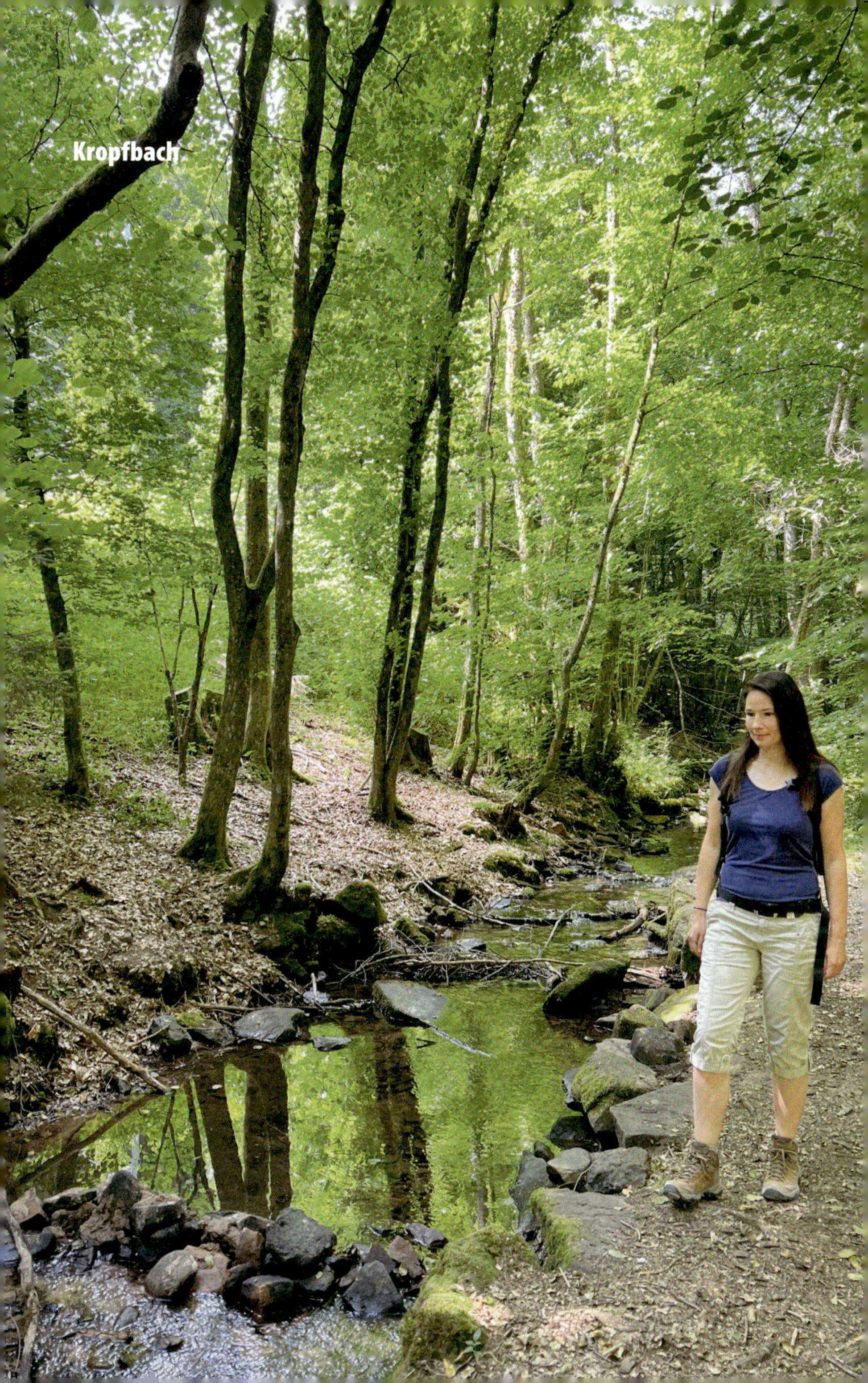
Kropfbach

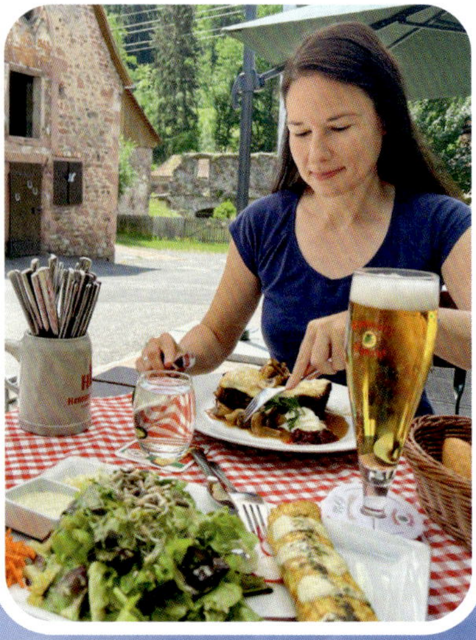

gerne vom **Gasthof Hirsch** ❺ zu einer kühlen Erfrischung im Biergarten verführen.

In Verlängerung der Spessartstraße gelangen wir schließlich zum **Wildpark Schollbrunn ❻,** wo sich anmutiges Rotwild und ruppige Wildschweine in großräumigen Gehegen tummeln. Für einen Euro erstehen wir einen Beutel Futter und füllen es in die dafür vorgesehenen Röhren. Umgehend kommen die eleganten Tiere an den Zaun gelaufen und lassen sich aus nächster Nähe betrachten.

Am Ende des Wildparks lockt uns der rote Querbalken links in den Wald

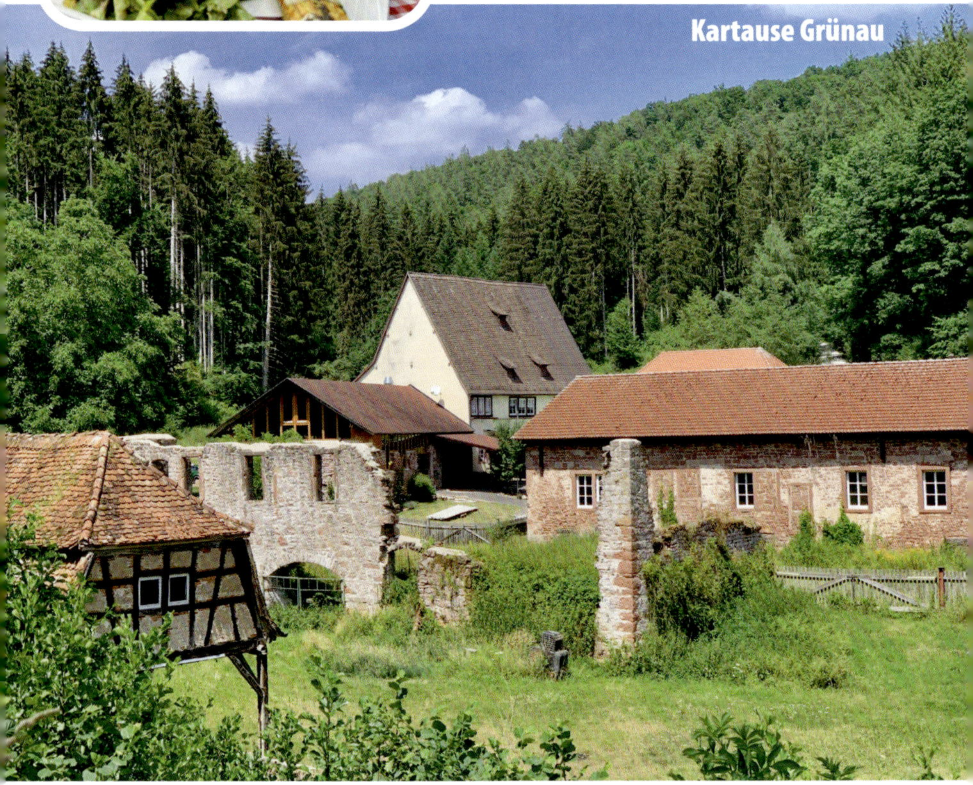

hinein. Wir achten darauf, dass wir kurz darauf nicht den Abzweig nach rechts verpassen, und finden uns auf einem zerfurchten Waldweg wieder. Dieser neigt sich steil abwärts und bringt uns in Windeseile auf einen gut ausgebauten Forstweg.

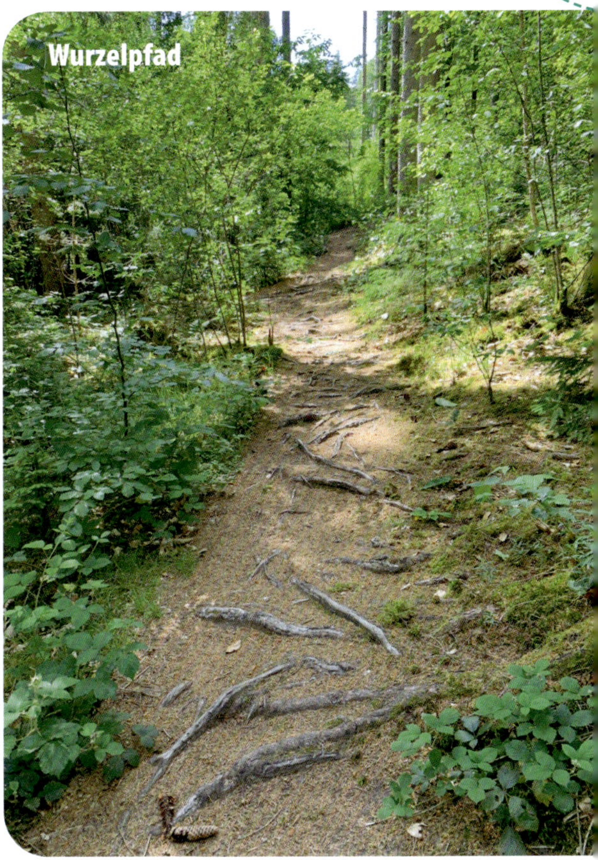
Wurzelpfad

Mit leichten Schritten schlendern wir links den Hügel hinab und gelangen über eine Rechtskurve zu einer Weggabelung, wo wir uns scharf links halten und wieder auf die **Hasenstab-Markierung** treffen. Der schmale Naturpfad unter unseren Füßen schlängelt sich an dichten Brombeerhecken vorbei, weitet sich im weiteren Verlauf kurzzeitig, um sich dann wieder zu verengen. Nach einem Rechtsknick hangeln wir uns über knorrige Wurzeln und Steine zum **Kropfbach 7** hinab, der sich von nun an ganz dicht neben unserem Weg entlangwindet. Entzückt schauen wir dem quirligen Wasser dabei zu, wie es gekonnt über Steine und Gehölz hüpft. Mit munterem Geplätscher in den Ohren erreichen wir den malerischen **Fischweiher 8** der **Kartause Grünau 9**, wo wir auf einer der zahlreichen Rastbänke zur Ruhe kommen und mit unseren Gedanken in der spiegelglatten Wasseroberfläche versinken.

Während wir uns ganz und gar der idyllischen Szenerie hingeben, dürfen wir jedoch die Uhrzeit nicht

*Der Sage nach stiftete Gräfin Elisabeth von Hohenlohe den Mainzer Kartäusern das **Kloster Grünau** im Jahr 1328, um Buße zu tun. Es steht genau an dem Ort, an dem sie ihren Mann Gottfried bei der Jagd versehentlich tödlich verwundet hatte.*

Verwöhntour 9

*Die **Forellenteiche** der Kartause Grünau sind mit reinem Quellwasser gespeist und gewähren den Fischen ein artgerechtes und gesundes Leben. Die Zucht kommt ohne den Einsatz von Medikamenten aus und garantiert den Genuss von Qualitäts-Fischgerichten.*

vergessen, denn unser reservierter Tisch wartet bereits ungeduldig auf uns. Über einen leichten Anstieg zu unserer Linken nähern wir uns dem markanten Eingangsportal der ehemaligen Klosteranlage und schlemmen uns kurz darauf inmitten geschichtsträchtiger Gemäuer durch die von regionalen Produkten gespickte Speisekarte.

Glücklich und kugelrund kehren wir zum Weiher zurück, spazieren geradeaus am Ufer vorbei und setzen unseren Weg über einen Pfad südlich der Klosteranlage fort. Von der Anhöhe aus werfen wir einen letzten Blick auf die Ruinen, bevor wir über einen gut ausgebauten Forstweg zum Wanderparkplatz zurückfinden.

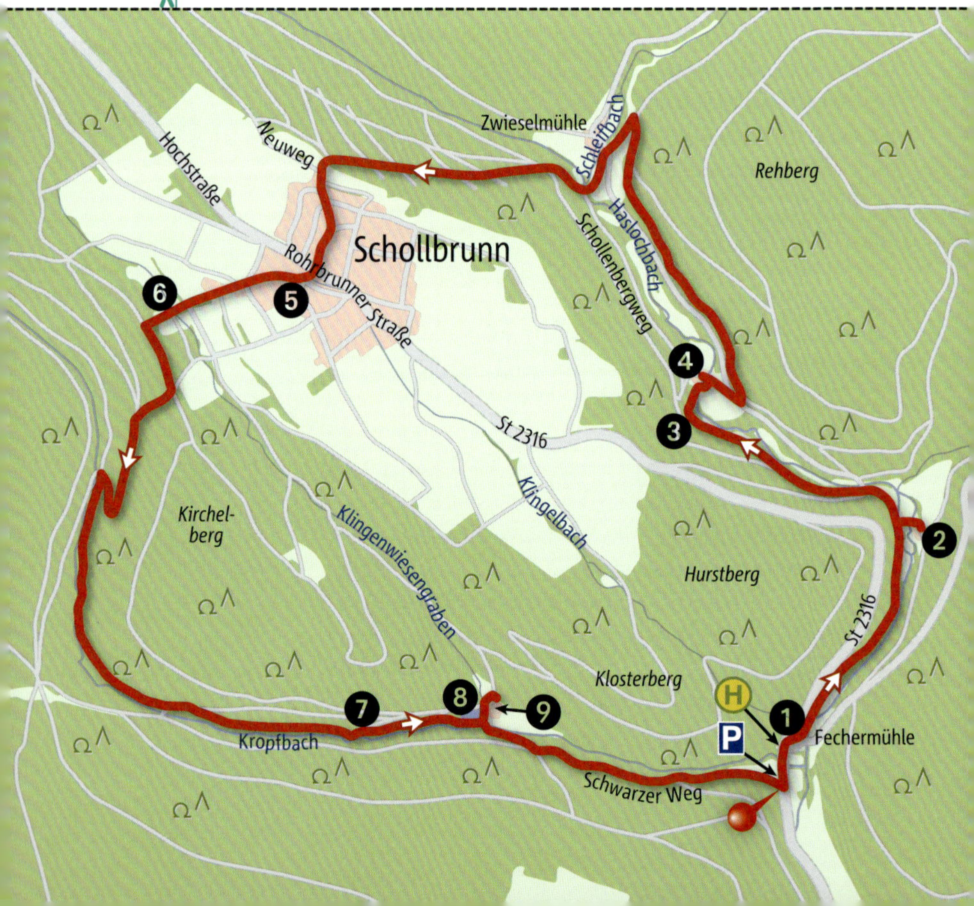

Alles auf einen Blick

WIE & WANN:
Überwiegend Waldwege und Pfade, zwei asphaltierte Abschnitte; beste Wanderzeit sonntags von April bis Oktober

HIN & WEG:
Auto: Wanderparkplatz an der St 2316, Abzweig Schwarzer Weg, 97907 Hasloch (GPS: 49.81469, 9.49240)
ÖPNV: Bus 661 oder 662 von Marktheidenfeld ZOB nach Schollbrunn, Haltestelle Schollbrunn, Fechermühle Abzw.

ESSEN & ENTSPANNEN:
Landgasthaus Nickelsmühle ❷ Nickelsmühle, 97852 Schollbrunn, Tel. (0 93 94) 4 77, www.landgasthaus-nickelsmuehle.de

Entspannung ✱✱✱✱✱
Genuss ✱✱✱✱✱
Romantik ✱✱✱✱✱

Schreckemühle ❹ 97852 Schollbrunn, Tel. (0 93 94) 22 48, www.schreckemuehle.de
Gasthof Hirsch ❺ Spessartstraße 1, 97852 Schollbrunn, Tel. (0 93 94) 9 70 46, www.hirsch-schollbrunn.de
Kartause Grünau ❾ Kartause Grünau 1, 97907 Hasloch, Tel. (0 93 94) 4 62, www.kartause-gruenau.net

ENTDECKEN & ERLEBEN:
Ruine der Markuskapelle ❶
Bildstock und Mariengrotte ❸
Wildpark Schollbrunn ❻
Kropfbach ❼
Fischweiher ❽

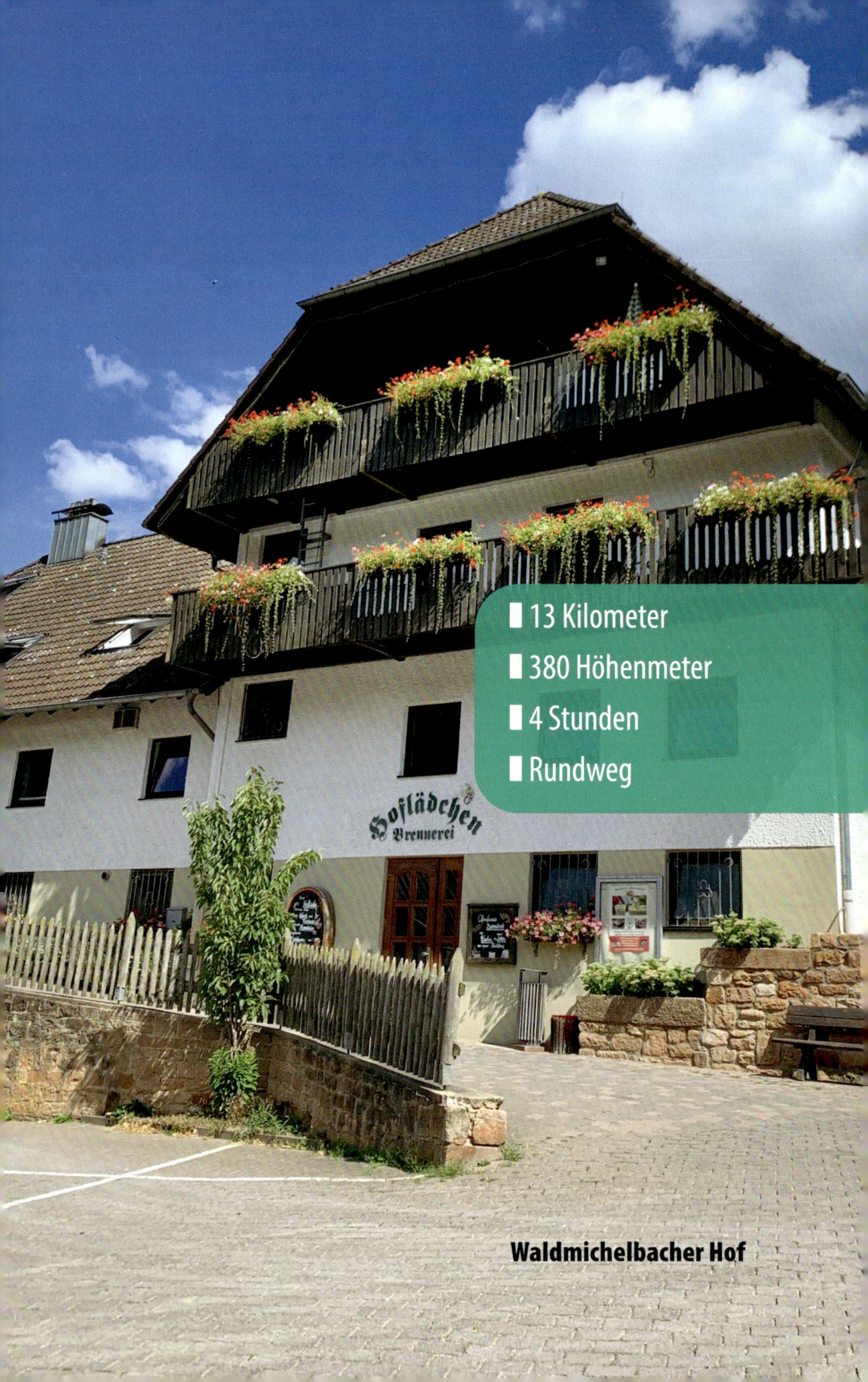

- 13 Kilometer
- 380 Höhenmeter
- 4 Stunden
- Rundweg

Waldmichelbacher Hof

Wer sich im Spessart mit selbst gemachten Köstlichkeiten verwöhnen möchte, kommt am Waldmichelbacher Hof nicht vorbei. Etwas außerhalb von Bessenbach gelegen, ist der urgemütliche Gasthof auf einer Wanderung durch den reizvollen Vorspessart ein ideales Ziel, um es sich mitten im Grünen so richtig gut gehen zu lassen.

Vom Wanderparkplatz am **Gemeindezentrum Bessenbach** folgen wir auf dem ersten Abschnitt unserer Tour dem **Europäischen Kulturweg** – markiert mit einem gelben EU-Schiffchen auf blauem Hintergrund – Richtung Klingerhof. Nach einem kurzen Stück an der **Hauptstraße** entlang stoßen wir auf einen Kreisverkehr und biegen rechts in die erste Ausfahrt ein. Linker

Bewusstgenuss

Zum Waldmichelbacher Hof

Hand führt uns ein geschotterter Weg in ein von Wiesen und Apfelbäumen umsäumtes Tal hinein. Im Frühjahr erfreuen wir uns hier an der Pracht der weißen Apfelblüten, im Spätsommer am satten Rot der reifen Früchte.

Im folgenden Waldstück schlängelt sich der Weg erst rechts-, dann linksherum steil den Berg hinauf. Schnaufend stapfen wir an Weiden mit neugierig dreinblickenden Kühen vorbei und erreichen nach einer Linkskurve schließlich eine freie Anhöhe mit **Rundumblick über den Vorspessart ❶.** Von hier aus können wir in der Ferne unter anderem den Hahnenkamm bei Alzenau, die Hügel des Buntsandsteinspessarts und die Hohe Wart sehen. Auch der 353 Meter hohe Steig-

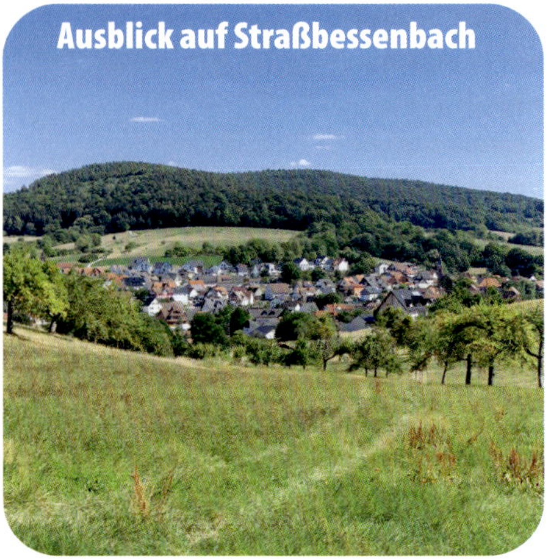
Ausblick auf Straßbessenbach

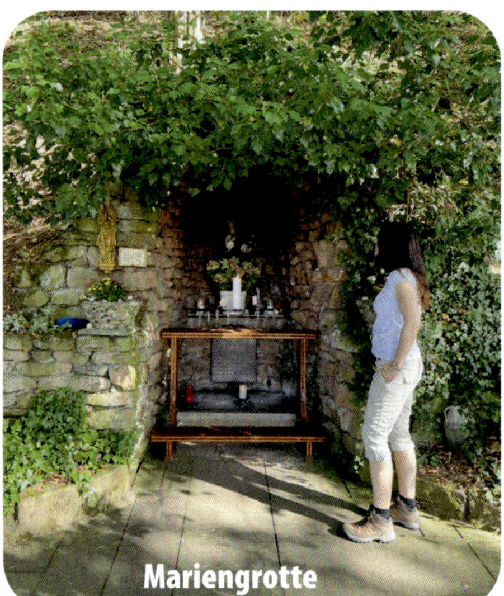
Mariengrotte

knückel, den wir heute zum Teil noch erklimmen werden, ist gut zu erkennen.

An der folgenden Weggabelung halten wir uns links und spazieren nach dem **Klingerhof** leicht links schwungvoll talwärts. Schon bald bietet sich uns eine herrliche Aussicht auf Straßbessenbach, die wir von einer Sitzbank aus in vollen Zügen genießen können. Unsere Blicke wandern über saftige Wiesen zum Ortskern hinab und kommen auf der anderen Seite des Tals an der bewaldeten Kuppe des Steigknückels zur Ruhe. Entspannt spazieren wir an einer mit Blumen geschmückten Mariengrotte vorbei und gelangen am Ortseingang über die **Hofstraße** zur **Bachstraße,** die schließlich in die **Dorfstraße** mündet. Hier wartet das liebevoll eingerichtete **Café-Bistro Ungleich** ❷ schon ungeduldig darauf, von uns erobert zu werden. Wir haben heute Morgen extra nicht so viel gegessen, um uns bereits relativ zu Beginn der Tour mit einem sündhaft leckeren Frühstück belohnen zu können. Ungeniert gönnen wir uns belegte Bagels, Croissants und Kaffee. Essen für die Seele in Reinkultur.

Nach der Rast kreuzen wir die Dorfstraße, wenden uns nach rechts und lassen uns gleich darauf linker Hand vom Zeichen des **Fränkischen Marienwegs** auf einen schmalen Fußweg lotsen, der uns durch die Siedlung leitet. Von der **Kirchstraße** biegen wir links in die **Steigstraße** und kurz darauf rechts in die **Waldstraße** ein, wo wir auf mehrere Wegweiser treffen. Von nun an orientieren wir uns bis zum Ende unserer Tour an der **Markierung B1,** die uns sogleich dazu auffordert, dem vor uns liegenden Schotterweg bergauf Richtung Posthalterskreuz zu folgen.

Gemächlich arbeiten wir uns in dem steilen Gelände aufwärts und passieren dabei die Stationen des Kreuzwegs Jesu Christi. Am Waldrand wählen wir den asphaltierten Weg zu unserer Rechten und entdecken nach wenigen Metern eine mit Efeu umrankte **Mariengrotte ❸,** die sich links von uns zwischen Bäumen versteckt. Fast noch interessanter finden wir jedoch die hölzerne **Panoramaliege ❹,** die sich gleich nebenan auf der anderen Seite des Weges befindet. Auf ihr können

Für die Seele

Wir verwöhnen uns mit fantastischen Ausblicken, gönnen uns ein zweites Frühstück und kosten viele selbst gemachte Leckereien aus ökologischer Erzeugung.

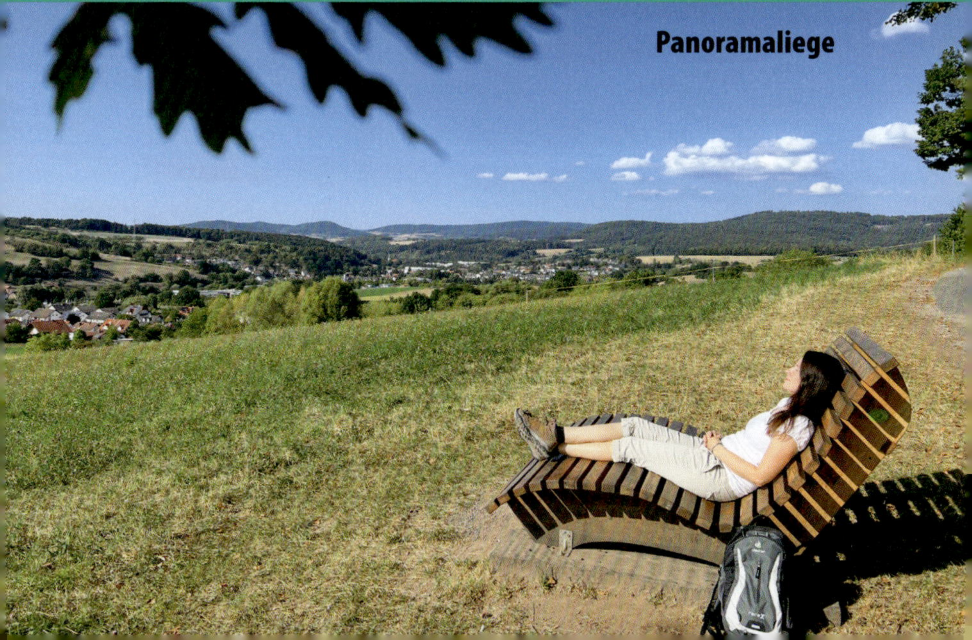

Panoramaliege

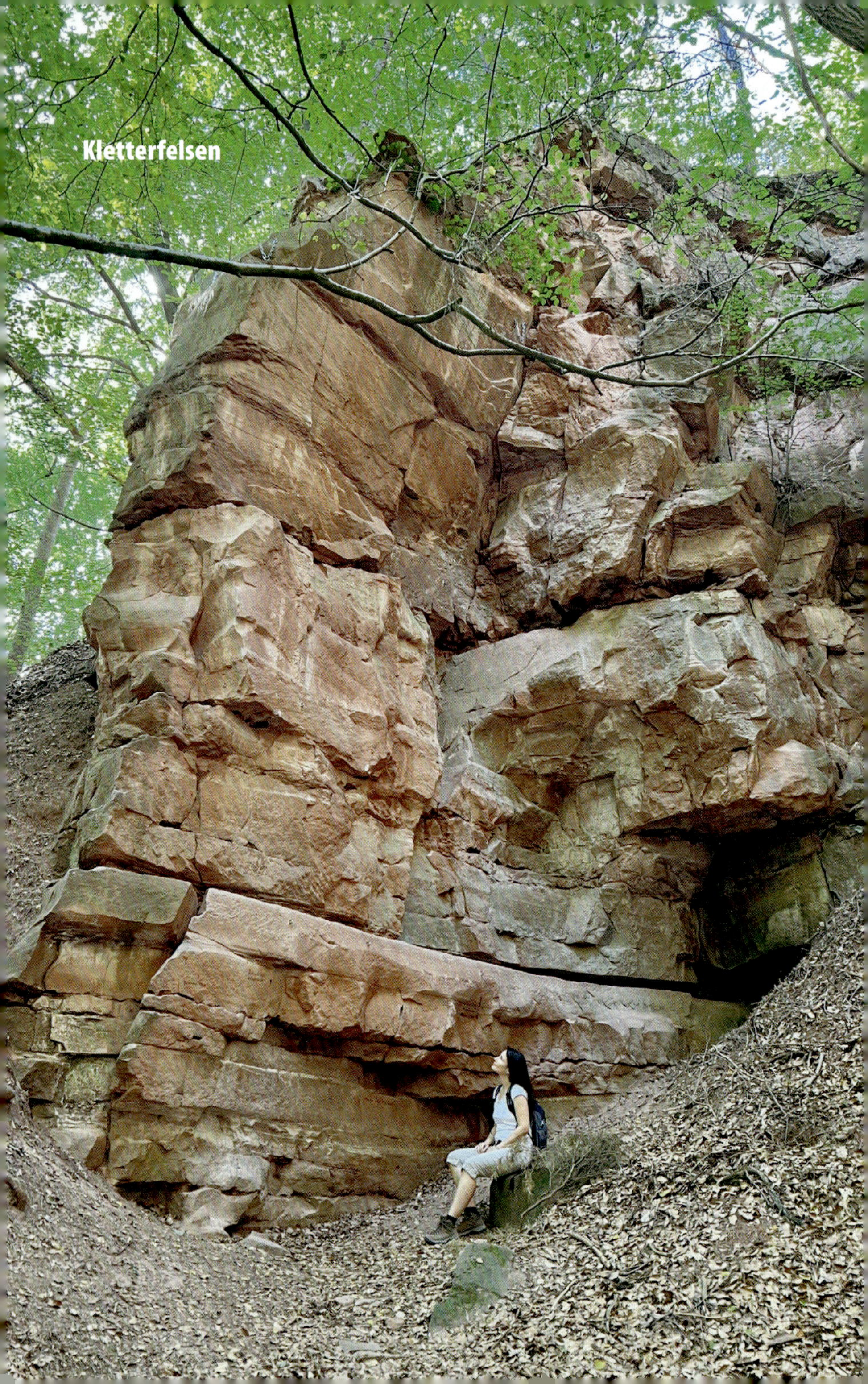
Kletterfelsen

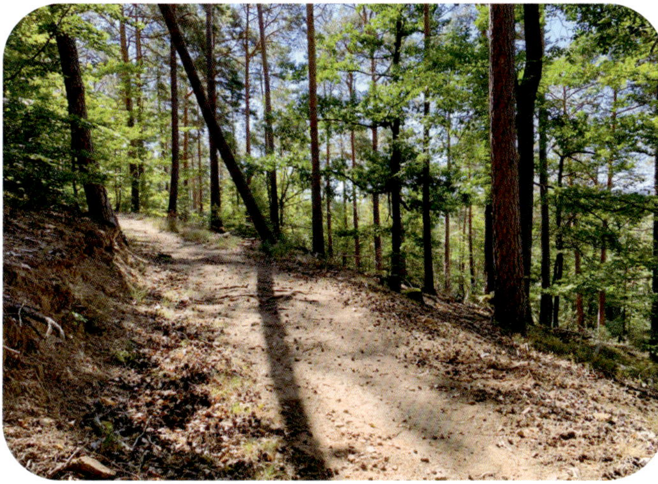

wir die Beine hochlegen, den Wolken beim Wandern zusehen und uns an dem wundervollen Fernblick erfreuen. Genuss kann auch einfach mal Nichtstun bedeuten.

An der nächsten Abzweigung biegen wir links ab und gelangen schon bald auf einen weichen, naturbelassenen Hohlweg. Links von uns befinden sich mitten im Wald bis zu 20 Meter hohe **Sandstein-Kletterfelsen ❺,** an denen geübte Sportler hoch- und runterkraxeln können. Da es sich um das größte Klettermassiv im gesamten Rhein-Main-Gebiet handelt, sind hier Kletterer aus allen möglichen Regionen Deutschlands anzutreffen. Auch für uns lohnt es sich, an einem der insgesamt vier ausgewiesenen Zuwege einen Abstecher zu den mächtigen Felsformationen einzulegen. Am Fuße der roten Gesteinswände schauen wir fast ein bisschen eingeschüchtert empor und fühlen uns dabei so klitzeklein wie Schneewittchens sieben Zwerge.

Zurück auf dem Wanderweg geht es nun weiter auf schönen Pfaden stetig bergan durch den Wald. Während wir uns erst rechts-, dann linksherum den Berg hocharbeiten, haben wir hin und wieder auch eine etwas steilere Passage zu bewältigen. Ab und zu durchbrechen warme Sonnenstrahlen das Laubdach über unseren Köpfen und scheinen uns freundlich ins Gesicht. Sobald wir auf einen Forstweg treffen, orientieren wir uns rechts und biegen kurz darauf scharf links in einen steinigen und wurzeligen Pfad ein. Oben angekommen, blicken wir nach links und lassen uns von den Wegweisern rechts zum **Posthalterskreuz** ❻ lotsen. Bis Ende des 18. Jahrhunderts verlief hier die einzige Straße zur Spessartüberquerung von West nach Ost: die alte Poststraße von Frankfurt nach Würzburg.

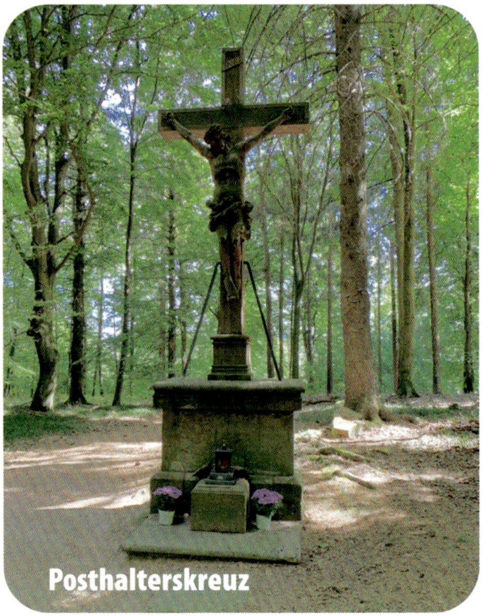

Posthalterskreuz

Die 1615 errichtete Poststation in Straßbessenbach stellte für den Ort in Zeiten der Armut eine wichtige Einnahmequelle dar: Schmiede, Sattler und Wagner kümmerten sich um die Wartung der Kutschen, Reisende kehrten ein und wechselten ihre Pferde. Heute ist vom Trubel vergangener Tage nichts mehr zu spüren: Einsam und verlassen steht das steinerne Posthalterskreuz mitten im Wald – nur ein paar Rastbänke und die Stille leisten ihm Gesellschaft. Nach dem anstrengenden Aufstieg legen wir an diesem friedvollen Ort eine kurze Rast ein und stellen uns mit geschlossenen Augen vor, wie majestätische Postkutschen einst durch den dunklen Spessartwald zogen.

*Einer Legende nach wurde einst eine Postkutsche von Raben angegriffen, woraufhin die Pferde durchgingen. Zum Dank, dass er dieses Ereignis überlebt hat, ließ der Kutscher an der Stelle, wo der Wagen zum Stehen kam, das **Posthalterskreuz** errichten.*

An der nächsten Abzweigung halten wir uns rechts und setzen unsere Wanderung auf einem schmalen Waldpfad fort. Nach etwa 400 Metern passen wir gut auf, dass wir die Spitzkehre nach links nicht verpassen, und marschieren ab sofort flott bergab. An einem breiten Forstweg wenden wir uns nach links und folgen diesem so lange abwärts, bis uns die Markierung B1 auf einen Pfad zu unserer Linken lockt. Nach einem

Rechtsknick neigt sich das Gelände unter unseren Füßen steil gen Tal. Unten angekommen, biegen wir rechts ab und erreichen über eine Linkskurve den idyllisch gelegenen **Waldmichelbacher Hof 7**. Bei unserer Ankunft traben anmutige Pferde aus der Haflingerzucht über die Koppeln des Anwesens und begrüßen uns mit einem freundlichen Wiehern.

Auf der großen, von viel Grün umrahmten Terrasse finden wir ein lauschiges Plätzchen zum Entspannen und Genießen. Ob Wildschweingulasch aus heimischem Revier, Forelle aus regionaler Fischzucht oder vegetarischer Flammkuchen – auf der bunt gemischten Speisekarte ist für jeden Geschmack etwas dabei. Selbstverständlich probieren wir auch die selbst gebackenen Torten aus dem Hofladen des Gasthofs. Und als Mitbringsel nehmen wir noch einen Holunderblütenschnaps mit.

*Der **Waldmichelbacher Hof** befindet sich bereits seit über 400 Jahren in Familienbesitz. Im Restaurant und im Hofladen sind viele Produkte aus eigener Erzeugung erhältlich – darunter frisches Rindfleisch, Sauerteigbrot, Spirituosen und Marmeladen.*

Nach der Rast setzen wir unsere Wanderung auf dem geschotterten Weg fort, der zwischen Gaststätte

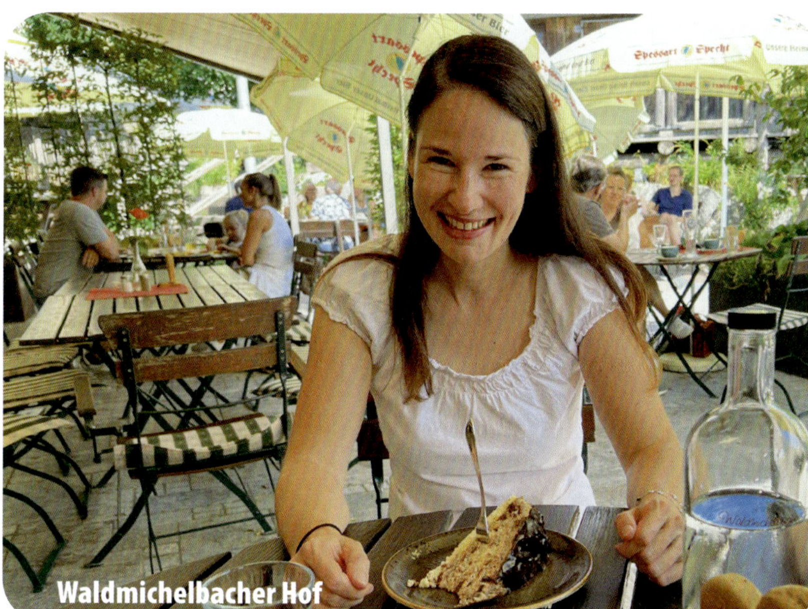

Waldmichelbacher Hof

und See entlangführt. Sobald wir die Stallungen nach einer Linkskurve hinter uns gelassen haben, gelangen wir am Waldrand auf einen naturbelassenen Wanderpfad. Dieser verläuft parallel zum Schotterweg und führt an weiten Koppeln vorbei. Erst an der folgenden Kreuzung wechseln wir auf einen asphaltierten, sich abwärts neigenden Wirtschaftsweg. Schnell gewinnen wir an Geschwindigkeit und erreichen im Nu den Ortsrand von Keilberg. Die Route macht einen Schlenker nach links und bringt uns zum Michelbach hinunter. Am Fischteich vorbei bewältigen wir einen letzten kurzen Anstieg und erreichen schließlich nach einer Rechtskurve den Ausgangspunkt unserer Tour am Gemeindezentrum.

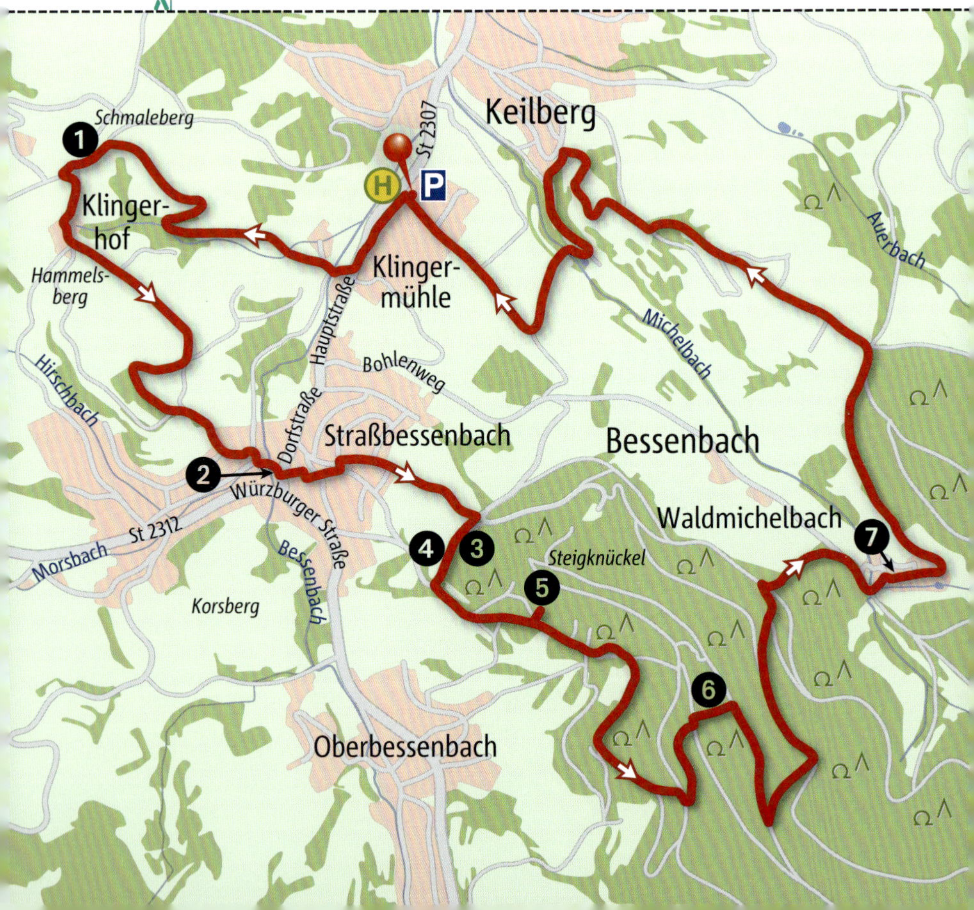

Alles auf einen Blick

WIE & WANN:
Waldwege und Pfade, asphaltierte und geschotterte Wege; beste Wanderzeit von April bis Oktober

HIN & WEG:
Auto: Wanderparkplatz am Gemeindezentrum, Ludwig-Straub-Straße, 63856 Bessenbach (GPS: 49.97024, 9.25280)
ÖPNV: Bus 41 von Aschaffenburg ROB nach Bessenbach, Haltestelle Rathaus

ESSEN & ENTSPANNEN:
Café-Bistro Ungleich ❷ Dorfstraße 4/1/2, 63856 Bessenbach, Tel. (0 60 95) 7 04 96 27
Waldmichelbacher Hof ❼ Waldmichelbach 4, 63856 Bessenbach, Tel. (0 60 95) 6 74, www.waldmichelbacher-hof.de

Entspannung ✱✱✱✱✱ (3 von 5)
Genuss ✱✱✱✱✱ (5 von 5)
Romantik ✱✱✱✱✱ (4 von 5)

ENTDECKEN & ERLEBEN:
Blick über den Vorspessart ❶
Mariengrotte ❸
Panoramaliege ❹
Sandstein-Kletterfelsen ❺
Posthalterskreuz ❻

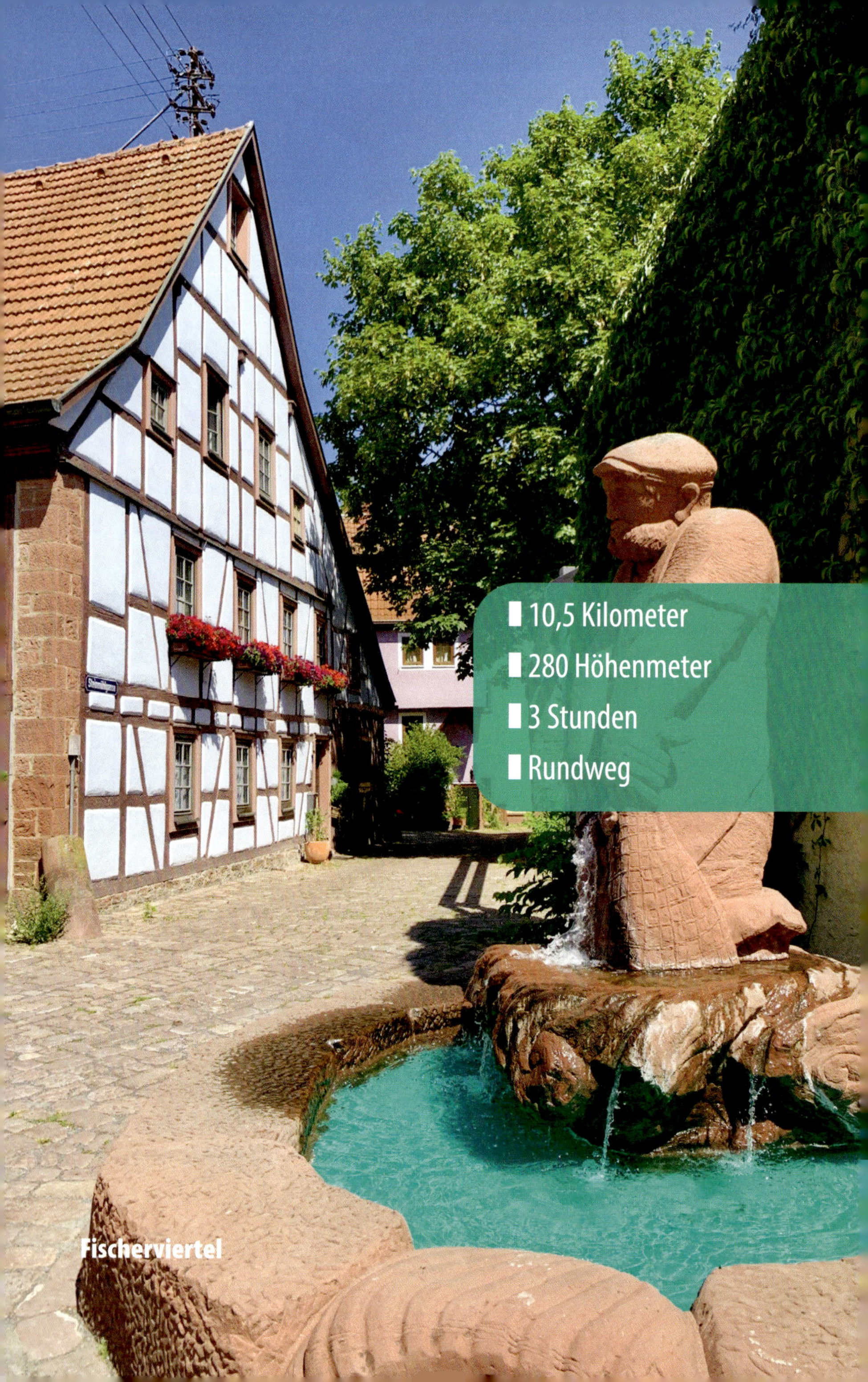

- 10,5 Kilometer
- 280 Höhenmeter
- 3 Stunden
- Rundweg

Fischerviertel

Der Spessartwald gilt allgemein als mystischer Ort, in dem Märchen, Sagen und Legenden zum Leben erwachen. Doch nirgendwo im Spessart sind die Geschichten vergangener Tage noch heute so allgegenwärtig wie in der Schneewittchenstadt Lohr. Und so erwartet uns hier eine Wanderung, bei der jede Menge Zauber in der Luft liegt.

Wir starten unsere Tour am Mainparkplatz im Lohrer Ortsteil **Sendelbach** und marschieren über die Mainstraße zur **Sendelbacher Straße,** wo wir links abbiegen. Nach etwa 150 Metern orientieren wir uns rechts und gelangen über die **Amselstraße** in die **Brunnenrainstraße,** der wir bis zum Waldrand hinauf folgen. Nachdem wir die etwa 300 Jahre alte, efeuumrankte **Brunnenrain-**

Wie im Märchen

Zwischen Lohr und Mariabuchen

eiche ❶ passiert haben, schlüpfen wir in den Wald hinein und wählen den naturbelassenen Pfad ganz rechts. Sobald sich dieser verzweigt, halten wir uns leicht links und folgen dem Pfad so lange, bis wir auf einen gut ausgebauten Waldweg treffen. Hier schwenken wir nach links. Der Weg verläuft zunächst noch flach, zieht im weiteren Verlauf jedoch schon bald aufwärts. Zwischen den Baumstämmen der Buchen hindurch begrüßt uns die noch tief stehende Vormittagssonne und wirft eine künstlerische Maserung auf unseren Weg. Die Melodie von munterem Vogelgezwitscher durchdringt die Stille des Waldes und treibt

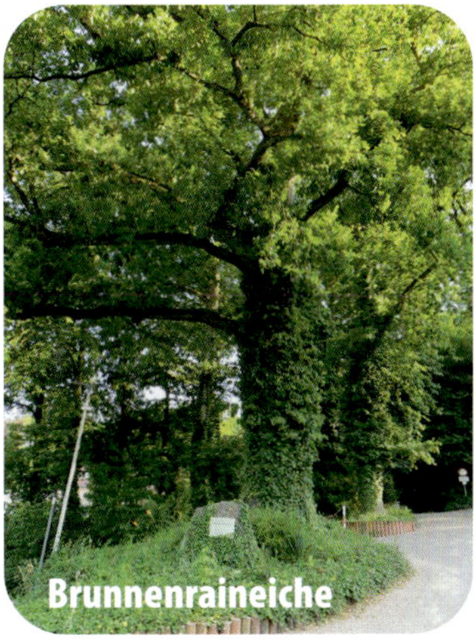
Brunnenraineiche

***Mariengrotten** sind im katholisch geprägten Spessart am Wegesrand sehr häufig anzutreffen. Die höhlenartig errichteten Schreine sollen an besondere Ereignisse erinnern oder wurden von Privatpersonen als Dank für Heilung oder Rettung errichtet.*

uns mit Schwung in die Höhe. Nach einer Rechtskurve wandern wir ein Stück auf einem Wiesenweg am Waldrand entlang und lassen unseren Blick ins Tal hinab nach Sendelbach gleiten. Neben einer **Mariengrotte ❷** laden uns ein paar Rastbänke zum Verweilen und Besinnen ein.

An der angrenzenden Abzweigung entscheiden wir uns für den Weg ganz links, der sogleich bergauf in einen wundervollen Waldpfad überleitet. Unter dem dichten Blätterdach überwinden wir schnell etliche Höhenmeter – jedoch lassen wir uns nicht hetzen und gehen den Anstieg gemächlich an. Wenn der Wald lichter wird, stoßen wir auf einen Forstweg, blicken nach rechts und sehen, dass ein paar Meter von uns entfernt ein weicher Wanderpfad links abgeht. Diesem folgen wir weiter bergan und erreichen schon bald den höchsten Punkt unserer Tour. Kaum oben angekommen, neigt sich der Pfad unter unseren Füßen auch schon wieder gen Tal. Über eine breit angelegte Treppe mit lang gezogenen Stufen meistern wir mit Leichtigkeit den steilen Abstieg hinunter zur **Wallfahrtskirche Mariabuchen ❸.**

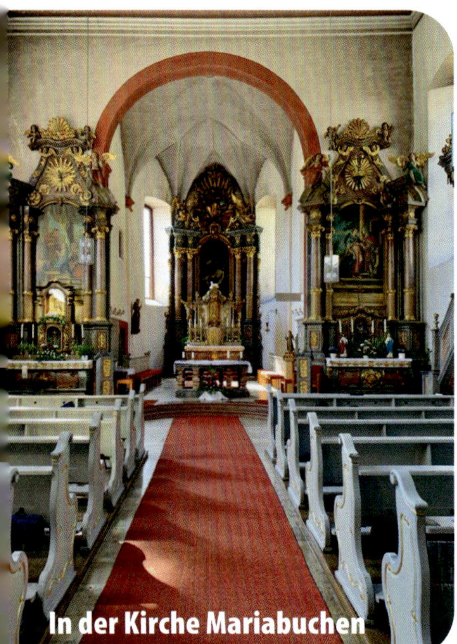
In der Kirche Mariabuchen

Als wir aus dem Wald hinaustreten, blicken wir direkt auf das imposante Kirchengebäude, das von Buchen umschlossen in einer versteckten Talsenke liegt. Der Legende nach wurde der Grundstein für den Wallfahrtsort bereits im Mittelalter gelegt, als ein Hirte eine selbst geschnitzte Marienfigur in das Astloch einer Buche stellte, um in Ruhe davor zu beten. Mit der Zeit wuchs das Figürchen in den Baum ein und geriet in Vergessenheit – doch eine unsichtbare Kraft soll Ungläubige daran gehindert haben, an der Buche vorbeizugehen. Als ein Gottloser so wütend darüber wurde, dass er sein Schwert in den Baum rammte, hörte er dreimal hinter-

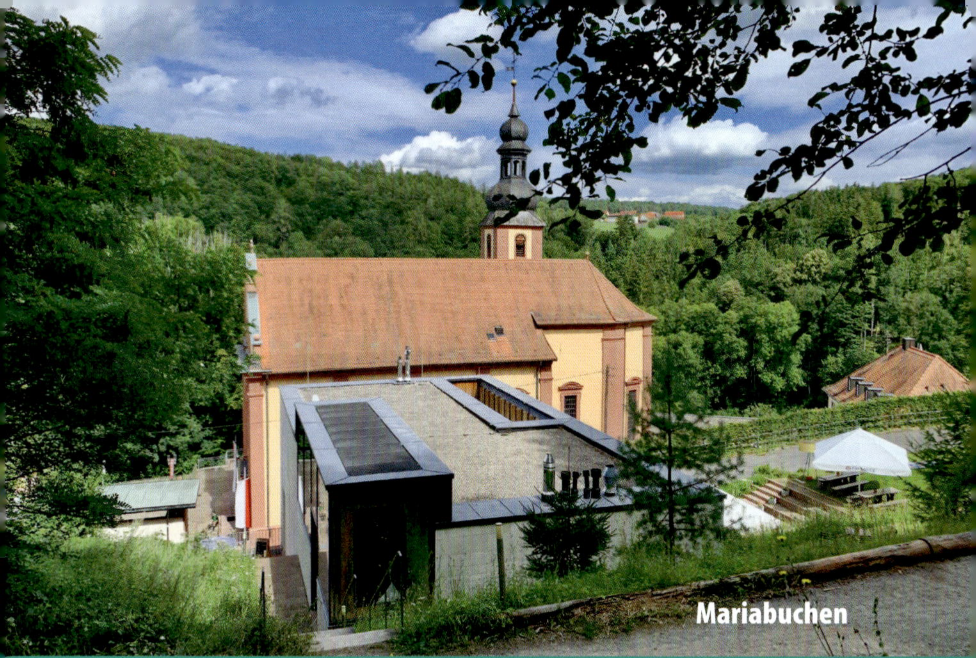

Für die Seele

Im tiefen Wald atmen wir die Magie des Spessarts ein, genießen fränkische Spezialitäten und erliegen in Lohr dem Zauber der Märchenwelt.

einander die Worte „oh weh" und entdeckte Blut an seiner Schwertspitze. Daraufhin wurde der Baum gefällt – und zum Vorschein kam die Marienfigur, die an ihrer Rückseite vom Schwert beschädigt war. So errichtete man 1434 an dieser Stelle eine kleine Kapelle, die zwischen 1692 und 1701 durch einen Neubau ersetzt wurde. Wir sind neugierig, was uns im Inneren der Wallfahrtskirche Mariabuchen erwartet, und betreten auf leisen Sohlen das Gotteshaus. Vor uns sehen wir einen prachtvollen barocken Hochaltar, zwei prunkvolle Seitenaltäre sowie eine Kanzel.

Als wir ein leises Grummeln in unserer Magengrube vernehmen, verlassen wir die Kirche und entdecken ein paar Schritte vom Eingang entfernt die Markierung

Auch heute noch pilgern Gläubige aus allen Himmelsrichtungen nach ***Mariabuchen*** *– manche zu Fuß, manche mit dem Fahrrad. Den weitesten Weg legt alljährlich eine Wallfahrtsgruppe aus Fulda zurück, der zu Spitzenzeiten 1500 Wallfahrer angehörten.*

Spessartweg 1, die uns rechts über Treppenstufen hinab zum **Hotelgasthof Buchenmühle** ❹ lotst. Das Gebäude wurde in der ersten Hälfte des 18. Jahrhunderts als Wassermühle und Gaststätte für Wallfahrer aus rotem Mainsandstein errichtet. Heute beherbergt es einen Hotelgasthof, der uns auf seine urgemütliche Terrasse lockt. Da es am Wochenende schwierig sein kann, in dem gut besuchten Ausflugslokal einen freien Tisch zu ergattern, haben wir bereits vor der Wanderung reserviert. Zusammen mit zahlreichen anderen Wanderern und Radfahrern genießen wir die Idylle um uns herum und schmökern gespannt in der Speisekarte. Uns erwartet ein kleines, aber feines Angebot an regionalen Spezialitäten, darunter Jägerschnitzel, fränkisches Schäufele und geschmorte Ochsenbäckchen.

Satt und zufrieden setzen wir unsere Tour fort. Hinter der Mühle entdecken wir einen schmalen, etwas versteckten Pfad, der mit dem **Zeichen L3** markiert ist und uns ab sofort durch das lauschige **Buchenbachtal** ❺ führt. Links und rechts des Pfädchens wuchern Drüsiges Springkraut und dichte Brombeerbüsche, die je-

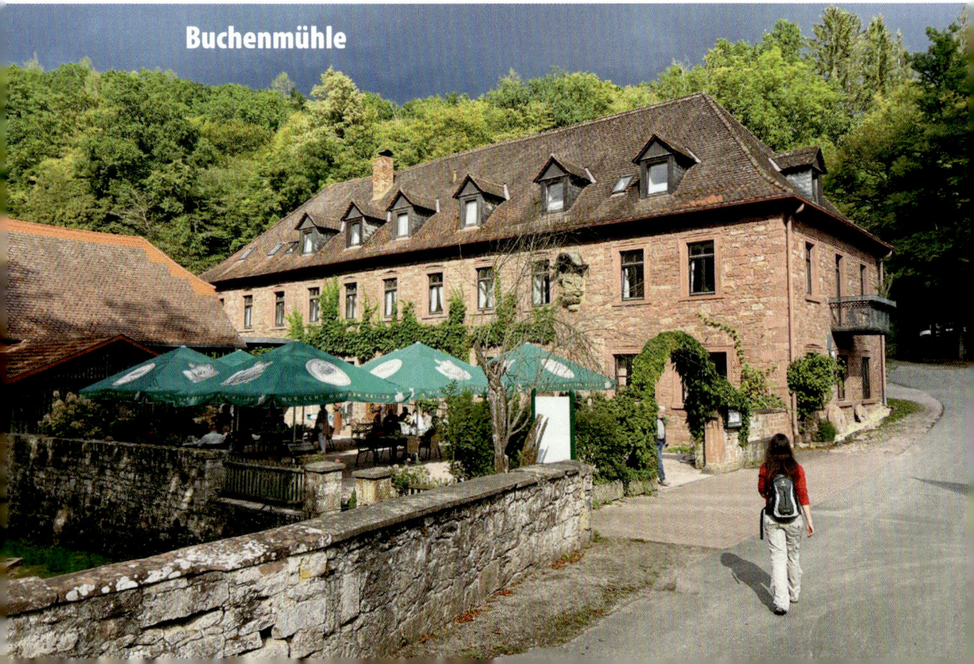
Buchenmühle

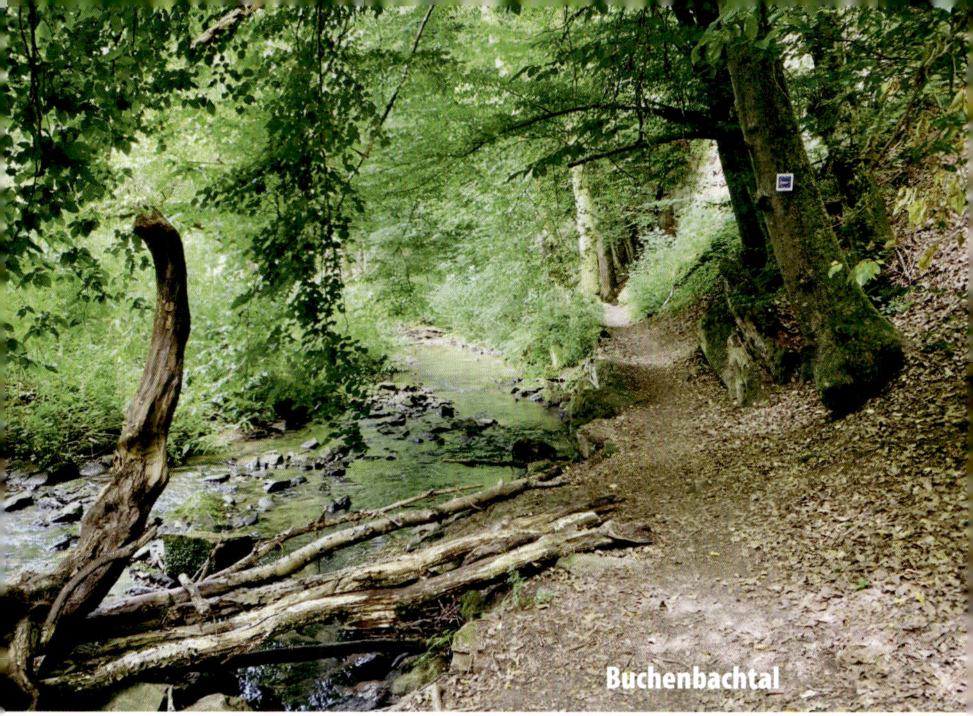

doch gut zurückgeschnitten sind und uns beim Wandern nicht stören. Macht der Buchenbach anfangs nur durch leises Plätschern auf sich aufmerksam, schmiegt er sich nach etwa 1 Kilometer an einer **markanten Felswand** ganz dicht an unseren Weg. So können wir aus nächster Nähe beobachten, wie sich das Wasser seinen Weg über Steine und Äste bahnt.

Eine hölzerne Brücke bringt uns schließlich auf die andere Uferseite, wo wir uns rechts halten und auf die asphaltierte **Buchentalstraße** treffen. Wir folgen der Straße ein Stück in den Ort **Steinbach** hinein, biegen links in die **Mühlenstraße** ab und gelangen noch einmal linksherum über die **Eichhornstraße** auf einen Waldweg zu unserer Rechten. Es dauert nicht lange, bis uns die Markierung L3 linker Hand auf den **Buchbergpfad** lenkt, der uns im Auf und Ab Richtung **Sendelbach** bringt. Kurz nachdem wir einen geschotterten Forstweg gekreuzt haben, wählen wir einen schmalen, zwischen Buschwerk versteckten Pfad zu unserer Rechten, der sogleich einen Richtungswechsel nach links vollführt und uns zügig bergab nach Sendelbach leitet.

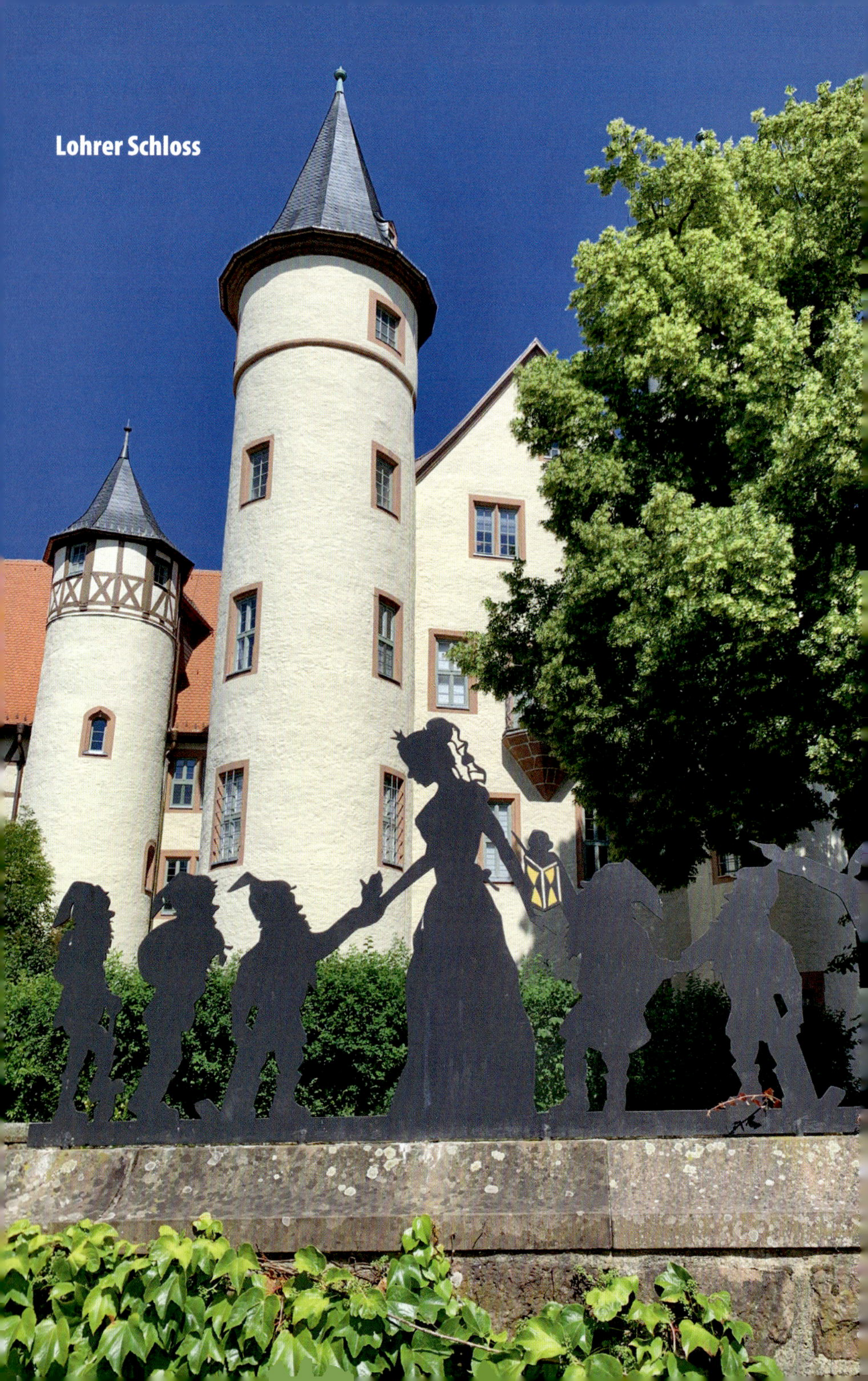

Lohrer Schloss

Am Kreisverkehr wechseln wir die Straßenseite und überqueren die **Neue Mainbrücke,** von der aus wir auf den Main blicken können. An der anderen Uferseite erreichen wir das im wahrsten Sinne des Wortes märchenhafte Städtchen **Lohr am Main,** in dem einst das echte Schneewittchen – Maria Sophia Margaretha Catharina Freifräulein von Erthal – gelebt haben soll. Sogenannte Fabulogen konnten alle wichtigen Ereignisse der Geschichte mit lokalen Fakten verbinden – so etwa die mit Sinnsprüchen umrahmten „sprechenden Spiegel" aus der Lohrer Spiegelmanufaktur, die „sieben Zwerge", bei denen es sich vermutlich um kleinwüchsige Bergleute und Kinder in den Stollen bei Bieber handelte, oder auch der gläserne Sarg, der aus einer der Glashütten im Nordspessart stammen könnte.

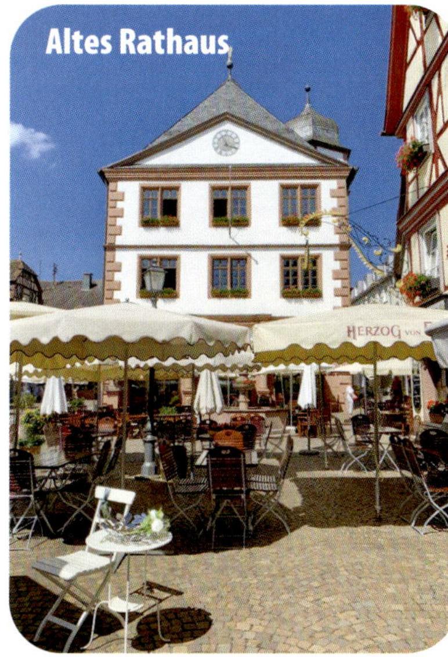

Wir möchten mehr über die Geschichte und Geschichten des Spessarts erfahren und machen uns auf den Weg zum **Spessartmuseum,** das sich im **Lohrer Schloss** ❻ befindet. Von der **Haaggasse** aus steigen wir an einem beschrankten Parkplatz den Fußweg Richtung Altstadt empor und kommen direkt am Schloss heraus. Nachdem wir im Museum mehr über den Wald und die Menschen im Spessart in Erfahrung gebracht haben, schlendern wir vom **Schloßplatz** durch die **Kellereigasse** zum Marktplatz, wo uns das im Stil der Renaissance erbaute **Alte Rathaus** ❼ erwartet. An der **Hauptstraße** biegen wir links ab und befinden uns nun im Zentrum Lohrs, wo zahlreiche Restaurants und Cafés mit gutbürgerlicher Küche locken. Wir entscheiden uns für das gesellige **Gasthaus Schönbrunnen** ❽, das uns eine große Auswahl an fränkischen Schmankerln bietet. Den Nachtisch holen wir uns jedoch in der nahe gelegenen Eisdiele **Zambon Gelato** ❾, die viele außergewöhnliche hausgemachte Eissorten im Angebot hat. Kurzzeitig fühlen wir uns wie in Italien.

*Die **Gebrüder Grimm** haben ihre Kindheit und Jugend im Spessart verbracht. Die verwunschenen Wälder, in denen sich romantische Burgen und Schlösser versteckten, haben sie zu ihren berühmten Geschichten inspiriert.*

Verwöhntour 11

Über die **Turmstraße** gelangen wir schließlich links in die **Fischergasse,** die das romantische **Fischerviertel ⑩** beherbergt. Die mittelalterliche Vorstadt versprüht mit ihren historischen Fachwerkhäuschen, dem bunten Blumenschmuck und dem türkisfarbenen Becken des Fischerbrunnens einen ganz besonderen Charme. Wir biegen rechts in die Straße **Mainkai** ein, stapfen die Stufen zur **Alten Mainbrücke** hinauf und überqueren noch einmal den Main. Jetzt müssen wir rechts nur noch die Treppe zum Mainradweg hinabgehen, um zu unserem Auto am Mainparkplatz zurückzugelangen. Doch bevor wir nach Hause fahren, gönnen wir uns auf einer der Sitzbänke am **Mainufer ⑪** noch eine letzte erholsame Rast.

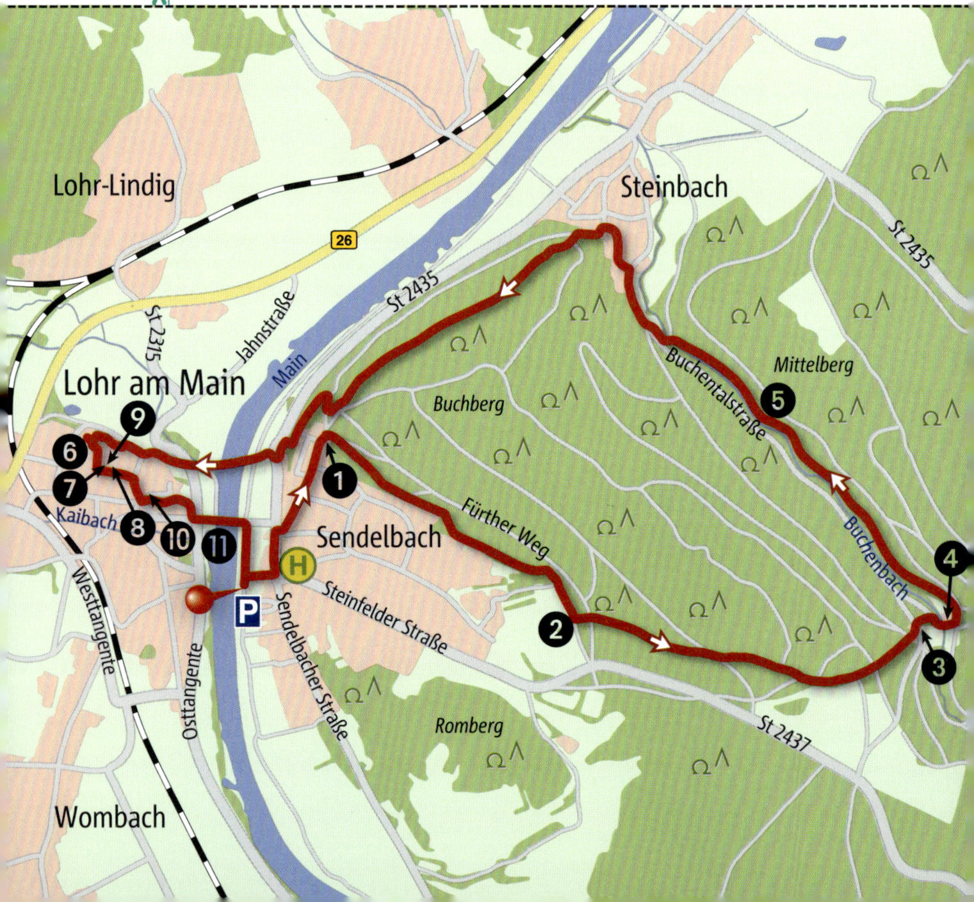

WIE & WANN:
Waldwege und Pfade, asphaltierte Wege; beste Wanderzeit von April bis Oktober

HIN & WEG:
Auto: Mainparkplatz Sendelbach, 97816 Lohr am Main (GPS: 49.99041, 9.58220)
ÖPNV: Bus 614 oder 691 von Lohr ZOB nach Sendelbach, Haltestelle Edeka-Markt

ESSEN & ENTSPANNEN:
Hotelgasthof Buchenmühle (4) Buchentalstraße 23, 97816 Lohr am Main,
Tel. (0 93 52) 8 79 90, www.buchenmuehle.de
Gasthaus Schönbrunnen (8) Hauptstraße 28, 97816 Lohr am Main,
Tel. (0 93 52) 93 41, www.schoenbrunnen-lohr.de
Zambon Gelato (9) Rathausgasse 2, 97816 Lohr am Main, Tel. (0 93 52) 57 43

Entspannung ★★★★☆
Genuss ★★★★★
Romantik ★★★★★

ENTDECKEN & ERLEBEN:
Brunnenraineiche (1)
Mariengrotte (2)
Wallfahrtskirche Mariabuchen (3)
Buchenbachtal (5)
Lohrer Schloss mit Spessartmuseum (6) Schloßplatz 1, 97816 Lohr am Main,
Tel. (0 93 53) 7 93 23 99, www.spessartmuseum.de
Altes Rathaus Lohr (7)
Fischerviertel Lohr (10)
Mainufer (11)

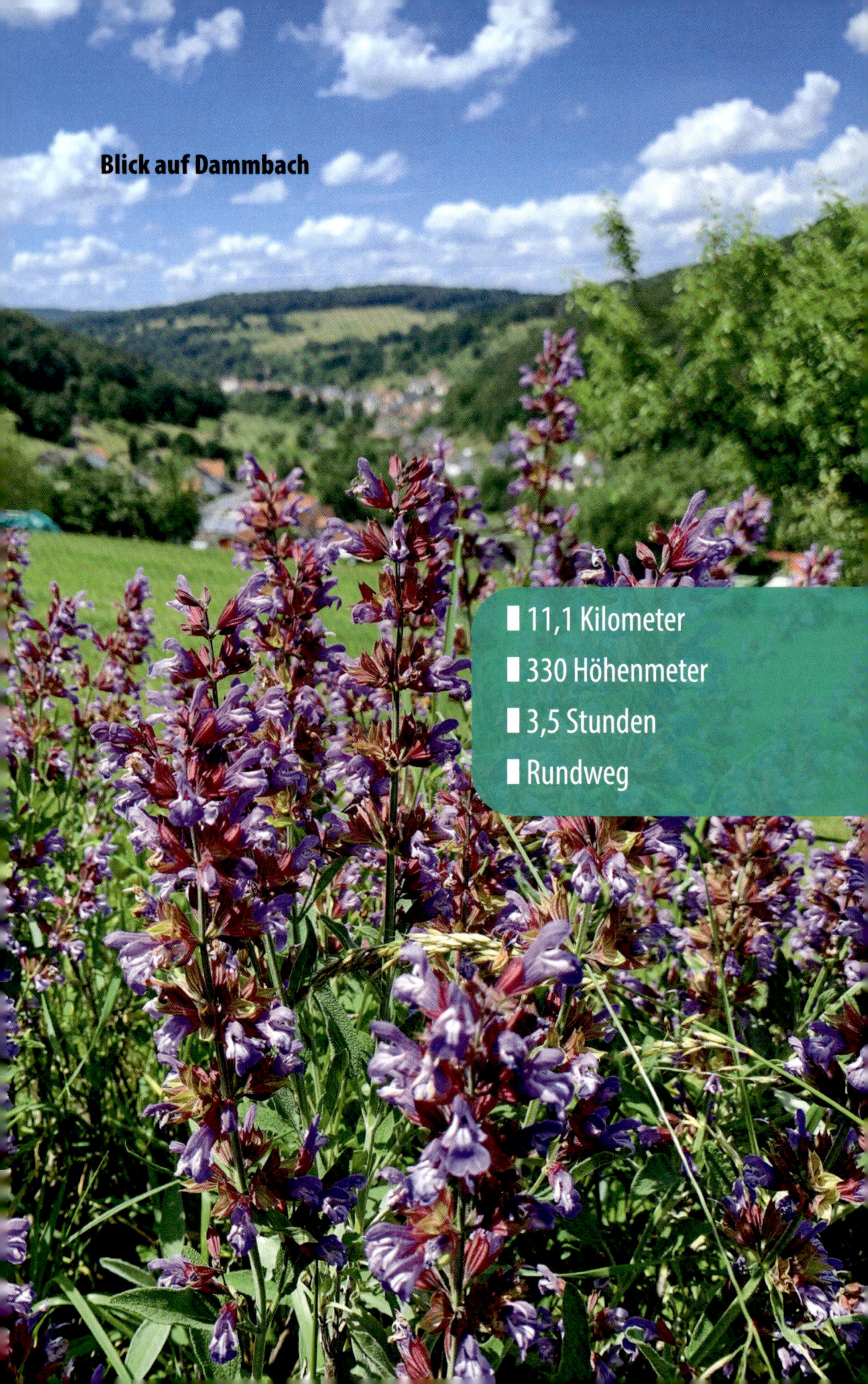
Blick auf Dammbach
11,1 Kilometer
330 Höhenmeter
3,5 Stunden
Rundweg

Im Gegensatz zu anderen Regionen in Deutschland mag der Spessartwald einsam und verlassen wirken. Doch dem ist im Grunde genommen ganz und gar nicht so: Selbst im tiefsten Spessart hat der Mensch über Jahrhunderte hinweg Tausende Spuren hinterlassen und eine einzigartige Kulturlandschaft geschaffen. Neben Kapellen, Burgen und Bergwerken zählen hierzu auch historische Kirch- und Schulwege, hoch aufragende Aussichtstürme und gemütliche Gasthöfe, wie sie zwischen Dammbach und der Geißhöhe zu finden sind.

Wir beginnen unsere Tour am **Maria-Stern-Platz** im Dammbacher Ortsteil Wintersbach und folgen der **Markierung des Europäischen Kulturwegs** – einem gelben EU-

Hochgenuss

Von Dammbach zur Geißhöhe

Schiffchen auf blauem Hintergrund – Richtung Alter Schulweg. Nachdem wir den plätschernden Dammbach überquert und einen großen Spielplatz passiert haben, biegen wir rechts in einen geschotterten Pfad ein und treffen kurz darauf auf einen weichen Wiesenweg. Hier orientieren wir uns links und marschieren auf einer Anhöhe gemächlich bergan, vorbei an Obstbäumen, Eichen und Farnen.

Nach einem Linksknick und einer Rechtskurve gelangen wir auf einen Waldweg, der uns zu einer schmalen, asphaltierten Straße führt. Auf der anderen Straßenseite entdecken wir an einem Baum unsere Markierung und lassen uns von einem schmalen Pfad zum Startpunkt des **Alten Schulwegs** ❶ hinableiten. Der

*Heute ist der **Alte Schulweg** ein rund 1,5 Kilometer langer Erlebnisweg, auf dem uns nicht nur extrem reizvolle Waldpfade erwarten, sondern auch zahlreiche Stationen zum Innehalten, Nachdenken und Besinnen. Darauf zu wandern, ist eine wahre Freude.*

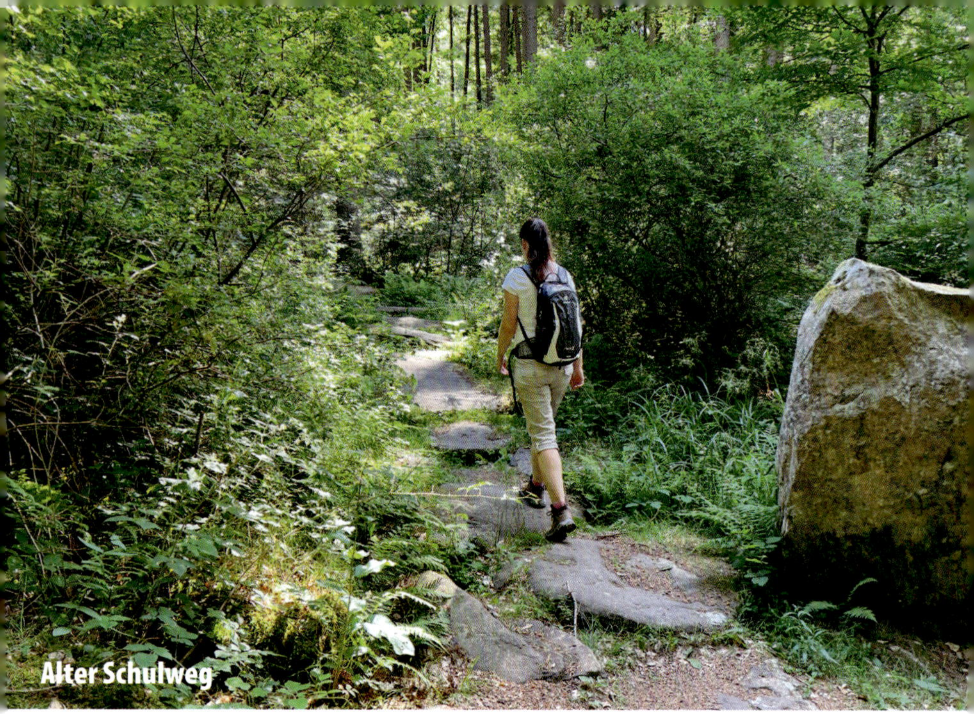

Alter Schulweg

Alte Schulweg führt hinauf zum Gipfel der Geißhöhe, die mit 521 Metern Höhe der höchste dauerhaft bewohnte Ort im Spessart ist. Dort oben hatten sich 1714 ohne Genehmigung neun Familien niedergelassen, die 1761 vom Vizedomamt Aschaffenburg der Gemeinde Wintersbach zugeteilt wurden. Fortan mussten die Schulkinder ebendiesen Schulweg zu jeder Jahreszeit und bei jedem Wetter zwischen der Geißhöhe und dem Dorf im Tal zurücklegen. Wir können nur ahnen, wie strapaziös das oftmals gewesen sein musste.

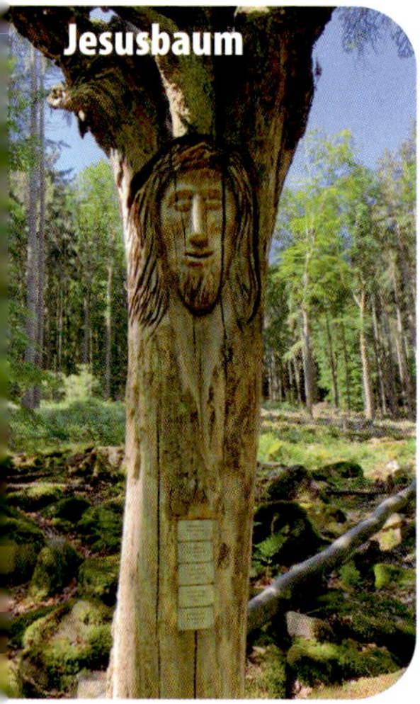

Jesusbaum

Auf den Spuren früherer Generationen beginnen wir den etwa einstündigen Aufstieg. Unterwegs stapfen wir über knarzende Holzbrücken, bestaunen das wuselige Treiben in einem Insektenhotel und betrachten fasziniert die Schnitzkunst des Jesusbaums. Während wir auf dem Findling-Klettersteig über große Steinblöcke kraxeln, fühlen wir uns fast ein bisschen wie im Gebirge. Neugierig werfen wir einen Blick auf die alte Wasserpumpstation, die aus dem Jahr 1923 stammt und noch heute daran erinnert, wie schwierig die Wasserversorgung der Geißhöhe lange Zeit gewesen ist. Rastbänke, geschwungene Holzliegen und der sogenannte Ruhestein laden uns dazu ein, zwischendurch immer mal wieder eine Pause einzulegen und verträumt in die Baumkronen zu schauen.

Aufmerksam nehmen wir die Geräusche und Gerüche des Waldes mit allen Sinnen wahr: Während irgendwo über unseren Köpfen ein fleißiger Specht hämmert, vernehmen wir den Duft von frischem Moos und das Glitzern Tausender kleiner Tautropfen. Trotz der zahlreichen Höhenmeter, die wir zurücklegen, flackert zu keiner Zeit auch nur ein Funke von Anstrengung in unseren Gesichtern auf. Viel zu abgelenkt sind wir von all den reizvollen Eindrücken entlang des Weges.

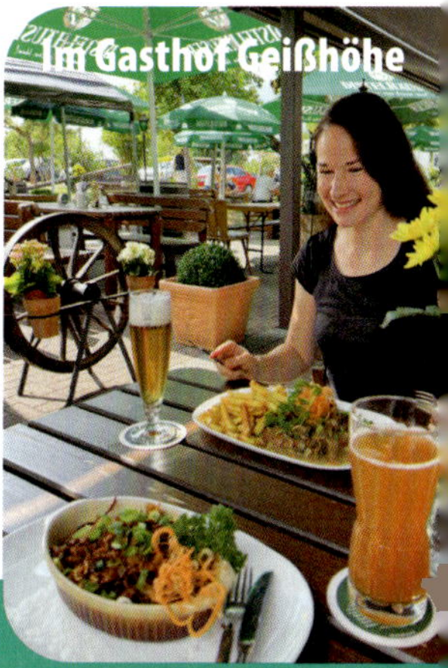
Im Gasthof Geißhöhe

Für die Seele

Auf erlebnisreichen Waldwegen vergessen wir komplett die Welt um uns herum, bis uns der Duft fränkischer Köstlichkeiten in die genussvolle Realität zurückholt.

Sobald wir am Ende des Schulwegs ankommen, überqueren wir die Straße und nähern uns auf einem schmalen Waldpfad von hinten dem **Gasthof Geißhöhe 2**. Die Wandermarkierung lotst uns direkt durch das Gehöft hindurch, bis wir auf der anderen Seite des Gebäudekomplexes den Eingang des Biergartens erreichen. Da der Gasthof weithin als Schlemmeroase bekannt ist, haben wir auch auf dieser Tour zuvor reserviert, um ganz sicher einen Platz zu bekommen. Neugierig studieren wir die Speisekarte, die neben zahlreichen Schnitzel- und Steakvariationen auch köstliche Salate sowie vegetarische Gerichte zu bieten hat. Jetzt heißt es nur noch zurücklehnen und genießen.

*Nach 14 Uhr bietet der **Gasthof Geißhöhe** liebevoll angerichtete Brotzeitbretter an. Die Wurst- und Käsespezialitäten sind zum Teil hausgemacht und können nach Lust und Laune selbst zusammengestellt werden. Genau das Richtige für eine Wanderung.*

Pappsatt setzen wir unseren Weg auf der asphaltierten Straße fort und treffen nach wenigen Hundert Metern auf den **Ludwig-Keller-Turm** ❸, der den höchsten Punkt der **Geißhöhe** markiert. Auch wenn die Gittertür zum Turm einen geschlossenen Eindruck macht, ist sie doch meistens offen. So können wir über 60 Stufen hinweg die obere Aussichtsplattform erklimmen und uns an einem fantastischen Fernblick in alle Himmelsrichtungen erfreuen. An klaren Tagen können wir in der Ferne sogar die Wolkenkratzer von Frankfurt erkennen.

*Der **Ludwig-Keller-Turm** wurde 1936/37 errichtet und im Jahr 2003 von Grund auf saniert. Heute ist der Turm 13 Meter hoch und verfügt über eine frei zugängliche Aussichtsplattform, die uns bis zur Rhön, zum Odenwald und zum Taunus blicken lässt.*

Nachdem wir linksherum die Häuser und Weideflächen der Geißhöhe passiert haben, tauchen wir schließlich wieder in den Wald ein. Wir halten uns rechts und folgen einem breiten Waldweg bis zu einer großen, relativ neu errichteten **Schutzhütte.** Ab jetzt orientieren wir uns an dem **Wegweiser D5,** der uns nach einiger Zeit nach links auf einen steil abfallenden Waldpfad lotst. Wir kommen direkt am **Wald-Hotel Heppe** ❹ heraus, das in uns umgehend ein Gefühl der Behaglichkeit auslöst. Inmitten des ruhigen Waldidylls scheint das Versprechen nach purer Erholung nahezu greifbar zu sein. Auch wir möchten an diesem Wohlfühlort frische Kraft tanken und machen es uns auf der Restaurantterrasse gemütlich. Bei einem Stück Sahnetorte vergessen wir im Nu die Welt um uns herum und genießen einfach mal nur das süße Nichtstun.

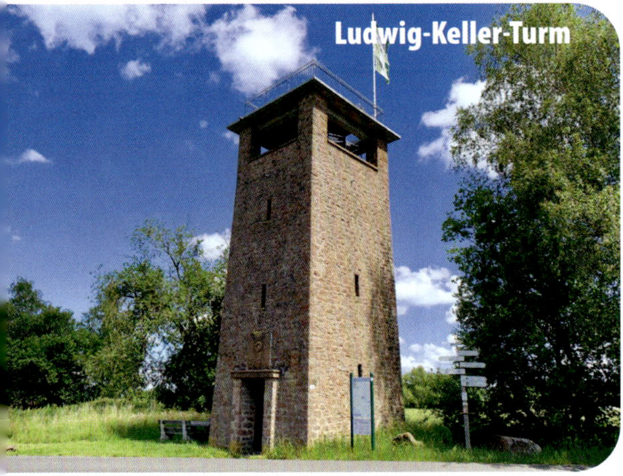
Ludwig-Keller-Turm

*Die leckeren Torten im **Wald-Hotel Heppe** sind alle selbst gebacken und weit über die Region hinaus bekannt. Im Hotel können wir außerdem Hausmacher-Dosenwurst, regionale Spirituosen und Honig aus dem Spessart erwerben.*

Voller neuer Energie setzen wir unseren Weg fort, indem wir am Hotelgelände vorbei ein kurzes Stück den Berg hinabschlendern und sogleich links in den Waldweg mit dem **schwarzen Keiler** einbiegen. Leichtfü-

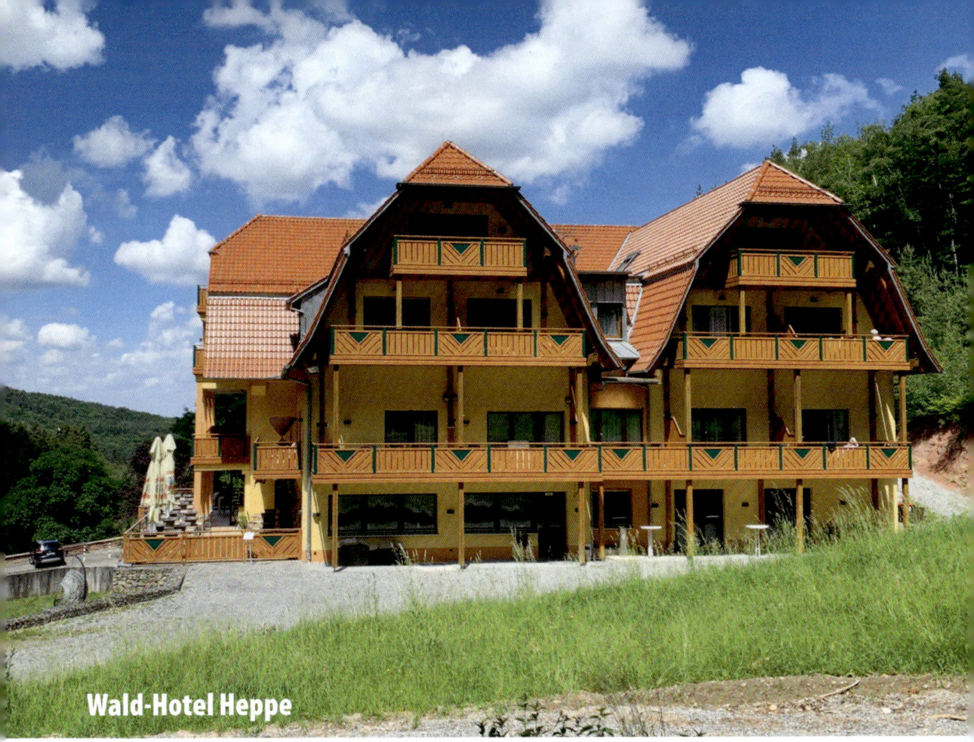

Wald-Hotel Heppe

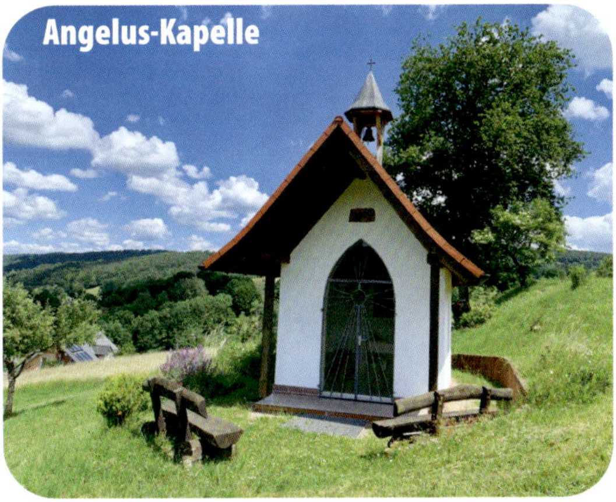

Angelus-Kapelle

ßig und sorglos traben wir in dem moderat abschüssigen Gelände gen Tal. In einer Linkskurve verabschieden wir uns vom Keiler und folgen ab sofort wieder der Markierung des **Europäischen Kulturwegs,** die uns rechter Hand zügig bergab Richtung **Schnorrenhöhe** leitet. Kurz darauf lichtet sich der Wald und gibt den Blick auf eine weite Wiesenlandschaft frei.

Auch wenn wir nun auf einem Asphaltweg unterwegs sind, verliert die Tour keinesfalls an Reiz. Im weiteren Verlauf bieten sich uns an mehreren malerischen Aussichtspunkten immer wieder herrliche Ausblicke auf das beschauliche Dammbach. Wir setzen uns auf eine Rastbank, strecken die Beine aus und nehmen schnuppernd das duftende, frisch gemähte Gras wahr. Was gäben wir dafür, wenn wir diesen Augenblick doch bloß für immer einfangen könnten.

An der pittoresken **Angelus-Kapelle** ❺ legen wir zum letzten Mal eine kleine Pause ein und genießen den wundervollen Blick auf das Tal. Nach einer scharfen Linkskurve erreichen wir die ersten Häuser von Dammbach und biegen schließlich links in die **Gerlachstraße** ein. Durch die Wohnsiedlung hindurch wandern wir zur **Kurmainzer Straße** und gelangen über den **Buchackerweg** zu einer Weggabelung, wo wir uns rechts halten. Auf einer kleinen Anhöhe führt uns ein Asphaltweg an Wiesen und Wald entlang zum Ausgangspunkt unserer Wanderung zurück.

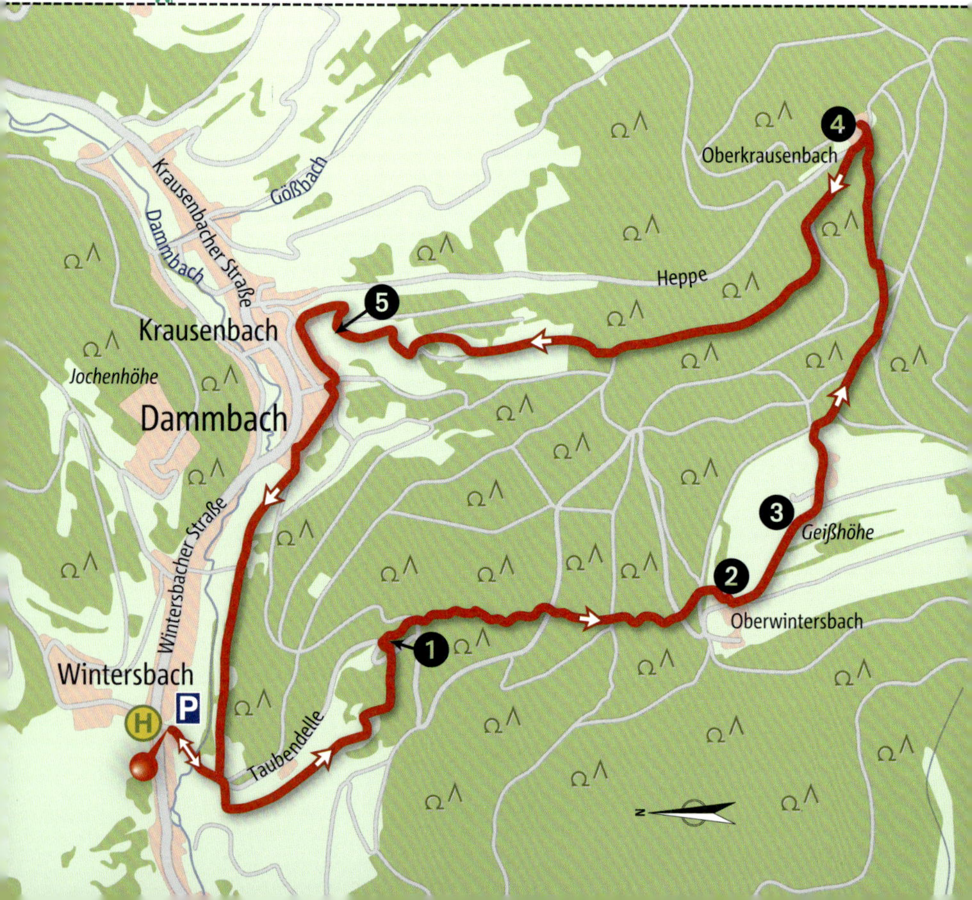

Alles auf einen Blick

WIE & WANN:
Waldwege und Pfade, asphaltierte Wege; beste Wanderzeit von April bis Oktober

HIN & WEG:
Auto: Parkplatz am Maria-Stern-Platz, Taubendelle, 63874 Dammbach (GPS: 49.86226, 9.30988)
ÖPNV: Bus 40 von Aschaffenburg Hauptbahnhof nach Wintersbach, Haltestelle Altes Rathaus

ESSEN & ENTSPANNEN:
Gasthof Geißhöhe ❷ Geißhöhe 5, 63874 Dammbach, Tel. (0 60 92) 4 57, www.geisshoehe.de
Wald-Hotel Heppe ❹ Heppe 1, 63874 Dammbach, Tel. (0 60 92) 94 10, www.waldhotelheppe.de

Entspannung ✱✱✱✱✱
Genuss ✱✱✱✱✱
Romantik ✱✱✱✱✱

ENTDECKEN & ERLEBEN:
Alter Schulweg ❶
Ludwig-Keller-Turm ❸
Angelus-Kapelle ❺

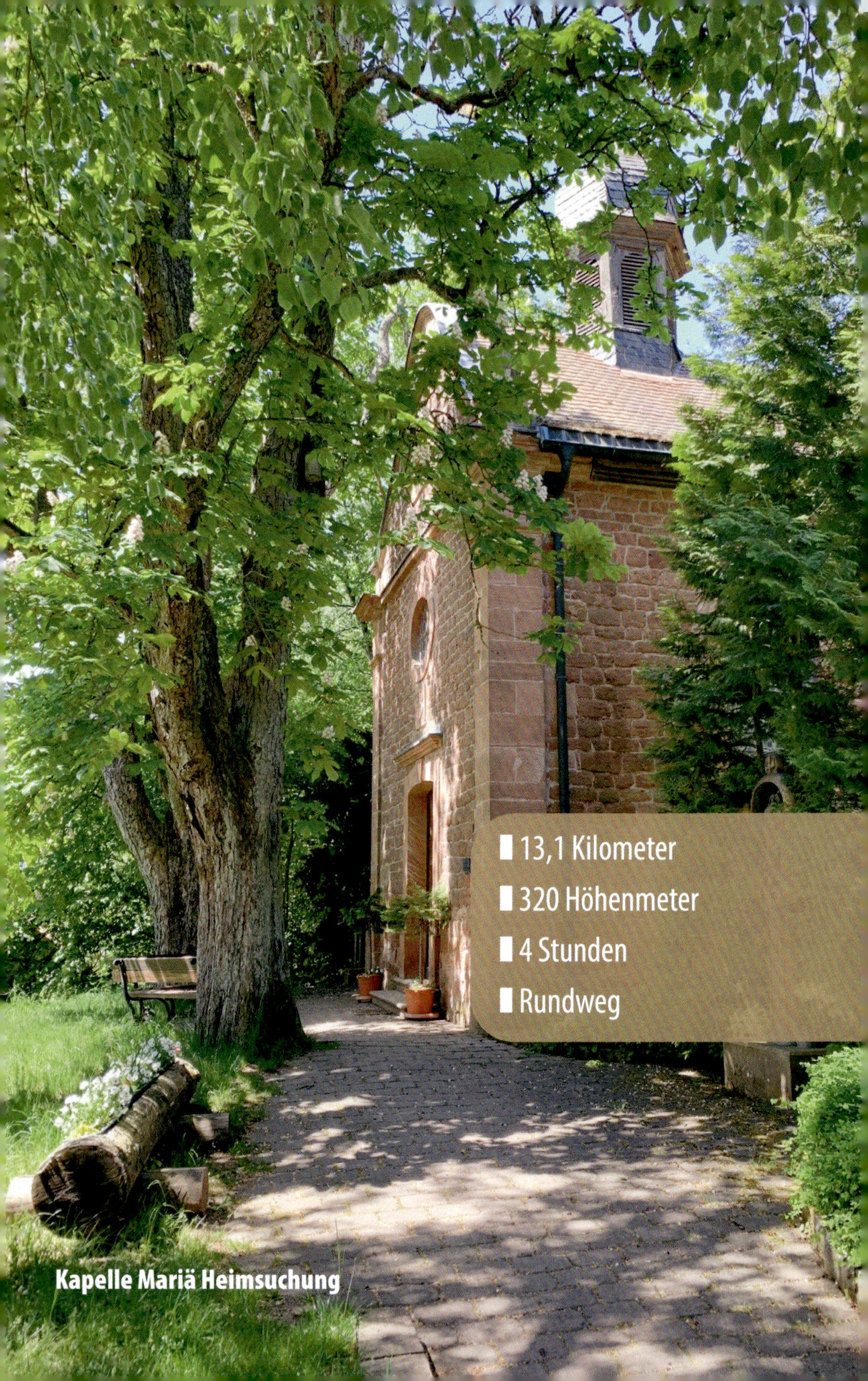

Kapelle Mariä Heimsuchung

Heimbuchenthal liegt – genauso wie Mespelbrunn, Dammbach, Leidersbach und Rothenbuch – mitten im sogenannten Räuberland, das seit 2016 als „Qualitätsregion Wanderbares Deutschland" zertifiziert ist. Dass diese Auszeichnung mehr als verdient ist, dürfen wir heute hautnah erfahren. Es erwarten uns gepflegte Wanderwege, herrliche Ruheorte und herzliche Gastgeber.

Wir starten unsere Tour am **Grenzsteingarten** in Heimbuchenthal und wandern auf der **St.-Johannes-Straße** und einem geschotterten Fußweg Richtung **Kurpark ❶.** Da der Tag noch jung ist und wir noch frisch und munter sind, beschließen wir, uns erst nach der Wanderung am Kurparksee in der Sonne zu räkeln. Unbeirrt setzen wir unseren Weg fort und biegen an der Elsavastraße rechts ab. Wir passieren das Hotel Zum Wiesengrund und nehmen es sogleich mit dem ersten längeren Anstieg auf. In der Straße **Am Waldeck** arbeiten wir uns rechtsherum im Schatten der Bäume den Berg hinauf und gelangen weiter geradeaus auf den **Panoramaweg ❷,** der seinem Namen auf dem folgenden Kilometer alle Ehre macht. Rechts von uns bieten sich uns

Von allem etwas

Zauberhaftes Heimbuchenthal

immer wieder traumhafte Ausblicke auf das Elsavatal, das uns mit seinen saftig grünen Wiesen und geschwungenen Hügeln drumherum sofort verzaubert. An einem kleinen Pavillon lädt uns eine Panoramaliege dazu ein, einfach mal die Füße hochzulegen und unsere Gedanken in die Ferne schweifen zu lassen.

Kurz darauf lassen wir uns von einem Wegweiserschild weiter geradeaus Richtung Waldsee lotsen und stapfen am Sportgelände vorbei. Nachdem wir den Fußballplatz passiert haben, entdecken wir linker Hand im Wald zwei naturbelassene Pfade. Wir entscheiden uns nicht für den ausgeschilderten Mountainbike-Trail, sondern wählen den Pfad ganz links und gelangen so ohne Umwege zum **Zeltplatz am Buttenbrunnen.** Hier biegen wir rechts und gleich danach scharf links ab. Der geschotterte Forstweg führt uns zu einem schmalen Bachgrund und kurz darauf zu dem zwischen Bäumen und Wiesen eingebetteten **Waldsee** ③ hinab.

An diesem friedlichen Fleckchen Erde möchten wir unbedingt etwas länger verweilen, und so machen wir es uns am Ufer des Sees mit einem Tee und einem Butterbrot gemütlich. Mit Entzücken beobachten wir, wie schillernde Libellen über einem bunten Teppich aus Seerosen ein geschmeidiges Tänzchen aufführen. Und während über uns die weißen Wolken am strahlend blauen Himmel entlangziehen, scheint die Zeit für einen Moment still zu stehen. Sorgen? Pah, was ist das?

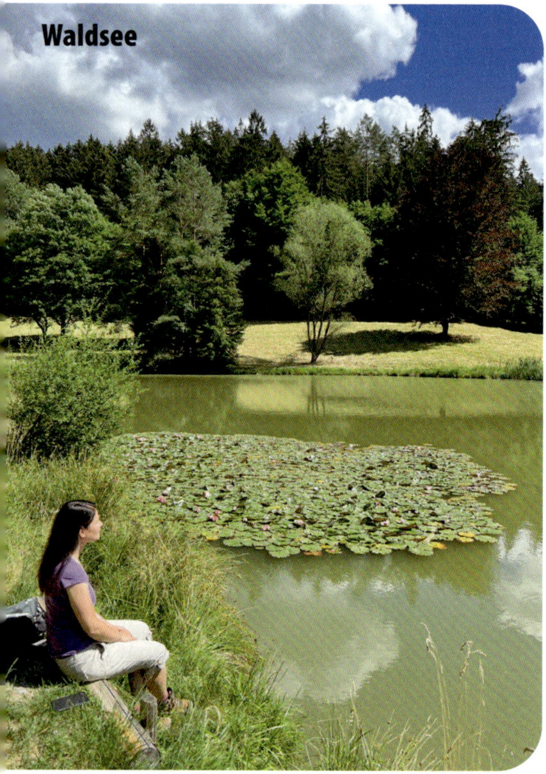
Waldsee

Wir könnten hier noch ewig sitzenbleiben, doch unser Wanderabenteuer ruft schon ganz ungeduldig nach uns. Und irgendwie fühlen wir uns plötzlich beobachtet. Als wir uns auf den Weg machen möchten, verstehen wir wieso: Neben der Anglerhütte entdecken wir eine drollige, aber auch grimmig dreinblickende Räuberfigur aus

Holz, die aufmerksam über den See wacht. Schnell noch ein Foto machen, und weiter geht's.

Am See orientieren wir uns links und folgen der **Markierung H3** in den Wald hinein, wo wir uns rechts halten. An der nächsten Abzweigung biegen wir links ab, meistern einen kurzen, steilen Anstieg und gelangen rechts auf einen relativ flachen Waldweg. Hier sind wir so weit von der Talstraße entfernt, dass wir uns voll und ganz auf die Natur um uns herum einlassen können. Laub raschelt, Bäume knarzen, der Specht klopft. Sobald wir auf eine Weggabelung treffen, folgen wir rechter Hand einem geschotterten Weg, der sich elegant Richtung Tal schlängelt. Ein Stück bergab bietet sich uns ein schöner Blick auf das alte Eisenhammerwerk **Höllhammer ④**, in dem früher Eisenartikel für Landwirtschaft und Handwerk produziert wurden. Heute ist der Höllhammer ein Hofgut, das von vielen Bäumen und einer hohen Mauer nach außen abgeschirmt wird.

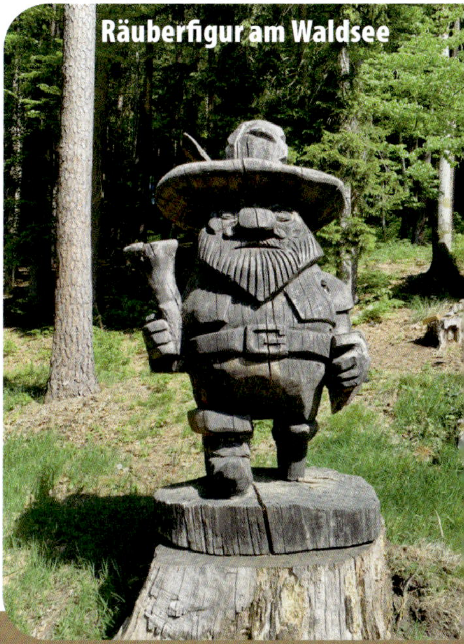

Räuberfigur am Waldsee

Für die Seele

Wir relaxen an einem Waldsee, baden in der entspannenden Geräuschkulisse des Waldes und erfreuen uns an sensationellen Weitblicken.

An der nächsten Weggabelung achten wir auf die Markierung **rotes Kreuz,** die uns rechts zum Höllhammer hinabführt. Vorbei an einer Sandsteinmauer und der **Wilhelmsscheune** streifen wir durch das grüne Tal, überqueren die munter plätschernde Elsava und kreu-

*Anfang des 19. Jahrhunderts war der **Höllhammer** das leistungsfähigste Hammerwerk im Spessart. Unter der Leitung der Familie Rexroth entstand ein Eisenhammerdorf, in dem um 1830 rund 100 Menschen lebten. 1891 wurde die Produktion schließlich eingestellt.*

zen die **Staatsstraße St 2308.** Auf der anderen Straßenseite tauchen wir wieder in den Wald ein und richten unsere ganze Aufmerksamkeit auf das etwas zugewachsene und dadurch schwer erkennbare Pfädchen, das rechts vom breiten Forstweg abgeht. Es führt uns geradewegs zu einer kleinen Holzbrücke, die zum reizvollen **Josef-Braun-Weg** (5) überleitet. Auf den ungleichmäßigen Stufen einer naturbelassenen Steintreppe und einem verschwurbelten Wurzelweg geht es nun so steil bergauf, dass wir mächtig ins Schwitzen kommen. Zwischendurch machen wir immer wieder kleine Pausen, in denen wir tief durchatmen und unser Pulsschlag zur Ruhe kommt.

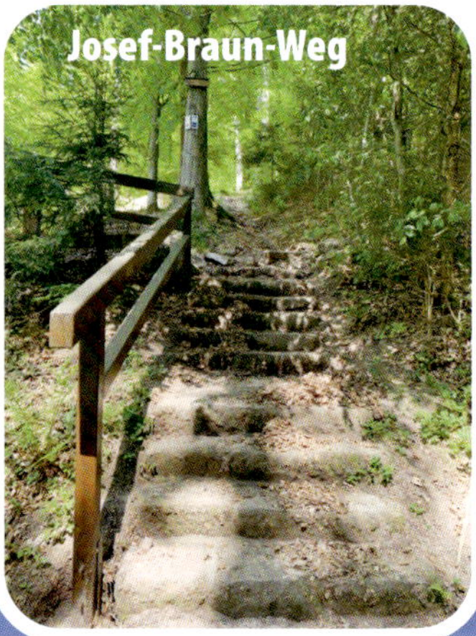
Josef-Braun-Weg

Als das Gelände endlich abflacht, finden wir uns inmitten einer beeindruckenden **Lärchenallee** wieder. Rechts und links des Pfades ragen mächtige Baumstämme in den Himmel, neben denen wir uns plötzlich ganz winzig, aber auch geborgen fühlen. Auf einer Rastbank schließen wir die Augen und genießen die himmlische Stille des Waldes. Im weiteren Verlauf verbreitert sich der Weg und leitet uns schließlich aus dem Wald hinaus. Auf einem

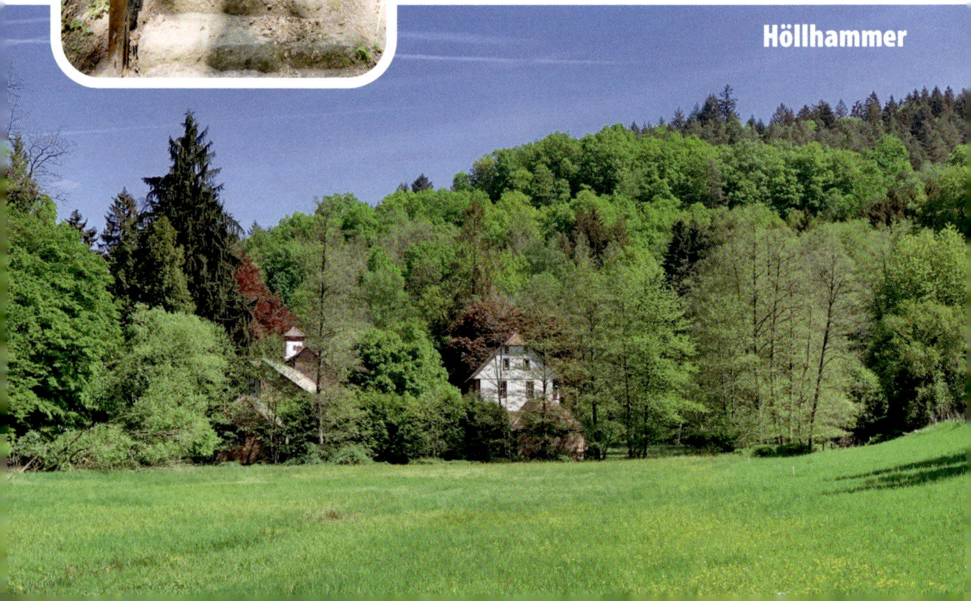
Höllhammer

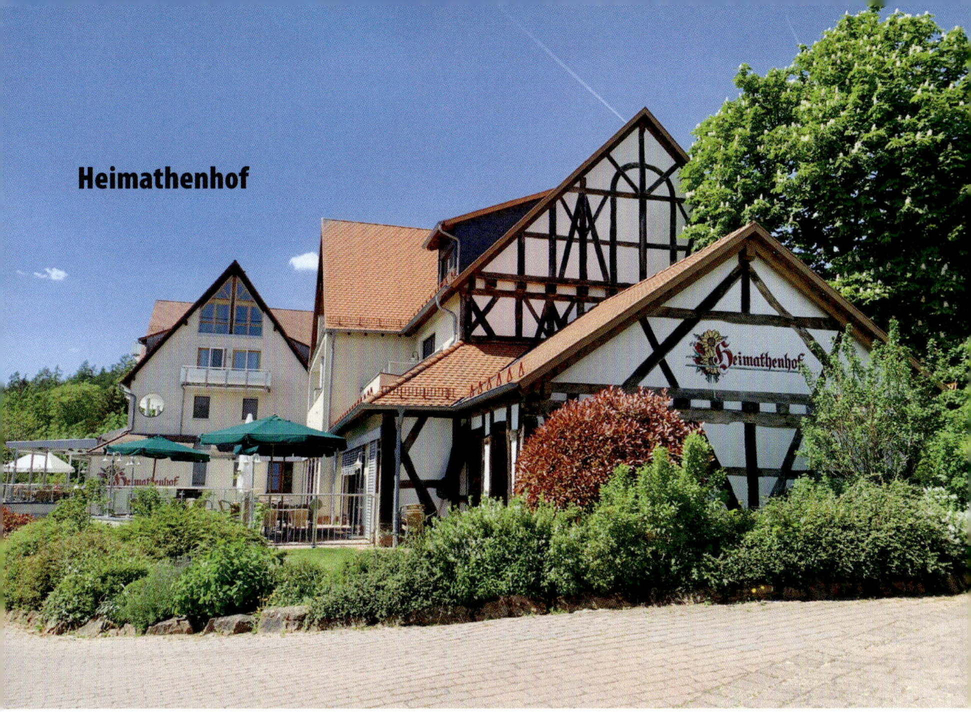

Heimathenhof

Wiesenweg stapfen wir zwischen ausgedehnten Pferdekoppeln hindurch und erfreuen uns an der wundervollen Aussicht auf die bewaldeten Spessarthügel.

Zügig nähern wir uns dem idyllisch gelegenen Weiler Heimathen, der heute aus einem Pferdehof, einer kleinen Kapelle und einem Vier-Sterne-Landhotel mit Restaurant besteht. Auf der Terrasse des Hotels **Heimathenhof** ❻ sind Wanderer auch nach der Mittagszeit herzlich willkommen: Die Vesperkarte bietet uns ab 14 Uhr viele verschiedene Leckereien an – von Burger bis Vesperplatte ist alles dabei. Und während wir genüsslich unsere Mahlzeiten verputzen, können wir den Rehen im angrenzenden Wildgehege beim Grasen zusehen.

Nach der Rast statten wir noch der 1804 erbauten **Kapelle Mariä Heimsuchung** ❼ einen Besuch ab und setzen dann unsere Tour Richtung Kreuzdelle fort. Der nur leicht ansteigende Weg führt uns erst am Waldrand entlang und macht später einen Schlenker in den Wald hinein. Sobald wir nach 1 Kilometer wieder ins Freie treten, erwartet uns ein besonders schöner Abschnitt

Herrin der Berge

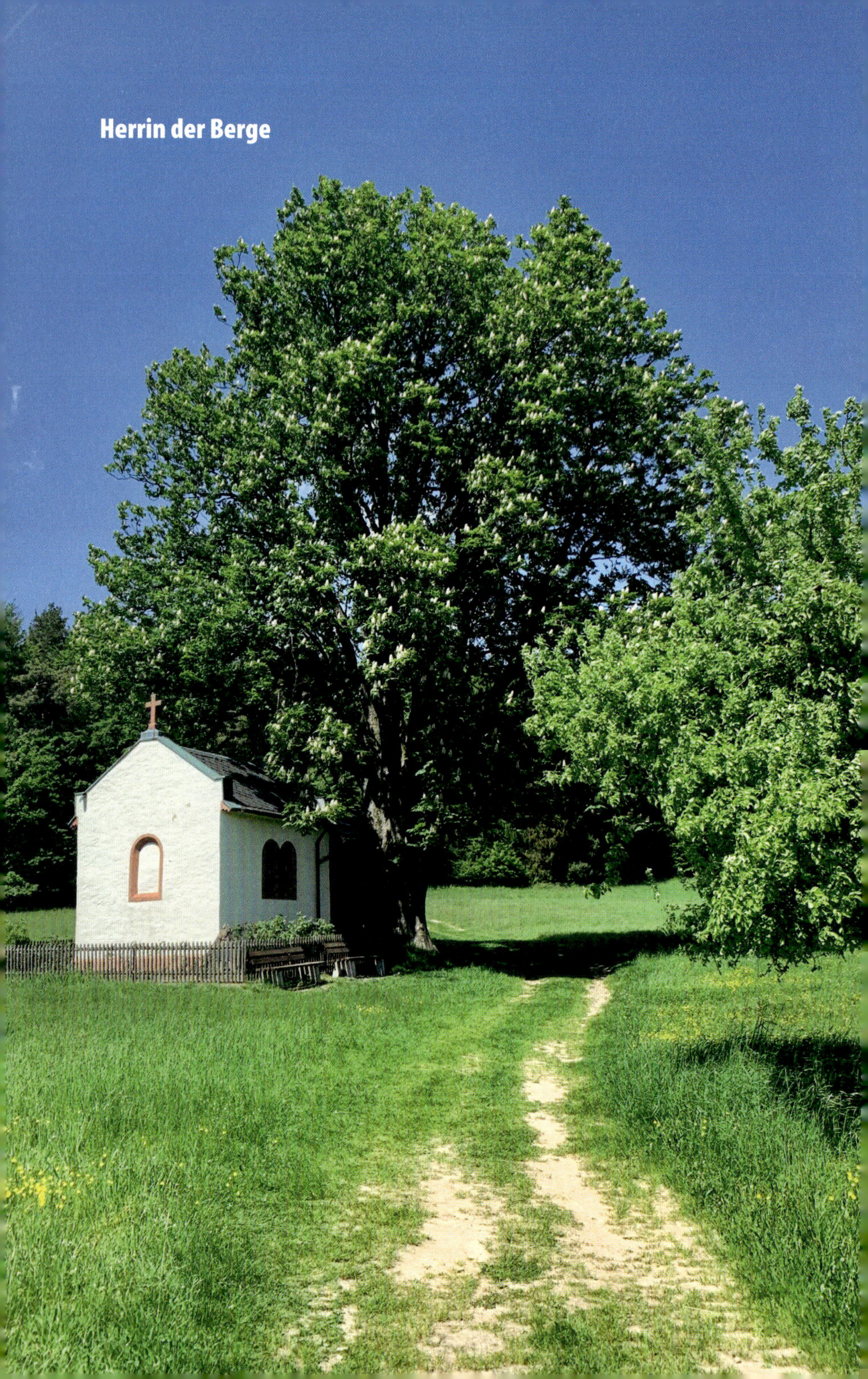

mit einem grandiosen Fernblick. Eine Schutzhütte und mehrere Rastbänke entlang des Weges geben uns genügend Gelegenheiten, diese fantastische **Aussicht auf Heimbuchenthal** ⑧ in vollen Zügen zu genießen. Wenn Glück ein Ort wäre, dann hätten wir es in diesem Moment mit Sicherheit gefunden.

Der Schotterweg neigt sich nun abwärts und wir erreichen die **Volkersbrunner Straße,** wo wir rechts abbiegen und dem Zeichen des **Räuberland-Rundwegs 3** folgen. Zwischen Koppeln hindurch marschieren wir auf einem Wiesenweg auf die Straße zu und lassen uns weiter geradeaus von einem naturbelassenen Wanderpfad erneut in den Wald hineinlotsen. Wenn sich das Laubdach über unseren Köpfen nach einem kurzen Aufstieg wieder lichtet, bringt uns ein weicher Wiesenweg geradewegs zur **Kapelle Herrin der Berge** ⑨**,** die einsam und erhaben auf dem Hügel thront. Ein letztes Mal legen wir hier eine besinnliche Pause ein und lassen uns vom Moment der Vollkommenheit beflügeln.

Als der Heimbuchenthaler Peter Spieler seinen ausgewanderten Bruder Konrad im 19. Jahrhundert in den USA besuchen wollte, geriet sein Schiff in Seenot. Als Dank dafür, dass er die Überfahrt überlebt hatte, ließ er die ***Kapelle Herrin der Berge*** *errichten.*

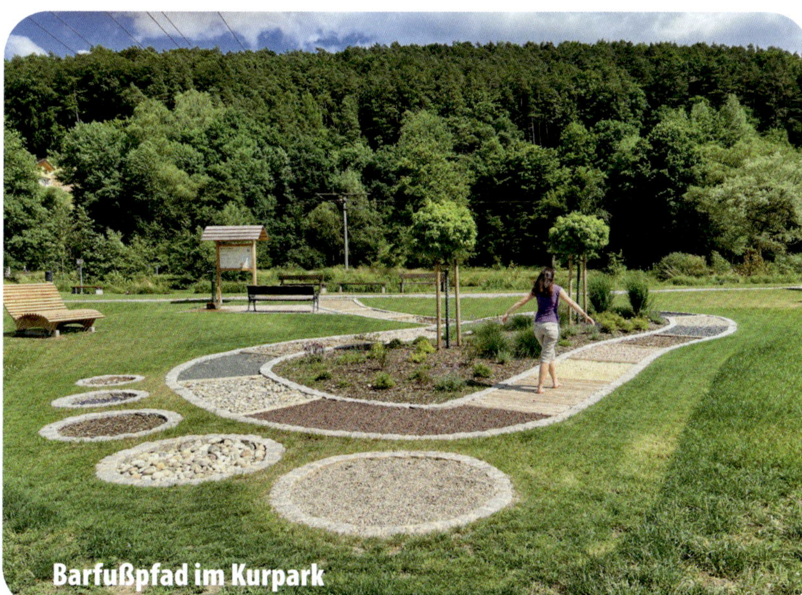

Barfußpfad im Kurpark

Entschleunigungstour 13

Erst wenn wir uns an der Aussicht sattgesehen haben, wird es Zeit für den Abstieg. Die Markierung des **Europäischen Kulturwegs** – ein gelbes EU-Schiffchen auf blauem Hintergrund – weist uns den Weg Richtung Heimbuchenthal Buchrain. Über die Serpentinen des **Kapellenwegs ⑩,** auf dem die Stationen des Passionswegs Christi nachgebildet sind, schlendern wir in den Ort hinab. An der **Hauptstraße** halten wir uns rechts, biegen gleich darauf links in die **Elsavastraße** ein und treffen rechts wieder auf den **Kurpark.** Nachdem wir eine Runde auf dem Barfußpfad gedreht haben, lassen wir unsere Wandererlebnisse müde und zufrieden am Ufer des Kurparksees Revue passieren, bevor wir gemächlich zum Auto zurückspazieren.

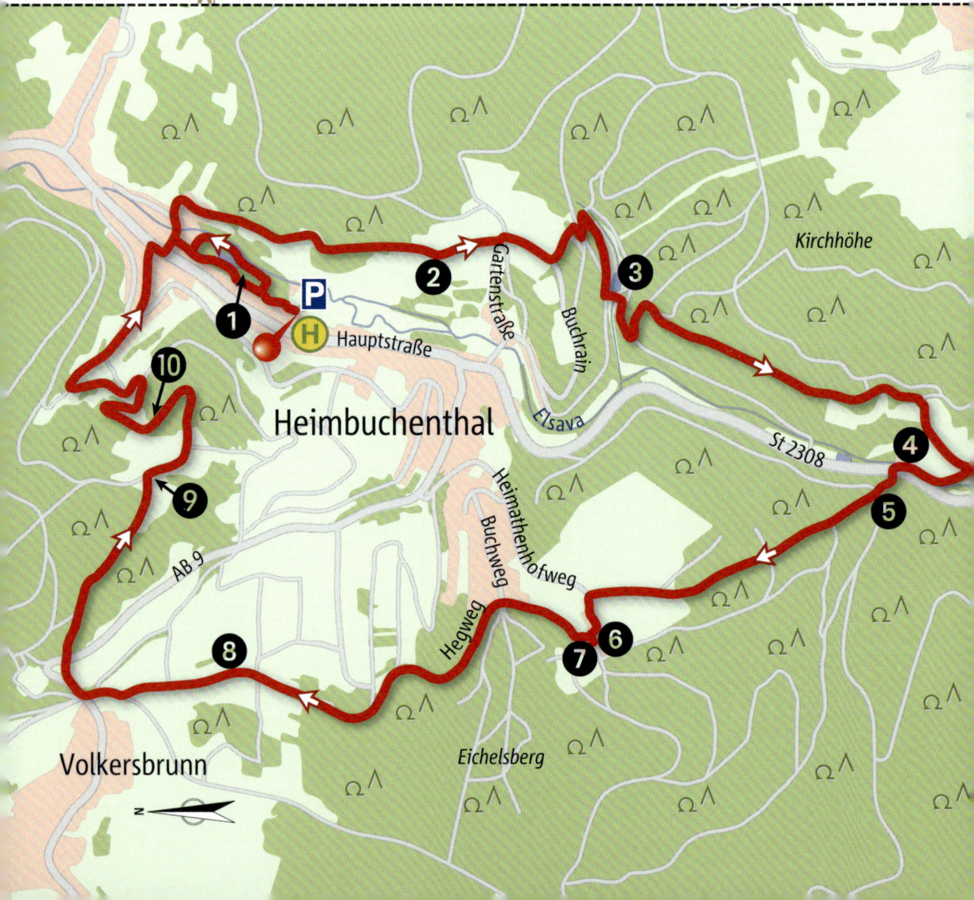

WIE & WANN:
Waldwege und Pfade, Wiesen- und Schotterwege, asphaltierte Wege; beste Wanderzeit von April bis Oktober

HIN & WEG:
Auto: Parkplatz am Grenzsteingarten, St.-Johannes-Straße, 63872 Heimbuchenthal (GPS: 49.88804, 9.29628)
ÖPNV: Bus 40 von Aschaffenburg Hauptbahnhof nach Heimbuchenthal, Haltestelle Neue Kirche

ESSEN & ENTSPANNEN:
Landhotel Heimathenhof ❻ Heimathenhof 2, 63872 Heimbuchenthal, Tel. (0 60 92) 9 71 50, www.heimathenhof.com

ENTDECKEN & ERLEBEN:
Kurpark ❶
Panoramaweg ❷
Waldsee ❸
Höllhammer ❹
Josef-Braun-Weg ❺
Kapelle Mariä Heimsuchung ❼

Entspannung ✱✱✱✱
Genuss ✱✱✱✱
Romantik ✱✱✱✱✱

Aussicht auf Heimbuchenthal ❽
Kapelle Herrin der Berge ❾
Kapellenweg ❿

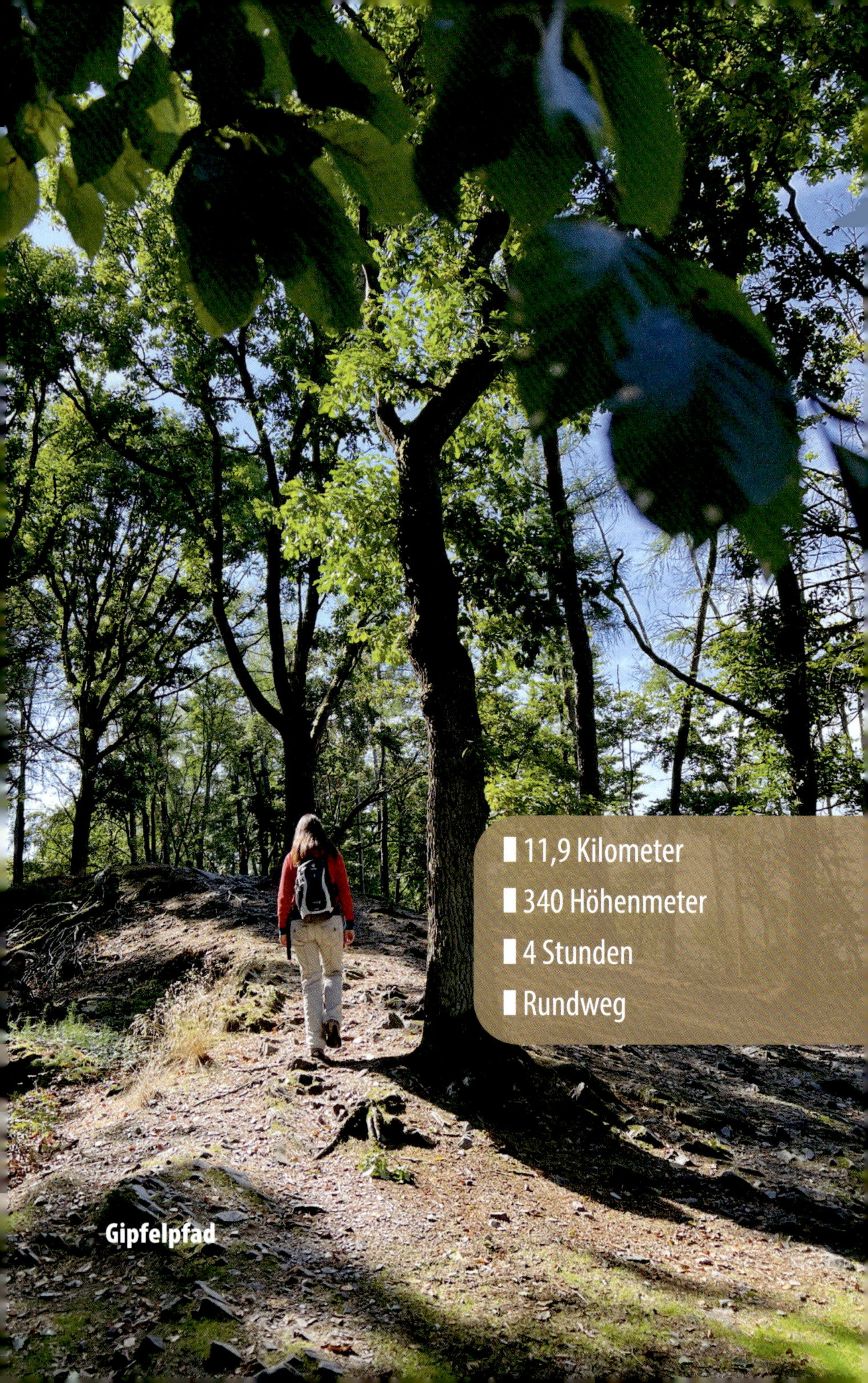
11,9 Kilometer
340 Höhenmeter
4 Stunden
Rundweg
Gipfelpfad

Der Hahnenkamm ist mit einer Höhe von 436 Metern die höchste Erhebung im Vorspessart. Im Rhein-Main-Gebiet lässt sich der markante Höhenzug bereits von Weitem ausmachen: Mit seinen Nebengipfeln ist der bewaldete Gebirgsgrat wie der Kamm eines Hahns geformt. Oben erwartet den Wanderer ein wundervoller Gipfelweg mit einer fantastischen Aussicht. Das möchten wir uns nicht entgehen lassen und nehmen die Herausforderung des etwas längeren Aufstiegs gerne an.

Unsere Wanderung startet am Parkplatz im Alzenauer Stadtteil **Wasserlos,** wo wir zunächst zur **Hahnenkammstraße** gehen. Dort halten wir uns links und biegen nach 200 Metern rechts in die **Schloßbergstraße** ab, die uns an Weingütern vorbei zum Ortsrand bringt. Wir wählen den geschotterten Weg zu unserer Linken und entdecken an einem efeuumrankten Baum die **Markierung D,** der wir ab sofort folgen. Jetzt beginnt der insgesamt 5,5 Kilometer lange Aufstieg zum Gipfel des Hahnenkamms, bei dem wir rund 300 Höhenmeter überwinden werden. Zugegeben: Das ist nicht gerade

Gipfelstürmer

Auf dem Hahnenkamm hoch hinaus

ein Spaziergang. Doch wir lassen uns nicht hetzen und gehen die Herausforderung langsam an.

Wie eine Schlange windet sich der Schotterweg den Hang hoch und geht schließlich in einen erdigen Pfad über. Bevor wir einen **Weinberg** erreichen, schlüpfen wir links in den Wald hinein und gelangen zum

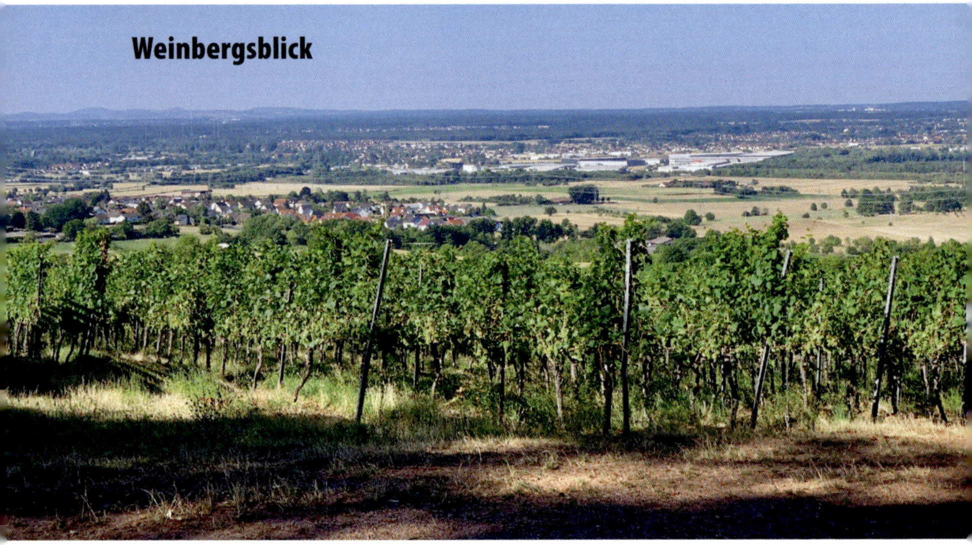

Rund um Alzenau befindet sich das nördlichste ***Weinanbaugebiet*** *Frankens, das auf eine 1000-jährige Geschichte zurückblicken kann. Doch auch für seine Schnapsbrenner und den außergewöhnlich guten Whisky ist Alzenau bekannt.*

Aussichtspunkt auf der Adamsruh ❶, der uns am Waldrand einen fantastischen Ausblick auf Alzenau und Umgebung gewährt. Da wir eine Picknickdecke im Gepäck haben, können wir hier bereits die erste Rast einlegen. Während unsere Gedanken über die Talebene schweifen, mümmeln wir genüsslich an unseren Käsebroten. Ein Stück weiter bietet sich uns erneut ein toller Fernblick über einen Weinberg hinweg.

Danach lassen wir uns von der Markierung D auf herrlichen Naturpfaden am Schanzenkopf entlang durch den schattigen Wald lotsen. Während wir dem Rascheln der Blätter um uns herum lauschen, zieht der mal erdige, mal wurzelige Weg unter unseren Füßen unentwegt aufwärts. Auch wenn uns zahlreiche kreuzende Wanderpfade vom Kurs abbringen möchten, halten wir eisern an unserer Markierung fest. Hie und da dringen wärmende Sonnenstrahlen durch das Blätterdach und malen behagliche Lichttupfen auf den Waldboden.

Am **Wegweiserstandort Branntfleck** sind wir aufmerksam, denn hier wechseln wir zur **Markierung roter Doppelstrich.** Zunächst schlendern wir gemütlich zum

Taleinschnitt des Vockenbachs hinab, um uns dann auf der anderen Talseite wieder in die Höhe zu arbeiten. Sobald sich der Wald lichtet, treffen wir auf einen asphaltierten Wirtschaftsweg oberhalb des kleinen Ortes Hemsbach. Hier orientieren wir uns links und schlendern an einer großen Weide mit glücklichen Rindern vorbei, die uns neugierig beäugen. Ein Stück weiter stoßen wir auf den **Wanderparkplatz Hahnenkamm,** wo wir der lockenden Versuchung widerstehen, eine Abkürzung zu nehmen und dem Schild Richtung Berggasthof zu folgen. Zwar handelt es sich bei der schmalen asphaltierten Straße um den kürzesten Weg zum Gipfel, doch bei Weitem nicht um den schönsten.

Stattdessen wählen wir den Wanderweg mit der **Markierung schwarzer Fuchs,** der sich vom Parkplatz aus den Hang hochschlängelt und uns über den wunderschönen Bettelmannpfad zum Gipfelweg des Hahnenkammrückens führt. Erneut stap-

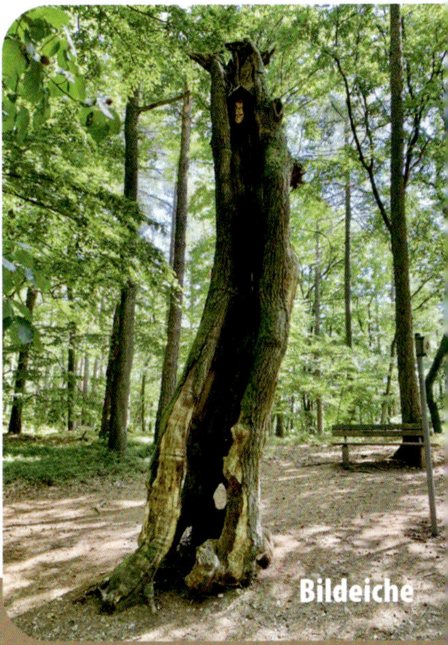

Bildeiche

Für die Seele

Wir tauchen immer tiefer in den Wald ein, wachsen mit jedem Schritt bergan über uns hinaus und könnten am Gipfel kaum stolzer auf uns sein.

fen wir gemächlich aufwärts, setzen einen Fuß vor den anderen, halten inne, atmen. Und dann, nachdem sich das Gelände ein letztes Mal steil aufgebäumt hat, erreichen wir ihn endlich: den Höhenweg des Hahnenkamms. Noch aus der Puste vom Anstieg, erregt die jahrhundertealte, sagenumwobene **Bildeiche** ❷ unsere

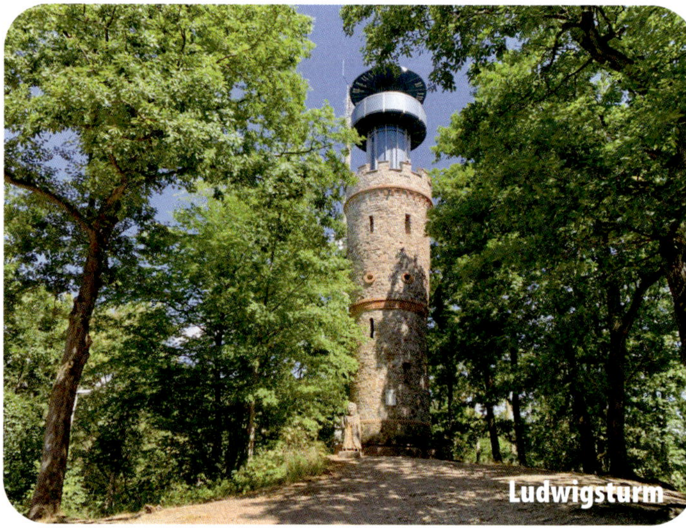

Aufmerksamkeit. Der Sage nach wurde einst ein Kuhhirte aus Kälberau von einem Gewitter überrascht und suchte unter dem Blätterdach der großen Traubeneiche Schutz. Tatsächlich schlug der Blitz in die Eiche ein, sodass der Hirte unversehrt blieb und gerettet wurde. Als Ausdruck seiner Dankbarkeit schmückte er den Baum mit einem Muttergottesbild, das wir am Stamm sehen können. Noch ist die Bildeiche als Naturdenkmal ausgewiesen, doch sie wird langsam verrotten. Da der Blitz im Laufe der Zeit gleich mehrfach eingeschlagen hat, ist der Baumstumpf innen mittlerweile komplett ausgehöhlt, sodass ein Absterben unvermeidbar ist.

Jetzt folgt ein besonders schöner Tourenabschnitt auf dem von Quarzitschiefer und Wurzeln durchsetzten **Gipfelpfad ❸.** Rechts und links von uns fallen die Hänge steil ab, wobei der Wald nur ab und zu einen Blick ins Tal freigibt. Auch wenn wir bereits etliche Höhenmeter gestemmt haben, zieht der Weg immer noch leicht aufwärts und erreicht am **Ludwigsturm ❹** schließlich seinen Höhepunkt. Doch wir wollen heute ganz hoch hinaus und erklimmen heldenhaft die

85 Stufen des 19 Meter hohen Aussichtsturms. Die Mühe lohnt sich allemal, denn der 360-Grad-Rundum-Blick von der Aussichtsplattform ist einfach atemberaubend und lässt uns die Strapazen der letzten Kilometer im Nu vergessen. Hier oben fühlen wir uns fast so frei wie ein Vogel und haben bei gutem Wetter eine ungehinderte Fernsicht auf die Skyline von Mainhattan.

Erst als wir den unter uns liegenden **Berggasthof Hahnenkamm** ❺ entdecken, können wir uns von der traumhaften Aussicht trennen und treten den Abstieg an. Wie Kinder freuen wir uns auf die gutbürgerlichen Gerichte, die uns in dem urigen Waldbiergarten erwarten. Wir entscheiden uns ganz ungeniert für eine große Portion Schnitzel mit Pommes und sind uns angesichts unseres Bärenhungers darüber einig, dass wir noch nie etwas Besseres gegessen haben. Wie schön die ganz einfachen Dinge im Leben doch sein können.

Nach der Rast schließen wir uns der Markierung roter Querbalken an. Vor allem zu Beginn neigt sich

*Der **Ludwigsturm** auf dem Gipfel des Hahnenkamms wurde 1880 anlässlich des 700-jährigen Thronjubiläums der Wittelsbacher eingeweiht. Seinen Namen erhielt er zu Ehren von König Ludwig I., der 40 Jahre zuvor seinen 54. Geburtstag an genau dieser Stelle gefeiert hatte.*

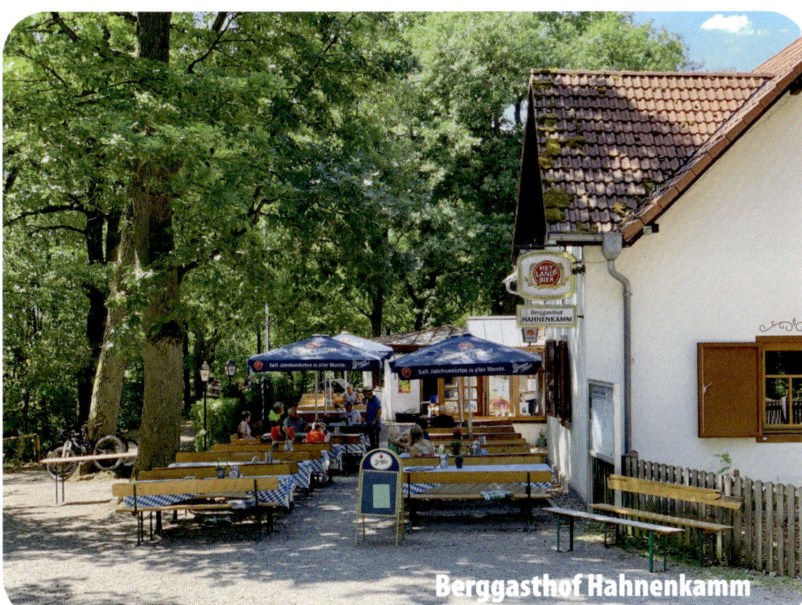

Berggasthof Hahnenkamm

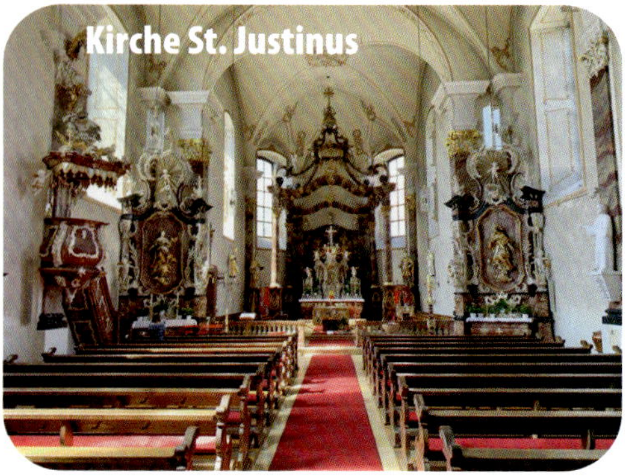

Kirche St. Justinus

der Pfad steil gen Tal und trägt uns zügig den Berg hinab. Hier heißt es also aufgepasst, denn je nach Wetterlage kann es auf dem ausgetretenen Waldboden etwas rutschig sein. Mit gutem Schuhwerk meistern wir den abschüssigen Abschnitt jedoch ohne Probleme. Nach 1,5 Kilometern endet der Pfad schließlich an einem breiten Forstweg, dem wir weiter talwärts folgen. Neben uns vernehmen wir das leise Plätschern des **Krebsbachs ❻,** der uns an Teichen, Wiesen und Feldern vorbei bis nach Alzenau zurückbegleitet und dort in die Kahl mündet.

Wir erreichen die ersten Häuser von **Alzenau** und gelangen über die Straße **Zum Oberwald** zur **Märkerstraße,** in die wir links einbiegen und kurz darauf rechter Hand über die Straße **Am Burgsteg** Richtung Fluss marschieren. Auf der anderen Seite der Kahl bietet sich uns eine wundervolle **Aussicht auf die Burg Alzenau ❼,** die hoch über dem Stadtzentrum auf einem Felsen thront. Während der Untere Burghof für Besucher frei zugänglich ist, wird der Obere Torhof nur bei Veranstaltungen geöffnet. Eine Führung ist nach vorheriger Anmeldung im Rathaus möglich.

In der **Cafébar Baaila ❽** unterhalb der Burg lassen wir noch einmal die Seele baumeln – wohl wissend, was wir heute schon alles geleistet haben. Wir gönnen uns einen cremigen Cappuccino und genießen das gemütliche Lounge-Ambiente. Gelassen steuern wir auf den Marktplatz zu und erreichen den roten Sandsteinbau der **Stadtkirche St. Justinus ❾**. Sie wurde 1760 fertiggestellt und beherbergt einen prächtigen barocken Hochaltar, den wir selbstverständlich besichtigen. Über die Hanauer Straße und die Entengasse wandern wir zur Kahl hinunter, überqueren den Fluss auf einer schmalen Holzbrücke und treffen auf den belebten

*Die **Burg Alzenau** wurde von 1395 bis 1399 im spätgotischen Stil errichtet und gilt als eines der schönsten profanen Bauwerke Frankens. Einst Amts- und Verwaltungssitz der Mainzer Kurfürsten, ist sie heute Veranstaltungsort für zahlreiche kulturelle Events.*

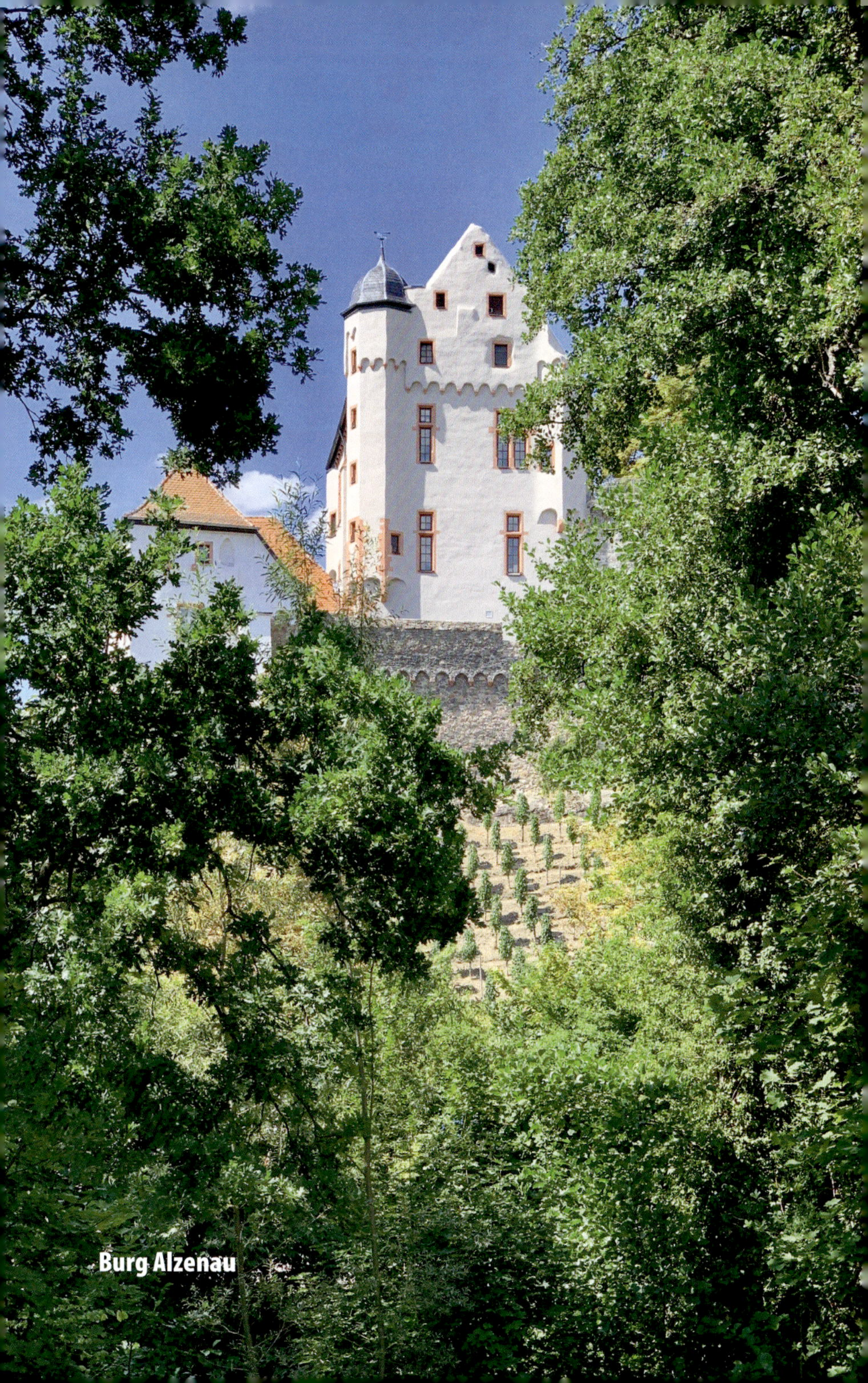

Burg Alzenau

Generationenpark ⑩. Gemütlich schlendern wir durch die Parkanlage, waten durch das klirrend kalte Kneippbecken und schaukeln uns in einer der Hängematten fast in den Schlaf.

Nachdem wir den Park durchquert haben, biegen wir links in die Straße **Am Hohen Kreuz** ein und gelangen über die **Wasserloser Straße** in die **Neuwiesenstraße.** Hier treffen wir auf die blau-gelbe **Markierung des Europäischen Kulturwegs** und folgen dieser über den Parkplatz P5 in den beschaulichen Wiesengrund. An Feldern und Weiden vorbei spazieren wir auf einem geschotterten Weg zum Ortsteil **Wasserlos,** biegen rechts in den **Finkenweg** ein und erreichen über den **Haagweg** schließlich den Ausgangspunkt unserer Tour.

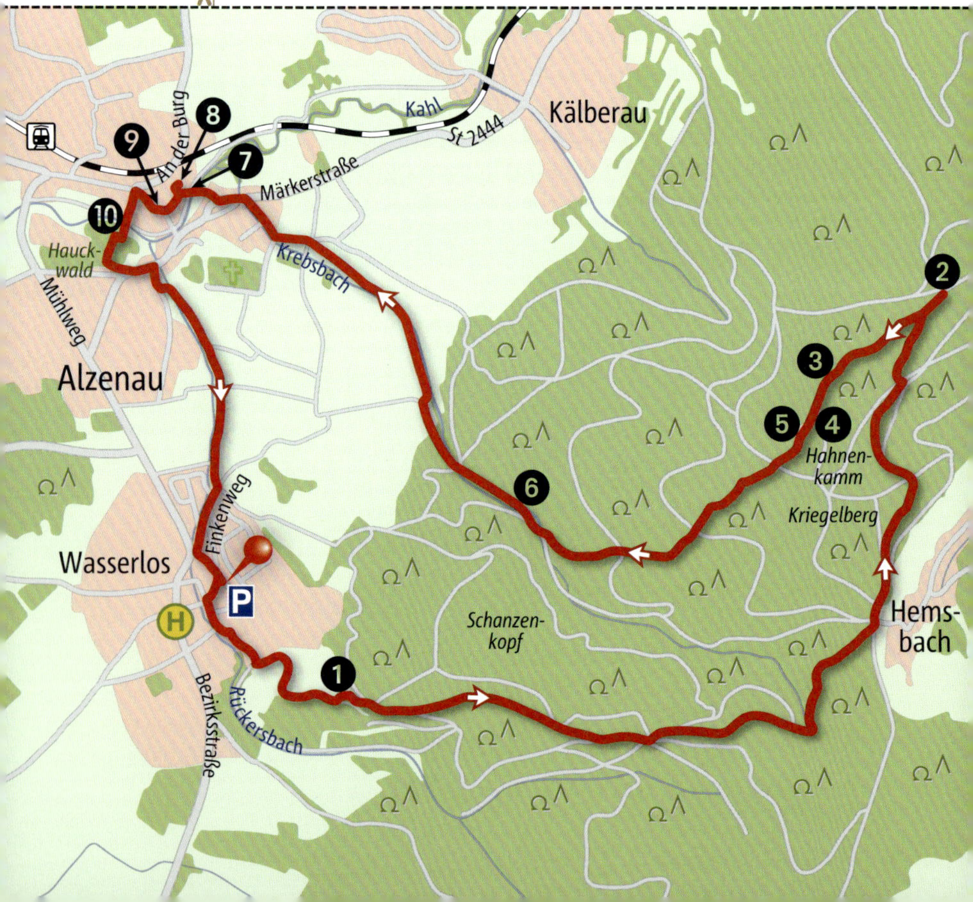

Alles auf einen Blick

WIE & WANN:
Überwiegend Waldpfade, wenige geschotterte und asphaltierte Wege; beste Wanderzeit von April bis Oktober

HIN & WEG:
Auto: Wanderparkplatz Haagweg, 63755 Alzenau-Wasserlos (GPS: 50.07263, 9.07623)
ÖPNV: Bus 31 von Alzenau Busbahnhof nach Alzenau-Wasserlos, Haltestelle Kirche

ESSEN & ENTSPANNEN:
Berggasthof Hahnenkamm ❺ Hahnenkamm Haus 1, 63755 Alzenau, Tel. (0 60 29) 84 56, www.berggasthofhahnenkamm.de
Baaila Cafébar ❽ Burgstraße 12, 63755 Alzenau, Tel. (0 60 23) 9 29 71 60, www.baaila.de

ENTDECKEN & ERLEBEN:
Aussichtspunkt auf der Adamsruh ❶
Bildeiche ❷
Gipfelpfad ❸
Ludwigsturm ❹
Krebsbach ❻
Aussicht auf Burg Alzenau ❼

Entspannung ✱✱✱✱
Genuss ✱✱✱✱
Romantik ✱✱✱✱✱

Kirche St. Justinus ❾
Generationenpark ❿

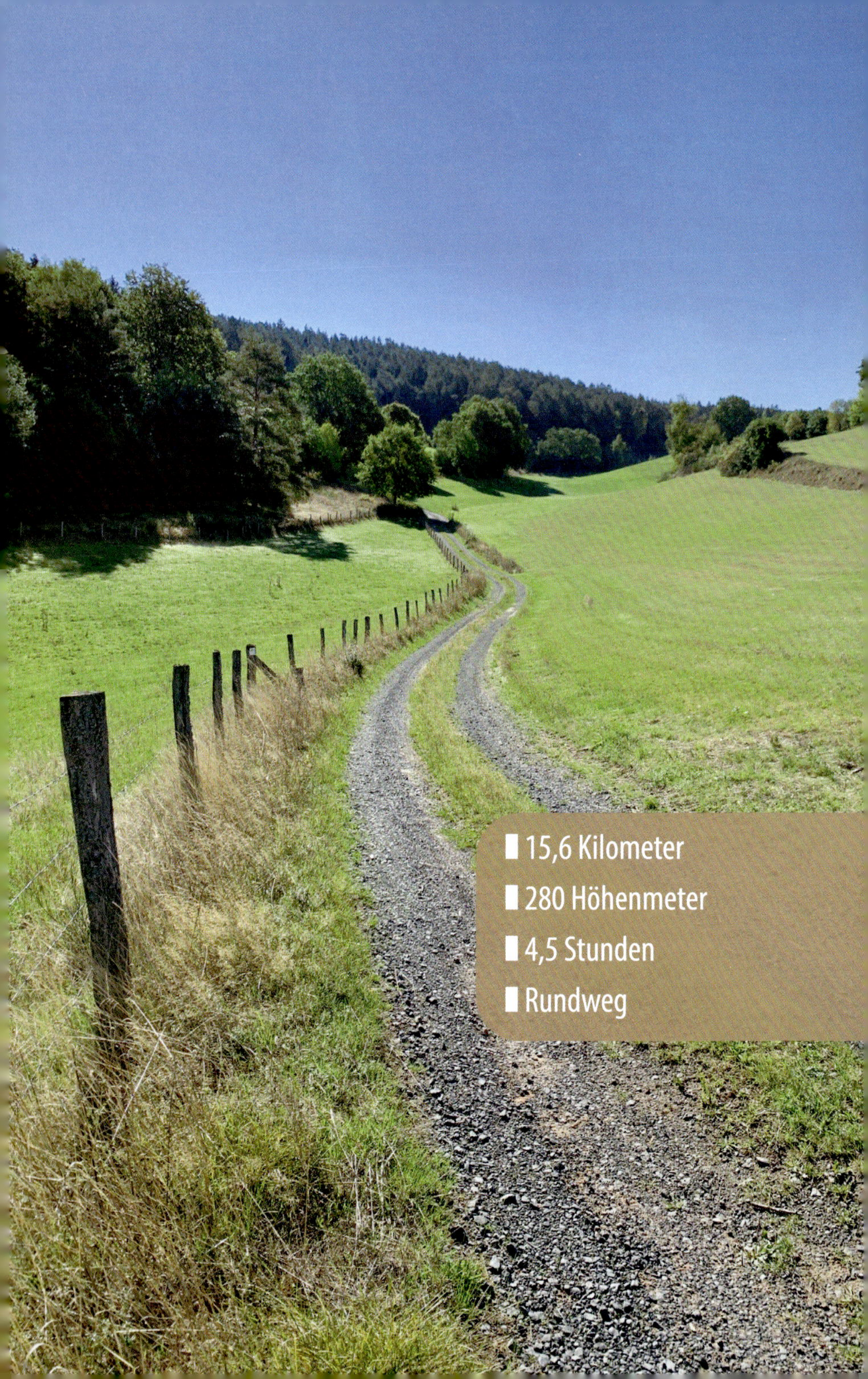

- 15,6 Kilometer
- 280 Höhenmeter
- 4,5 Stunden
- Rundweg

Entspannung plus

Zwischen Marjoß und Mernes

Einst ist Marjoß als Töpferort bekannt geworden. Das Töpferhandwerk wurde Ende des 14. Jahrhunderts zum ersten Mal urkundlich erwähnt und stellte in Zeiten der Armut eine wichtige Einnahmequelle für die Bevölkerung dar. Heute eignet sich Marjoß hervorragend als Startpunkt für eine Wanderung in der abwechslungsreichen Naturkulisse des hessischen Spessarts.

Unsere Tour startet am **Friedhof in Marjoß.** Wir überqueren die **Brückenauer Straße,** wenden uns nach links und biegen gleich darauf rechts in einen asphaltierten Wirtschaftsweg ein. Geradeaus marschieren wir auf einem geschotterten Feldweg leicht bergan und halten uns am folgenden Abzweig links. Kurz darauf entdecken wir einen hölzernen Pfahl mit mehreren Wegweisern und folgen ab sofort der **Spessartbogen-Markierung** Richtung Mernes. An einer Koppel schwenken wir nach links und lassen uns von dem gut ausgeschilderten Wanderweg zwischen grünen Wiesen hindurchführen. Nach einem Rechtsknick spazieren wir unter Schatten spendenden Eichen hindurch, erreichen nach mehreren Richtungswechseln eine große Tannenbaumzucht und lassen uns linksherum in den Wald hineinlotsen. Sobald wir auf eine Weggabelung treffen, wählen wir den schmaleren Pfad zu unserer Rechten. Auf weichem Waldboden stapfen wir durch dichten, hochgewachsenen Nadelwald, der nur wenige Licht-

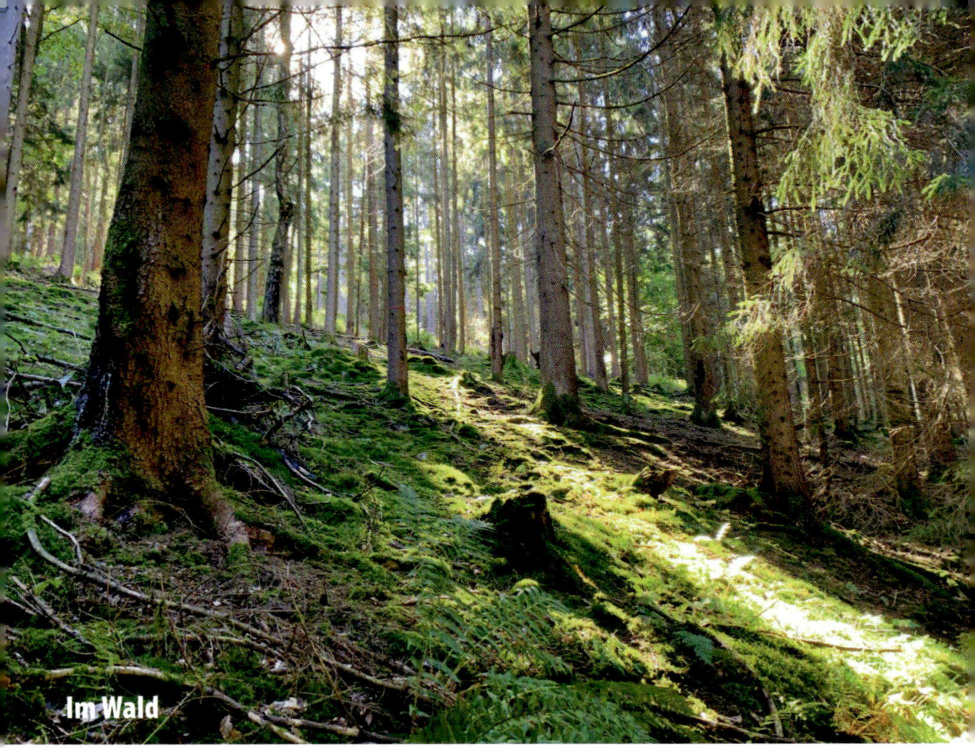

Im Wald

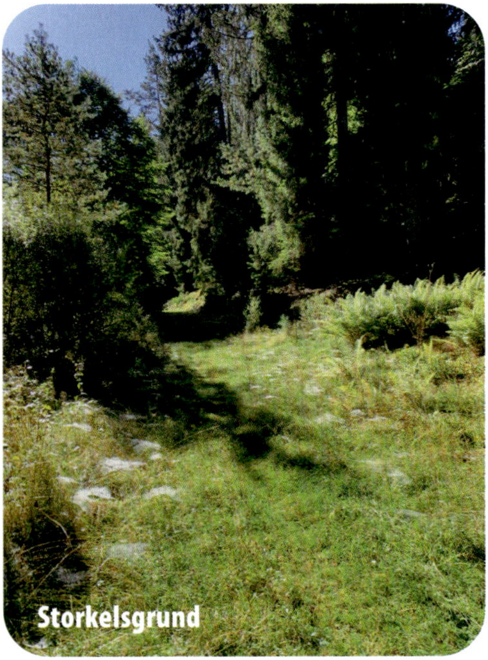

Storkelsgrund

strahlen passieren lässt. Der moosbewachsene Hang neben uns verströmt einen erdigen, pilzigen Duft, der erfrischend und betörend zugleich ist. Und ja: Unglaublich still ist es hier. Obwohl wir erst ein paar Kilometer gewandert sind, scheinen wir bereits fernab jeglicher Zivilisation zu sein. Wir bleiben kurz stehen, lauschen und hören – nichts. Ist das nicht wunderbar?

Es dauert nicht lange, da überqueren wir einen kleinen Bachlauf und finden uns auf einem grasbewachsenen Wanderweg wieder, der uns durch den verträumten **Storkelsgrund** ❶ leitet. An manchen Tagen glitzern hier früh am Morgen Tausende

Tautropfen in der Sonne und lassen die sonst unsichtbaren Spinnennetze im Gras in Erscheinung treten. Am Wegesrand fächern sich filigrane Farnwedel auf. Wie verzaubert versinken wir mit allen Sinnen in der Natur und konzentrieren uns auf die Eindrücke um uns herum: die warmen Sonnenstrahlen auf unserer Haut, das geheimnisvolle Geraschel im Gebüsch, das auf- und abebbende Gesumme der Insekten. Wir lassen los, kommen runter, tanken neue Energie. Entspannt sinken wir auf eine Rastbank und vergessen die Welt um uns herum.

*Dem Namen nach zu urteilen war der **Storkelsgrund** einst ein beliebter Ort für Störche. Zudem hüteten hier früher „Säuhirte" Hausschweine aus dem Dorf. Die Tiere wurden morgens bei den Bauern abgeholt und abends wieder in ihre Ställe zurückgebracht.*

Am Ende des Storkelsgrunds orientieren wir uns rechts und wandern auf einem breiten Forstweg stetig den Hügel hinauf. Kaum dass der Weg abflacht, biegen wir scharf rechts in einen naturbelassenen Waldpfad ein, der uns schnurstracks bergab trägt. Nach einem Linksknick führt uns die Route aus dem Wald hin-

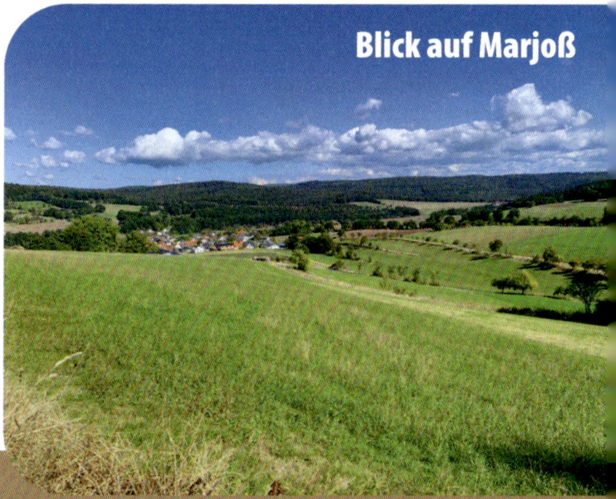
Blick auf Marjoß

Für die Seele

Im Wald finden wir zu uns selbst, in der Wacholderheide blühen wir auf und im Wiesengrund gelangen wir zu neuer Lebensenergie.

aus und gewährt uns auf dem folgenden Abschnitt einen großartigen **Ausblick auf Marjoß** ❷. Unter uns breiten sich Wiesen und Felder wie ein Flickenteppich über das Tal aus. Doch der aussichtsreiche Abstecher hat auch seinen Preis: Was wir hinabgewandert sind, müssen wir auch wieder hinaufstapfen. Also biegen wir am Waldrand links ab und arbeiten uns nach oben.

Wer sich den Abstecher zum Aussichtspunkt auf Marjoß und die damit verbundenen zusätzlichen Höhenmeter sparen möchte, kann auch einfach auf dem Forstweg bleiben und auf der Höhe weiterwandern. Nach knapp 2 Kilometern trifft man dann wieder auf den markierten Spessartbogen-Weg.

An einer Weggabelung mitten im Wald stoßen wir auf eine **Gedenktafel** ③. Diese ist den Gefallenen gewidmet, die hier während Luftkämpfen im Zweiten Weltkrieg abgestürzt waren. An der Tafel wählen wir den weichen Wanderpfad zu unserer Rechten und folgen diesem so lange, bis uns ein steiler Pfad links den Hang hinauflotst. Der kurze Anstieg hat es ordentlich in sich und bringt uns noch einmal richtig aus der Puste. Doch sobald wir oben angekommen sind und sich der Wald lichtet, haben wir den anstrengenden Teil der Wanderung hinter uns: Ab jetzt geht es fast nur noch geradeaus oder bergab.

Wir biegen rechts ab und schlendern nun durch die gepflegte **Wacholderheide** ④ auf dem 465 Meter hohen **Stackenberg.** Ein Besuch lohnt sich vor allem im August, denn dann blüht die Heide in einem zarten Lila. Nach einem Bildstock verlassen wir kurzzeitig die

Wacholderheide mit Rhönblick

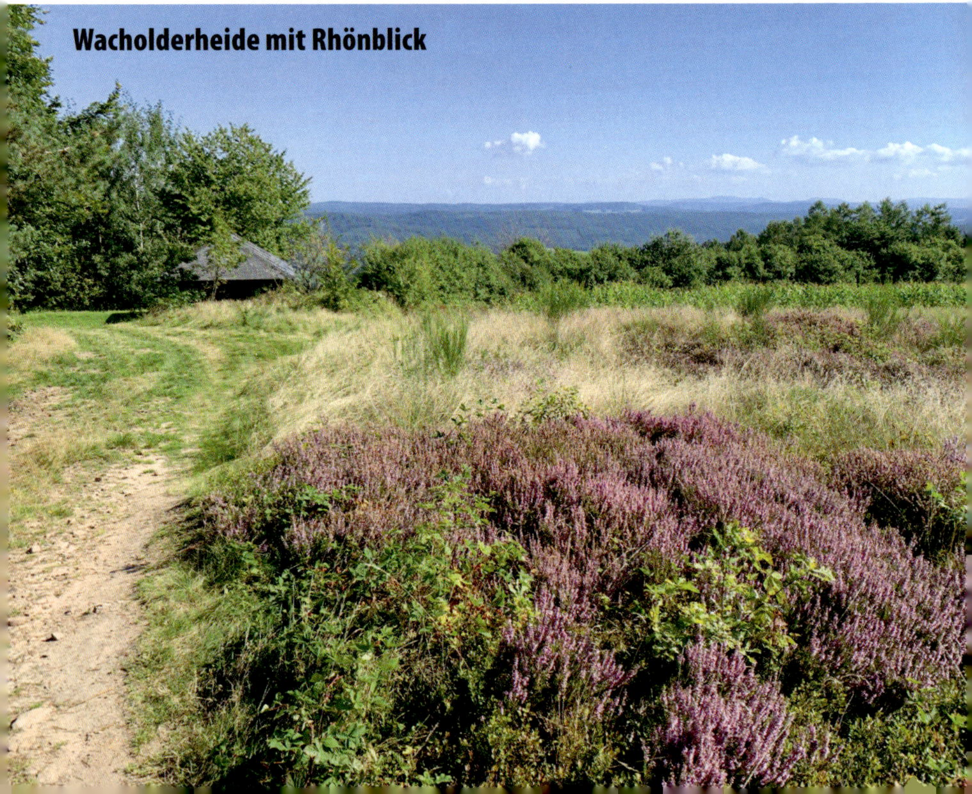

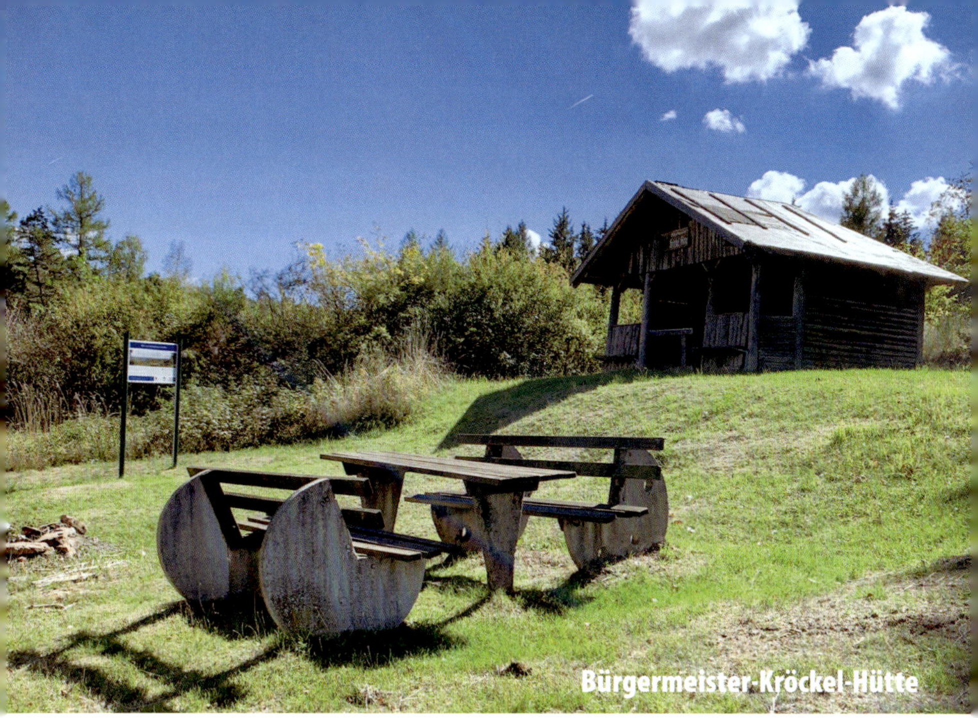

Bürgermeister-Kröckel-Hütte

Spessartbogen-Markierung und wählen den Weg zu unserer Rechten. Dieser bringt uns direkt zur idyllisch gelegenen **Bürgermeister-Kröckel-Hütte** ⑤, wo ein sonnenbeschienener Rastplatz mit Fernblick auf die Rhön zum Verweilen einlädt. Wir packen unsere Wurstbrötchen aus und beißen herzhaft hinein.

Weiter den Berg hinab schlendern wir beschwingt an einer weiten Wiesenlandschaft vorbei und treffen an einer Weggabelung wieder auf das Zeichen des Spessartbogens, dem wir erst rechts- und dann linksherum Richtung Mernes folgen. Von einem asphaltierten Wirtschaftsweg stapfen wir rechts über eine Wiese in die Siedlung hinab, wobei sich uns ein eindrucksvoller Blick auf Mernes bietet. Von der Straße **Am Stacken** gelangen wir über die **Brückenauer Straße** zum Mühlbachweg, auf dem wir zweimal die Jossa überqueren und an der historischen **Kröckelsmühle** ⑥ vorbeikommen. An der

***Wacholderheiden** beherbergen einen großen Artenreichtum. Leider sind sie im 20. Jahrhundert durch den Einsatz von Kunstdünger fast gänzlich aus dem Spessart verschwunden. Die wenigen Restflächen lassen sich nur durch die Schäferei erhalten.*

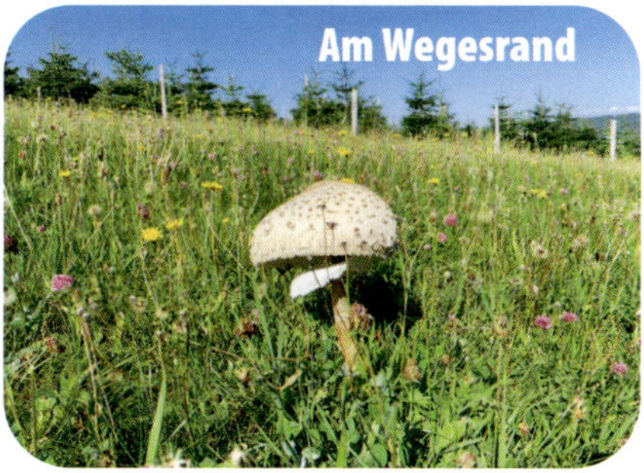

Am Wegesrand

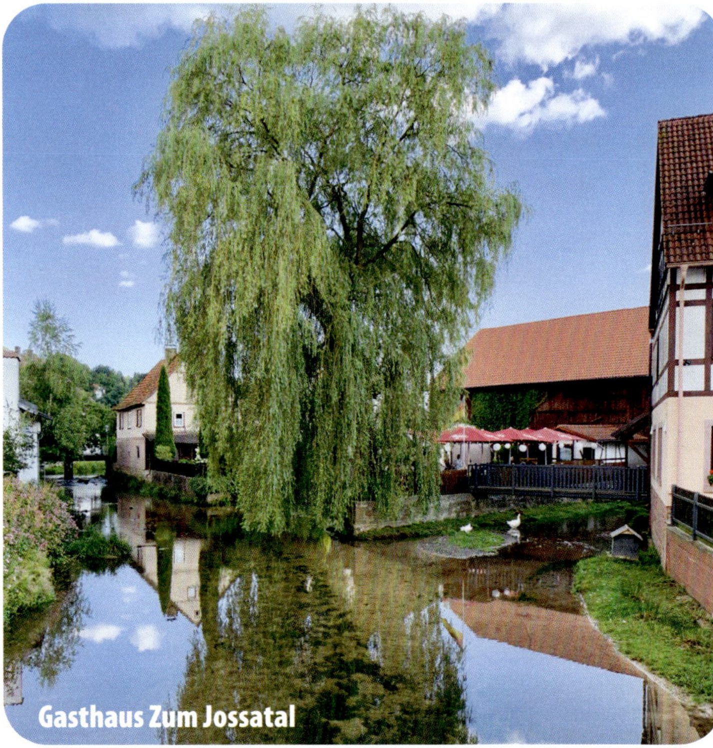

Gasthaus Zum Jossatal

Salmünsterer Straße stoßen wir auf das **Gasthaus Zum Jossatal ⑦,** das uns auf seine idyllische Terrasse direkt am Fluss einlädt. Herzhafte Hausmannskost steht hier genauso auf der Speisekarte wie leichte vegetarische Gerichte.

Nach der Schlemmerpause überqueren wir die Salmünsterer Straße und folgen geradeaus einem schmalen Fußweg Richtung Freibad an der plätschernden Jossa entlang. Am Fußballplatz entdecken wir die Markierung der **Spessartspur Merneser Jossatal,** die weiterhin dicht neben dem Flüsschen verläuft und uns zu einer urigen **Kneippanlage ⑧** aus Holz bringt. An warmen Sommertagen waten wir genüsslich durch das eiskalte Wasser und freuen uns über die willkommene Erfrischung.

Am Freibad vorbei führt uns die Spessartspur auf die **Jossastraße** und kurz darauf rechts hinab zu einem Wiesenweg. Während wir nach links schwenken und in flachem Gelände an einem von Bibern bearbeiteten Bächlein und einer wildromantischen Wiesenlandschaft vorbeiwandern, macht unser Wanderherz einen deutlich spürbaren Hüpfer. Völlig ohne Anstrengung setzen wir einen Fuß vor den anderen, kommen in einen regelrechten Flow. Erst am Bannwald werden wir von einer Spitzkehre gestoppt. Wir orientieren uns scharf links und sagen der Spessartspur-Markierung ade, indem wir rechts auf einen asphaltierten Wirtschaftsweg abbiegen. Oberhalb der **Merneser Jossa-Auen** 9 spazieren wir nun eine ganze Zeit lang gemütlich Richtung Marjoß.

Nachdem wir die **Schutzhütte Lamekoude** passiert haben, biegen wir an der folgenden Abzweigung links ab und wählen kurz darauf an einem Strommast den geschotterten Feldweg zu unserer Rechten. An Feldern,

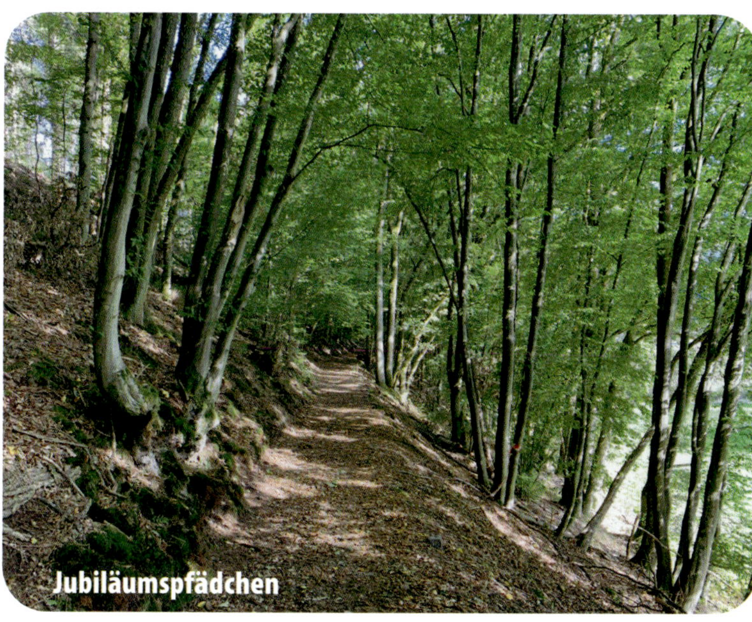
Jubiläumspfädchen

Entschleunigungstour 15

Das Jubiläumspfädchen wurde 1913 von Schülern unter anderem zum 25-jährigen Thronjubiläum Kaiser Wilhelms II. angelegt. Im **Feuchtgebiet Kirschenwiesen** unterhalb des Pfads sind viele seltene Pflanzen und Tiere beheimatet, darunter auch der Biber.

Wiesen und Bäumen entlang folgen wir dem Weg so lange geradeaus, bis dieser einen Rechtsknick macht und uns in die Siedlung hinabbringt. In der Straße **Zum Finkenrain** biegen wir links ab und erreichen den Marjoßer **Fußballplatz.** Links daran vorbei entdecken wir am Waldrand einen roten Stein mit der Aufschrift „Natur-Erlebnispfad“ und lassen uns von dem sogenannten **Jubiläumspfädchen** ⑩ in den Wald hineinführen. Oberhalb des Naturschutzgebiets Kirschenwiesen marschieren wir auf weichem Waldboden durch grünen Laubwald und stoßen schließlich auf das Landsträßchen **L 3196,** das uns rechtsherum zur **Brückenauer Straße** und unserem Ausgangspunkt am Friedhof zurückbringt.

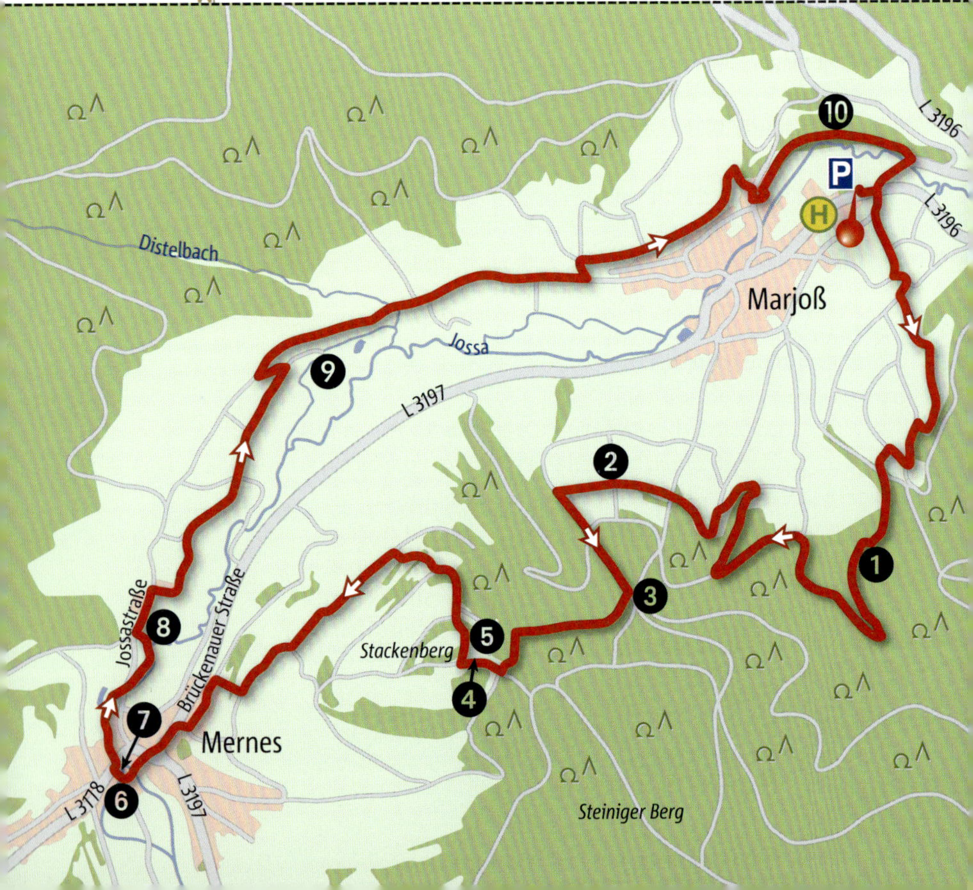

Alles auf einen Blick

WIE & WANN:
Waldwege und Pfade, Wiesenwege, geschotterte und asphaltierte Wege; beste Wanderzeit von April bis Oktober

HIN & WEG:
Auto: Parkplatz am Friedhof, Brückenauer Straße, 36396 Steinau an der Straße (GPS: 50.26112, 9.52285)
ÖPNV: Bus MKK-94 von Salmünster Bahnhof nach Marjoß, Haltestelle Brückenauer Straße

ESSEN & ENTSPANNEN:
Gasthaus Zum Jossatal ❼ Salmünsterer Straße 15, 63628 Bad Soden-Salmünster, Tel. (0 66 60) 13 76, www.zum-jossatal.de

ENTDECKEN & ERLEBEN:
Storkelsgrund ❶
Ausblick auf Marjoß ❷
Luftkrieg-Gedenktafel ❸
Wacholderheide auf dem Stackenberg ❹
Bürgermeister-Kröckel-Hütte mit Rhönblick ❺
Kröckelsmühle ❻
Kneippanlage ❽

Entspannung ✱✱✱✱✱
Genuss ✱✱✱
Romantik ✱✱✱✱

Merneser Jossa-Auen ❾
Jubiläumspfädchen ❿

Panorama-Besinnungsweg

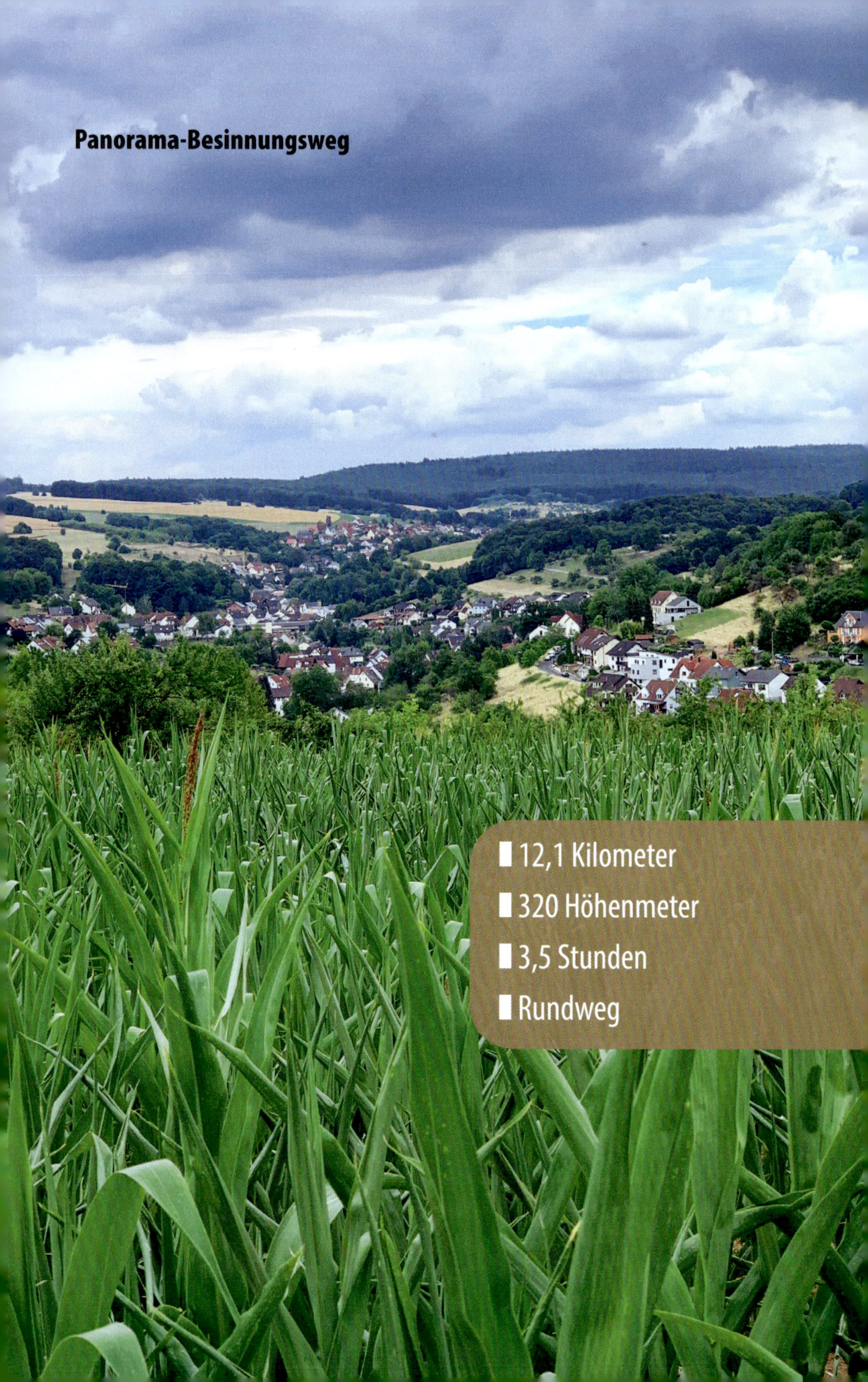

- 12,1 Kilometer
- 320 Höhenmeter
- 3,5 Stunden
- Rundweg

Im Spessart gibt es einige tolle Waldschänken. Neben der Bayrischen Schanz und dem Forsthaus Sylvan zählt hierzu beispielsweise auch das Hohe-Wart-Haus in der Nähe von Leidersbach. Wer einen Fußmarsch dorthin machen möchte, hat bei der Vielzahl an Wanderwegen die Qual der Wahl. Wie gut, dass wir unsere Wohlfühl-Auswahl bereits getroffen haben.

Los geht's an einem Wanderparkplatz in Leidersbach, der sich in Verlängerung der **Altenburgstraße** befindet. Zunächst marschieren wir ein Stück Richtung Ort zurück und entdecken nach den ersten beiden Häusern zu unserer Linken die Markierung des **Europäischen Kulturwegs** – ein gelbes EU-Schiffchen auf blauem Hintergrund. Diesem Zeichen folgen wir im ersten Abschnitt unserer Tour und gelangen sogleich über eine Spitzkehre nach links auf einen geschotterten Weg, der schnell an Höhe gewinnt. Gemächlich stapfen wir den Hang hinauf – wohl wissend, dass es nicht bei diesem einen Anstieg bleiben wird.

Nach einer Rechtskurve wandern wir ein Stück durch den Wald und treffen im weiteren Verlauf auf ein

Waldoase

Von Leidersbach zur Hohen Wart

Teilstück des gut ausgebauten **Panorama-Besinnungswegs ❶**, der uns mit seinen Sinnsprüchen, Kunstobjekten und Informationstafeln mehrmals innehalten lässt. Über weite Wiesen und Felder hinweg lassen wir unseren Blick über das Leidersbacher Tal bis zum Ortsteil Roßbach schweifen. Eine herrlich gelegene Sitzgruppe

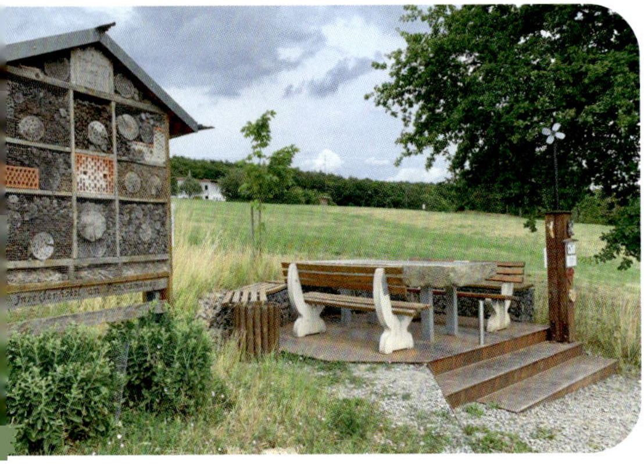

lädt zum Verweilen ein, sodass wir den Panoramablick bei einer Rast in vollen Zügen genießen können.

Am **Wegweiserstandort Staudenhöfe** biegen wir links ab und orientieren uns ab sofort am **Nordic-Walking-Weg 3** – markiert mit einem laufenden Männchen. Der Weg zieht an Pferdekoppeln vorbei steil den Berg hinauf und führt uns in den Wald hinein. An einer überdachten Sitzgruppe haben wir die Möglichkeit, kurz zu verschnaufen, bevor wir rechts einem Forstweg folgen. Erst wenn sich der Weg gen Tal neigt, lotst uns die Markierung scharf links auf einen naturbelassenen Pfad. Nach einem erneuten kurzen Anstieg wandern wir unbeschwert in relativ flachem Gelände auf weichem, erdigem Waldboden.

An einer besonders stimmungsvollen Stelle stapfen wir durch Gras an hoch aufragenden Nadelbäumen

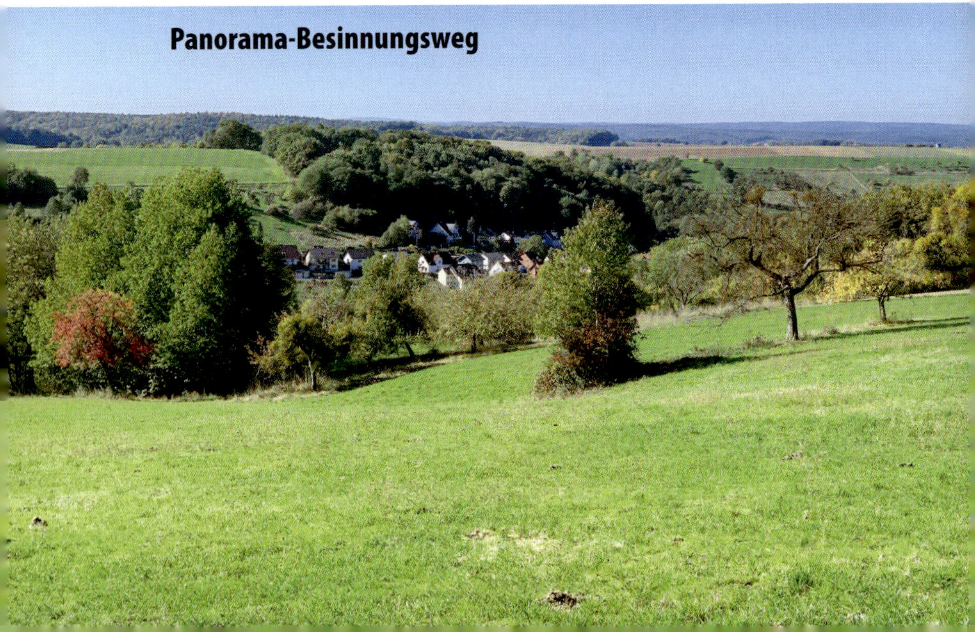

Panorama-Besinnungsweg

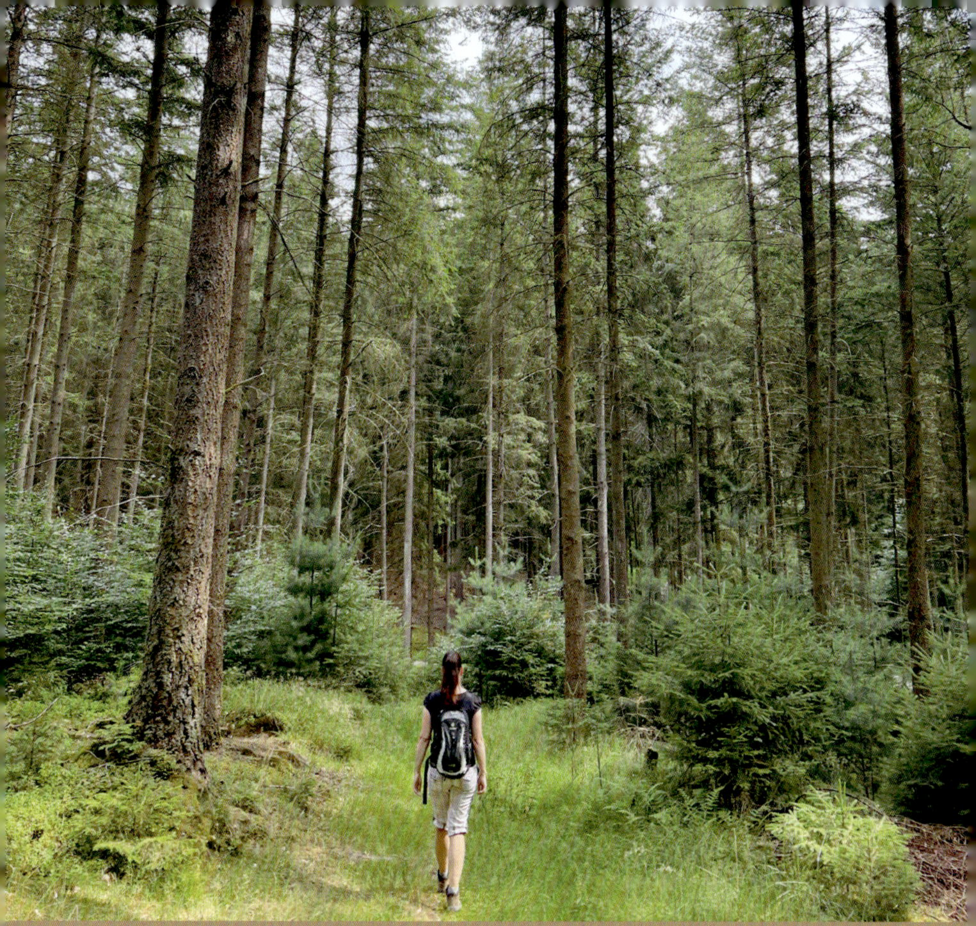

Für die Seele

Wir streifen auf wundervollen Pfaden durch den Wald, kosten fränkische Gemütlichkeit und erleben hautnah ein Stück Spessartgeschichte.

vorbei. Hier halten wir kurz inne, um unsere Blicke mit einer großen Portion Ehrfurcht über die Stämme der ellenlangen Baumriesen nach oben wandern zu lassen. Wir starren auf einen Tropfen eingetrocknetes Harz, verharren am Hohlraum eines Astlochs und legen schließlich ganz weit den Kopf in den Nacken, um die Zapfen in den Baumkronen erkennen zu können.

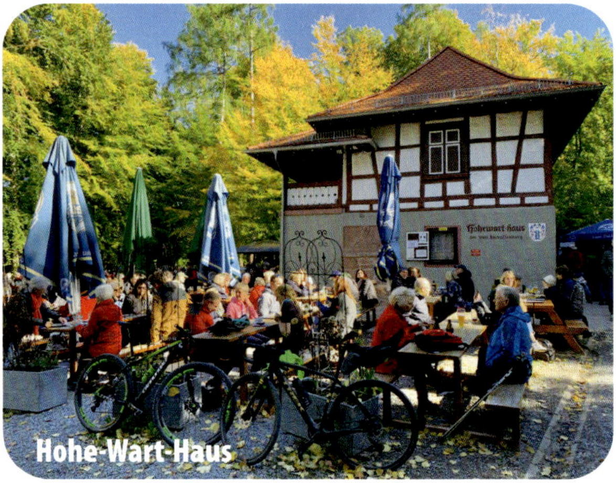

Hohe-Wart-Haus

Wenn dieser Baum sprechen könnte – was würde er uns wohl erzählen?

Wir setzen uns wieder in Gang und treffen alsbald auf einen Forstweg, an dem wir rechts und gleich wieder links abbiegen. Hier heißt es aufgepasst: Vom Forstweg geht geradeaus ein schmaler, fast zugewachsener Pfad ab, der leicht zu übersehen ist. Ein letztes Mal steigen wir laut schnaufend den Hang hinauf, bevor wir den höchsten Punkt unserer Tour erreichen: das **Hohe-Wart-Haus** ❷. Hier haben wir uns nach all den Höhenmetern eine ordentliche Rast nun redlich verdient. Die urige Waldgaststätte lockt Wanderer, Mountainbiker und Reiter aus allen Himmelsrichtungen mit deftigen regionalen Gerichten und selbst gebrauten Bieren an. Und so herrscht auf den Bierbänken rund um das Wirtshäuschen bereits rege Geselligkeit, als wir unser Essen serviert bekommen. Bei Schäufele, Spanferkel und frischen Pilzen schlemmen wir, was das Zeug hält. Wie gut, dass wir die anstrengenden Anstiege bereits hinter uns haben und es auf dem Rückweg fast nur noch bergab geht!

*Wo heute das **Hohe-Wart-Haus** steht, befanden sich im 17. Jahrhundert drei Schranken, mit denen die Straße zwischen Aschaffenburg und Mespelbrunn gesperrt wurde, um Wegegeld zu kassieren. 1733 errichtete ein Jäger an dieser Stelle eine Jagdhütte.*

Nach der Rast schließen wir uns der Markierung des **Fränkischen Marienwegs** an. Diese führt uns linker Hand in den Wald hinein und lässt uns schon bald wieder auf herrlich weichen Pfaden wandeln. Sobald wir einen pilzförmigen Unterstand passiert haben, wählen wir an der folgenden Weggabelung den leicht rechts abgehenden Pfad. Der lichte Wald gibt den Blick auf den Pfaffenberg frei, auf dem sich der Sendeturm des Bayerischen Rundfunks befindet.

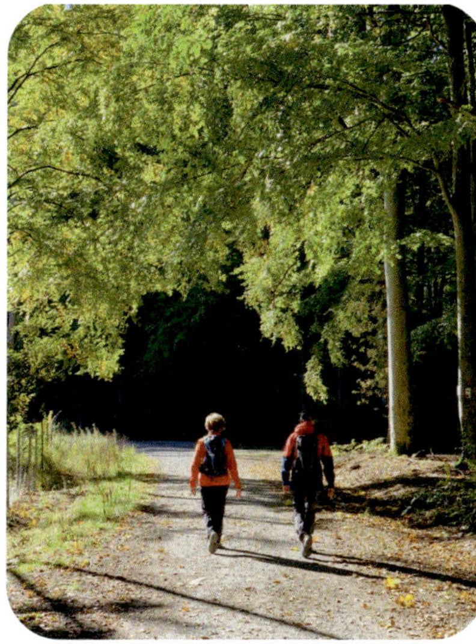

Während wir uns an den Wegweiserstandorten Antoniusbild und Schloßberghütte immer noch am Fränkischen Marienweg orientieren, sagen wir dem Zeichen an einem Waldparkplatz ade und setzen unseren Weg zum **Ringwall Altenburg ❸** fort. Bei der Altenburg handelt es sich um eine vorgeschichtliche Wehranlage mit einem umlaufenden Doppelwall. Auf einer Anhöhe gehen wir links an der Informationstafel vorbei und werden sogleich von einem großen Keltenkopf aus Sandstein begrüßt. Auch die nächsten 300 Meter sind mit **Steinfiguren ❹** des Bildhauers Manfred Schott geschmückt – insgesamt können wir sieben dieser Kunstwerke bewundern.

Auf einer Lichtung stoßen wir auf einen kleinen Geschichtspark, der die Altenburg mithilfe von Rekonstruktionen erlebbar machen soll. Hierzu gehört ein **Haus ❺,** das einem Bauwerk aus der Hallstattzeit nachempfunden ist. Im Inneren erhalten wir einen Eindruck davon, wie das Leben auf der Altenburg einst ausgesehen haben musste. Still bestaunen wir die nachgestellten Alltagsszenen mit Kochstelle, Webstuhl und Wippdrechselbank. Ein paar Schritte vom Haus entfernt wartet schließlich die **Pfostenschlitzmauer ❻** auf uns. Die Rekonstruktion basiert auf archäologischen Funden wie Holzbalken und Sandsteinen, die in den Jahren 2008 und 2009 entdeckt wurden.

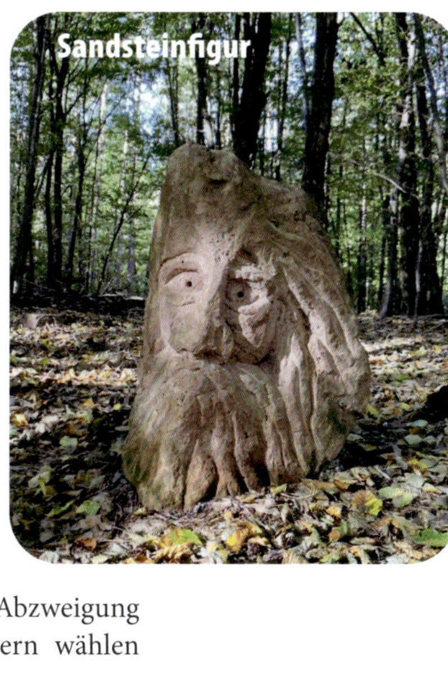

Sandsteinfigur

Wir gehen links an der Pfostenschlitzmauer vorbei und lassen den Ringwall auf einem steil abfallenden Waldpfad im Nu hinter uns. Den Wegweisern an der ersten Abzweigung schenken wir keinerlei Beachtung, sondern wählen

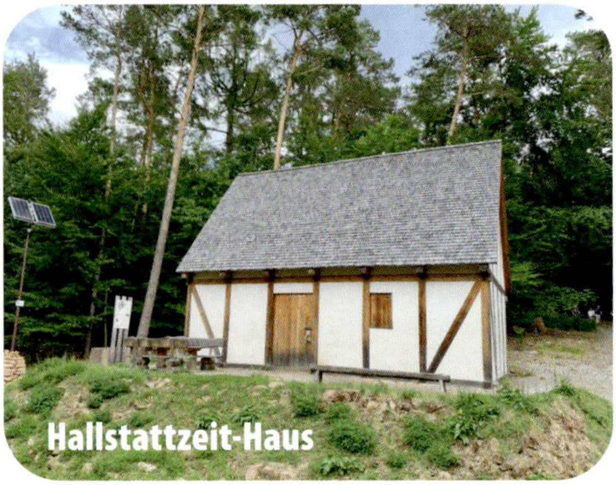

stattdessen ein paar Schritte weiter an einer Sitzbank einen unmarkierten, aber gut ausgebauten Pfad nach links. Zackig schreiten wir den Hügel hinab und kommen schließlich am Bachgraben heraus, wo wir rechts abbiegen. Nach unserem langen Marsch durch den Wald tut es jetzt gut, sich die warme Nachmittagssonne ins Gesicht scheinen zu lassen.

Auf einer Wiese zu unserer Linken entdecken wir eine wunderschön angelegte **Kneippanlage mit Barfußpfad 7**, die wir natürlich sofort in Beschlag nehmen. Fix ziehen wir unsere Wanderschuhe aus, streifen die Socken von den glühenden Füßen und krempeln unsere Hosenbeine nach oben. Als wir in das eiskalte Wasser eintauchen, zucken wir kurz zusammen, doch nach ein paar staksigen Schritten ent-

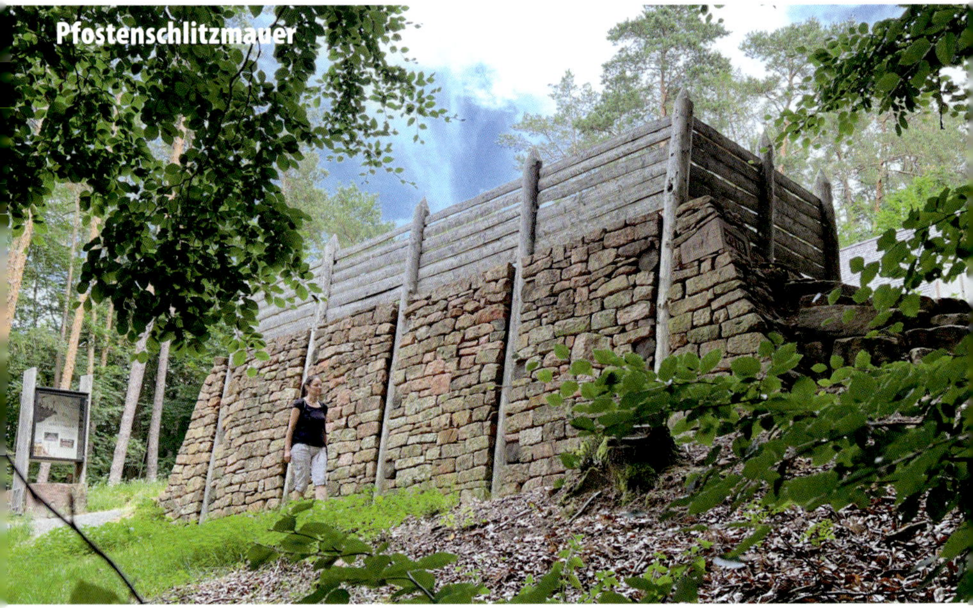

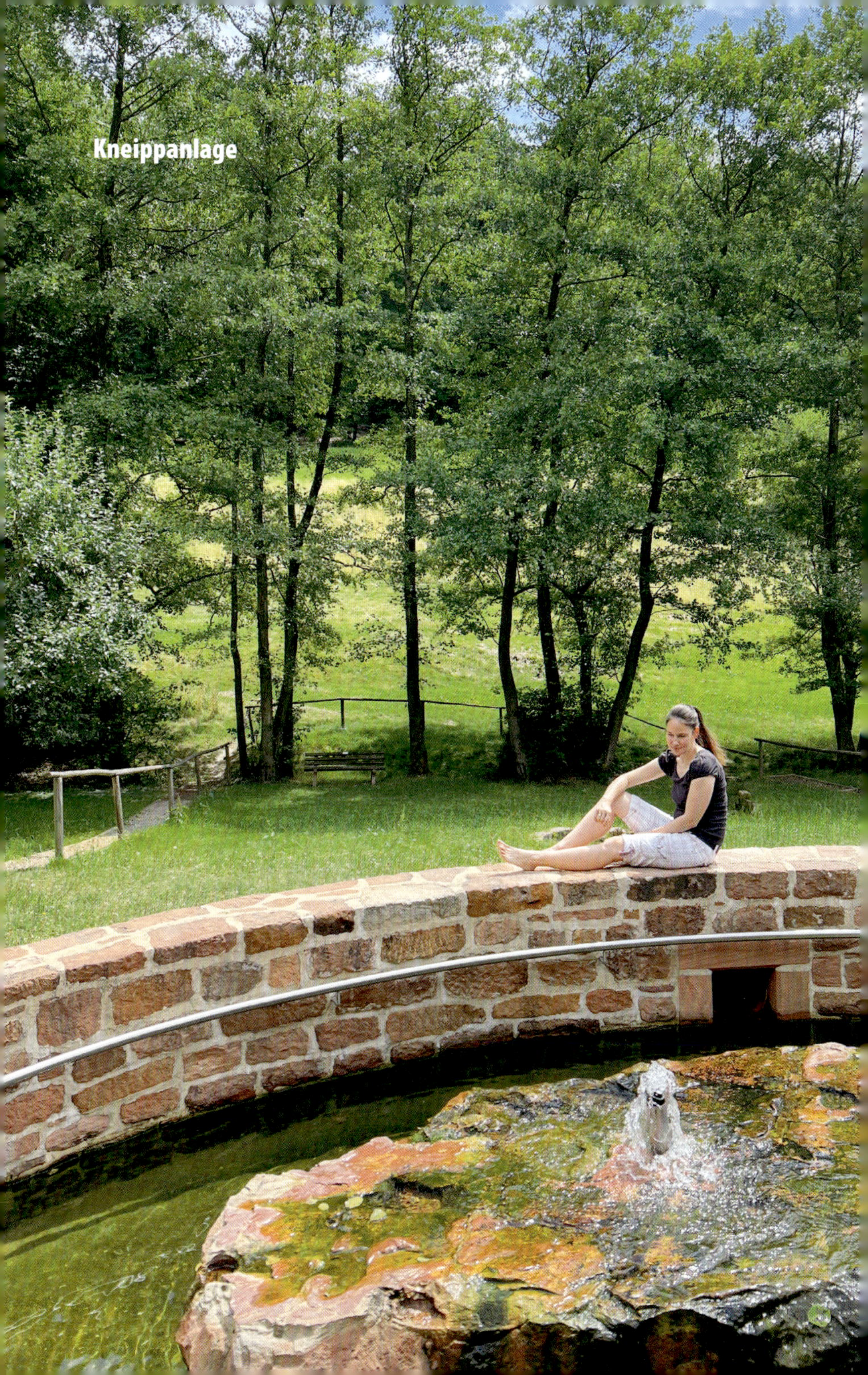

Kneippanlage

*In den 1950er-Jahren florierte in Leidersbach das Schneiderhandwerk: Fast 30 Kleiderfabriken waren damals in dem kleinen Spessartdorf ansässig. Heute ist das **„Sacco Valley“** vor allem für seine hochwertige Braut- und Trachtenmode überregional bekannt.*

puppt sich das Wassertreten als wahre Wohltat für unsere strapazierten Wanderwaden. Und wie wunderbar: Nachdem wir uns erfrischt haben, können wir es uns auf einer geschwungenen Holzliege bequem machen und uns ein ausgiebiges Sonnenbad gönnen.

Ein Stück weiter bergab erreichen wir schließlich den Ausgangspunkt unserer Wanderung. Doch zu Ende ist unser Ausflug damit noch lange nicht: Wir möchten nämlich im „Sacco Valley“ – wie Leidersbach auch neckisch genannt wird – noch shoppen gehen und statten den großen **Modeläden** 8 entlang der Hauptstraße einen Besuch ab. Ein Geschäft für Wandermode ist selbstverständlich auch dabei.

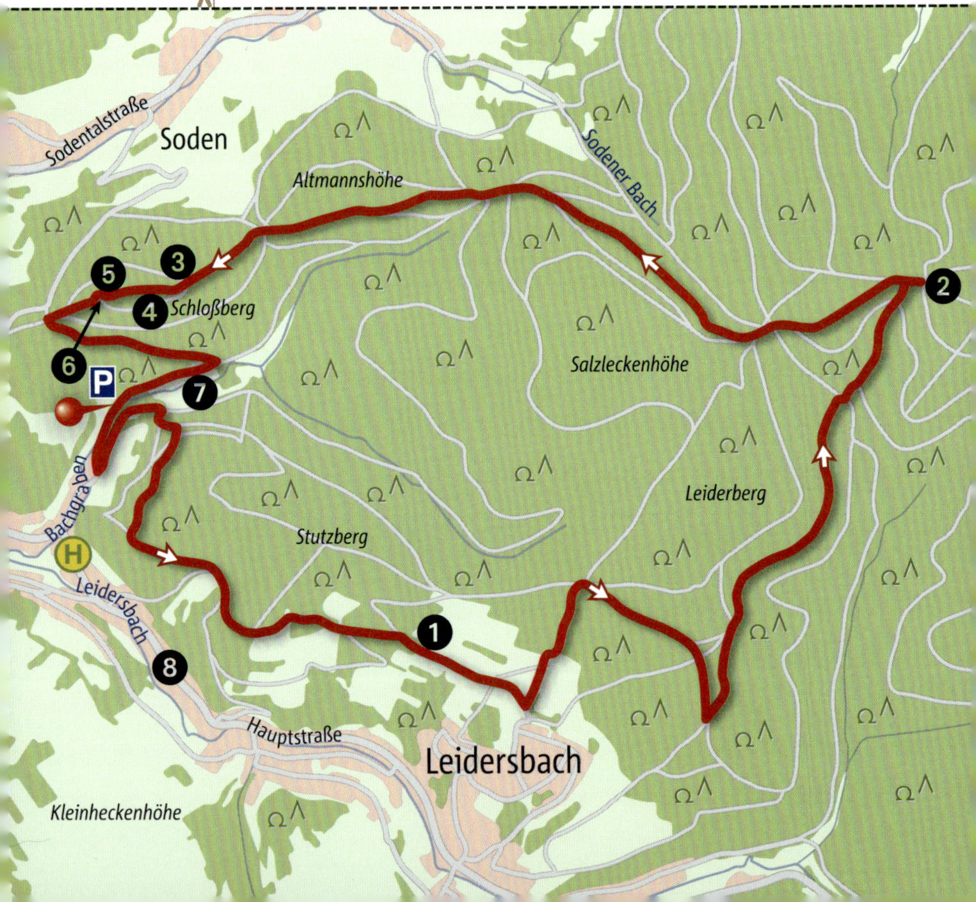

Alles auf einen Blick

WIE & WANN:
Überwiegend Waldwege und Pfade, wenig Asphalt; beste Wanderzeit von April bis Oktober

HIN & WEG:
Auto: Wanderparkplatz in Verlängerung der Altenburgstraße, 63849 Leidersbach (GPS: 49.91369, 9.21179)
ÖPNV: Bus 62 von Aschaffenburg Hauptbahnhof nach Leidersbach, Haltestelle Beim Scharfen Eck, Zuweg über die Hauptstraße in die Altenburgstraße

ESSEN & ENTSPANNEN:
Hohe-Wart-Haus ❷ 63875 Leidersbach, Tel. (0 60 21) 3 39 80, www.hohewart-haus.de

ENTDECKEN & ERLEBEN:
Panorama-Besinnungsweg ❶
Ringwall Altenburg ❸
Steinfiguren ❹
Hallstattzeit-Haus ❺
Pfostenschlitzmauer ❻
Kneippanlage mit Barfußpfad ❼
Modeläden im „Sacco Valley“ ❽

Entspannung ✱✱✱✱
Genuss ✱✱✱✱
Romantik ✱✱✱✱

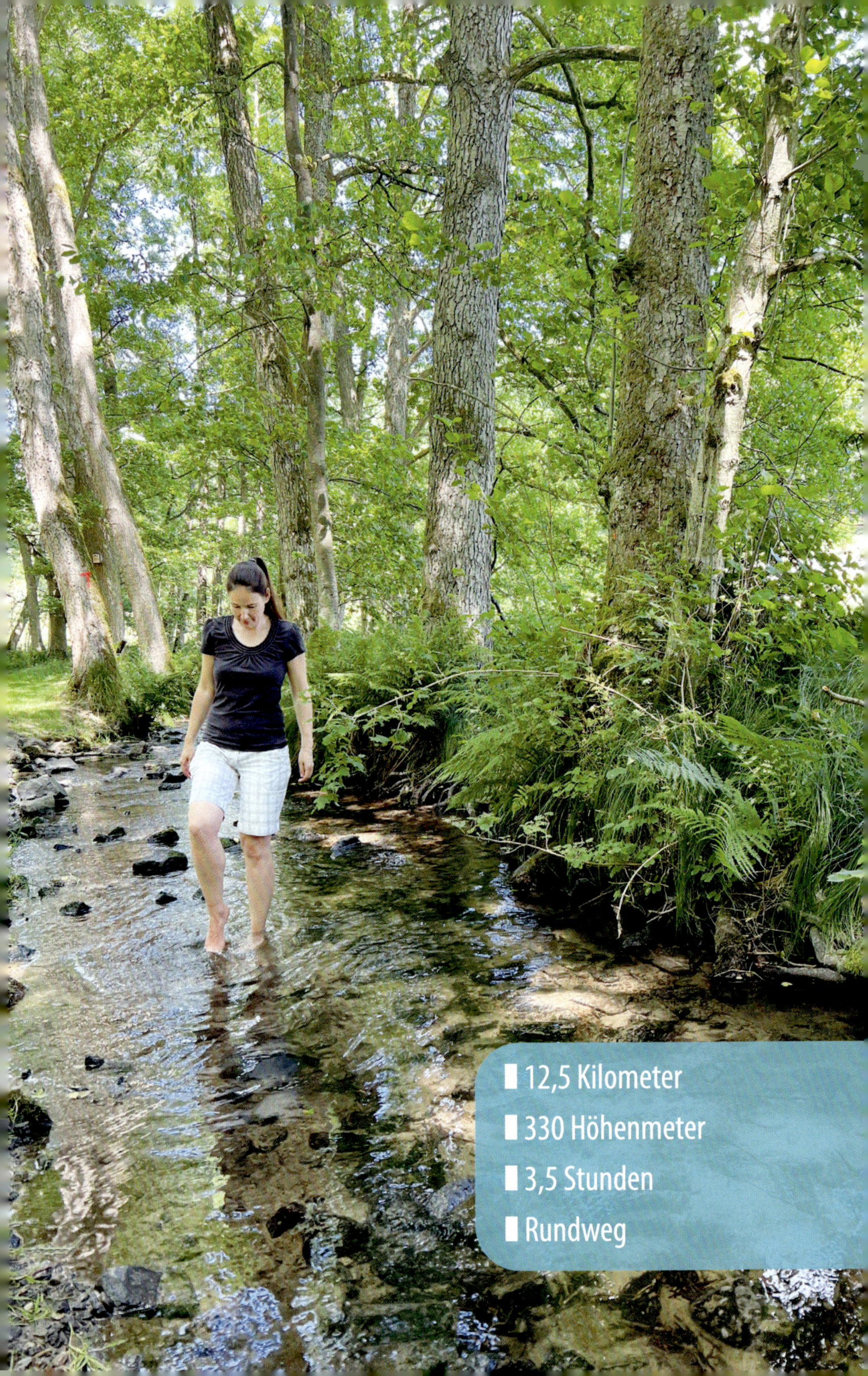

- 12,5 Kilometer
- 330 Höhenmeter
- 3,5 Stunden
- Rundweg

An einem sonnigen Sommertag machen wir uns schon früh auf in die hessische Kurstadt Bad Orb. Im Gepäck haben wir dieses Mal nicht nur Sonnencreme und Proviant, sondern auch ein Handtuch und Schwimmbekleidung, denn unsere heutige Wanderung hält so einige Abkühlungen für uns bereit.

Der Startpunkt unserer Tour befindet sich etwas außerhalb vom Bad Orber Ortskern am **Parkplatz Wildpark.** Wir überqueren die **Villbacher Straße** und starten direkt mit einem etwas längeren Anstieg. Ein befestigter Weg führt uns linksherum an einer Streuobstwiese vorbei und bringt uns zur **Würzburger Straße** hinauf, wo wir uns rechts halten und sogleich links in einen Waldweg einbiegen. An dieser Stelle geben wir acht, dass wir einige Meter weiter nicht den schmalen, unmarkierten Waldpfad verpassen, der sich rechts von uns in Serpentinen den Hang hochwindet. Schritt für Schritt arbeiten wir uns auf dem mit Wurzeln und Steinen durchzogenen Naturweg nach oben, halten zwischendurch inne und atmen die kühle, frische Morgenluft ein.

Als wir auf einen breiteren, aber nicht weniger reizvollen Waldweg treffen und rechts abbiegen, stellt sich auf ebener Strecke zunächst Entspannung ein, bevor es noch einmal gemäßigt bergauf geht. Am **Wegweiserstandort Tränenbrückchen** folgen wir zunächst den Schildern Richtung Wegscheide, wählen dann aber nach 50 Metern den unmarkierten Forstweg zu unserer Linken. An der folgenden Weggabelung

__Bad Orb__ hat sich einst mit der Salzgewinnung aus Solquellen einen Namen gemacht. Im 20. Jahrhundert entwickelte es sich zu einem der bedeutendsten Heilbäder Hessens. Heute bietet der Erholungsort viele Möglichkeiten zum Genießen und Genesen.

Wasser marsch!

In der Kurstadt Bad Orb

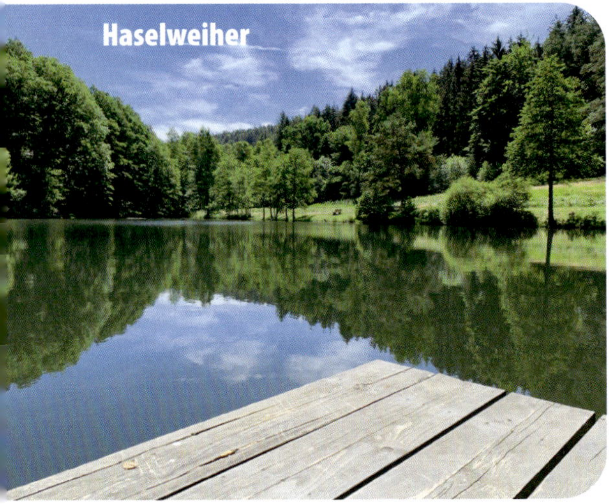

schließen wir uns dem Forstweg links von uns an und schlendern fortan unbeschwert den Hügel hinab. Auf einer Lichtung im **Vogelsgrund** passieren wir eine gigantische Futterkrippe und stellen uns vor, wie sich das Rotwild hier im Winter an Bergen von Heu genüsslich sattessen kann.

Buschige Farnsträucher begleiten uns weiter hinab ins Tal, bis wir an einer Abzweigung auf die **Spessartbogen-Markierung** treffen. Dieser folgen wir zuerst rechts-, dann linksherum zum malerischen **Haselweiher** ❶ hinab. Ganz glatt liegt die Wasseroberfläche des Anglerteichs vor uns und gibt ein perfektes Spiegelbild der umgebenden Bäume und Sträucher wieder. An diesem Ruheort möchten wir unbedingt etwas länger verweilen und den kleinen See einmal komplett umrunden. Sitzbänke und ein hölzerner Steg laden uns dazu ein, mit unseren Gedanken ganz tief abzutauchen und die Welt um uns herum komplett zu vergessen.

Mit einem Lächeln auf dem Gesicht setzen wir unsere Wanderung fort, indem wir zunächst ein paar Meter des letzten Wegstücks zurückgehen, um uns dann von der Spessartbogen-Markierung den grasbewachsenen Hang hinaufleiten zu lassen. Bevor es zu anstrengend werden kann, macht der Wanderweg einen Rechtsknick und lotst uns eine ganze Zeit lang durch lichten, hohen Nadelwald.

Allmählich neigt sich der Waldweg unter unseren Füßen gen Tal und verwandelt sich schließlich in einen asphaltierten Wirtschaftsweg, der in die Bad Orber **Altenbergstraße** mündet.

Wir überqueren die **Würzburger Straße** und schlendern weiter geradeaus Richtung **Bad Orber Altstadt ❷.** Am **Quellenring** halten wir uns rechts und durchschreiten am Brunnentempel der Philippsquelle kurze Zeit später das **historische Stadttor.** Weiter über die **Hauptstraße** und den **Marktplatz** gelangen wir in die romantische **Kirchgasse,** in der wir unter anderem Hessens schmalstes Fachwerkhaus bestaunen können – an der schmalsten Stelle misst es gerade einmal 1,58 Meter. Wenn wir die Stufen zur **Pfarrkirche St. Martin** hinaufstapfen, werden wir auf der Anhöhe mit einem tollen Blick auf Bad Orbs letzte reine Fachwerkstraße belohnt.

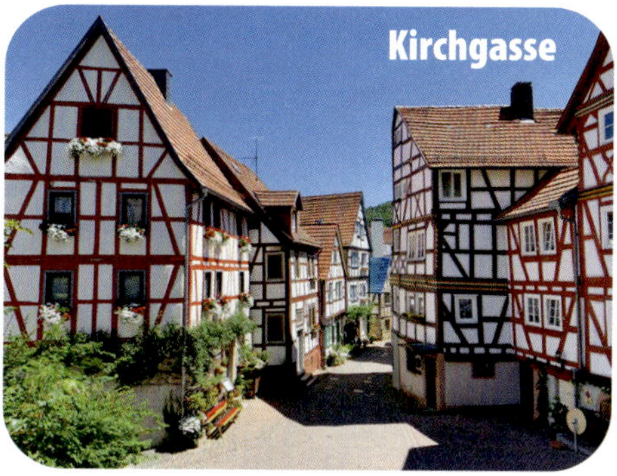
Kirchgasse

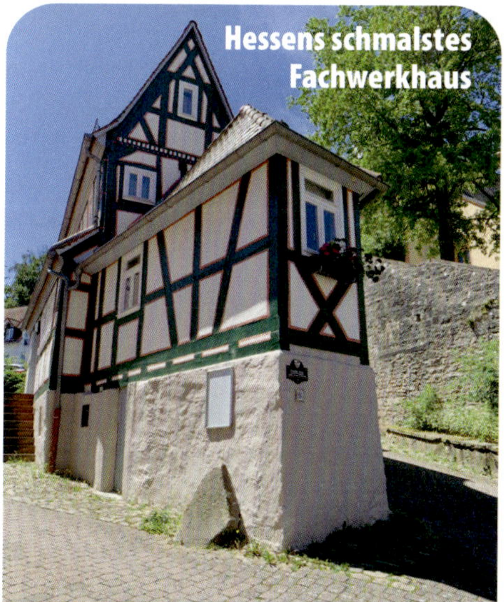
Hessens schmalstes Fachwerkhaus

So langsam macht sich ein ordentliches Hungergefühl in uns breit, und wir möchten in Bad Orb einkehren. Wir entscheiden uns für das **Restaurant Le Piccole Gioie (Weißes Ross) ❸** am Marktplatz und gönnen uns auf der Terrasse einen herzhaften Flammkuchen mit Speck und Zwiebeln.

Zur Mittagszeit steigen die Temperaturen an, sodass wir uns so langsam nach einer ordentlichen Erfrischung sehnen. Als Erstes erreichen wir über

Für die Seele

Wir atmen im schattigen Wald die kühle, frische Luft ein und stürzen uns in der Sommersonne von einem Wasserspaß zum nächsten.

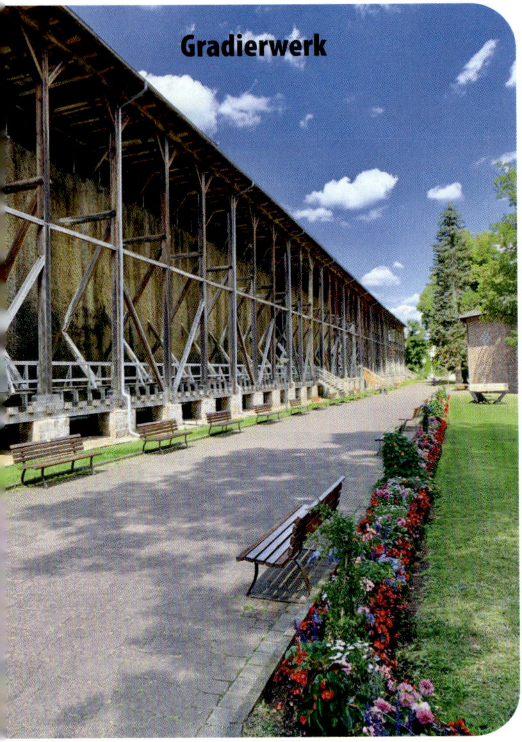

die Hauptstraße den **Salinenplatz,** der uns mit seinen auf- und absteigenden Wasserfontänen zu einem Barfußtanz auffordert. Am Eingang des Kurparks orientieren wir uns rechts und erblicken das imposante **Gradierwerk ❹,** in dem die Bad Orber Sole über hohe Schwarzdornreißig-Wände zu Boden rieselt. Beeindruckt erklimmen wir die Stufen des mächtigen Freiluft-Inhalatoriums und atmen den gesunden, salzhaltigen Solenebel ein, wobei vor allem die engen, dunklen Wandelgänge im Inneren für reichlich Abkühlung sorgen.

Ein paar Meter weiter entdecken wir einen prächtigen **Märchenthron ❺,** der von einem farbenfrohen Blumenbeet umsäumt ist. Wer immer schon mal König oder Königin sein wollte, sollte unbedingt Platz nehmen und sich für die Ahnengalerie verewigen lassen. Nach dem Fotoshooting umrunden wir den malerischen **Kurparkweiher ❻,** in dem eine Wasserfontäne fröhliche Luftsprünge vollführt. Ein paar Schritte vom See entfernt lädt uns eine Kneippanlage dazu ein, in ihrem eisig kalten Wasser ein paar Runden zu drehen. Spätestens wenn wir am **Naturerlebnisbad ❼** vorbeikommen, gibt es für uns kein Halten mehr: Wir kaufen ein Ticket und stürzen uns kurze Zeit später vom Felsensprungturm in den gepflegten Naturbadeteich. Was für ein wundervoll erfrischendes Gefühl! Von einer Sekunde auf die andere erwecken wir selbst die verschlafensten Lebensgeister in uns und spendieren ihnen eine extra Portion Energie. Danach räkeln wir uns auf der Liegewiese ge-

Einst existierten in der Saline Orb zehn ***Gradierwerke.*** *Die einzige heute noch erhaltene Anlage wurde 1806 errichtet und diente ursprünglich der Salzgewinnung. Mit einer Länge von 155 Metern und einer Höhe von 18 Metern ist es das größte Gradierwerk Hessens.*

nüsslich in der Sonne, bis sich die Wassertropfen auf unserer Haut in Luft aufgelöst haben.

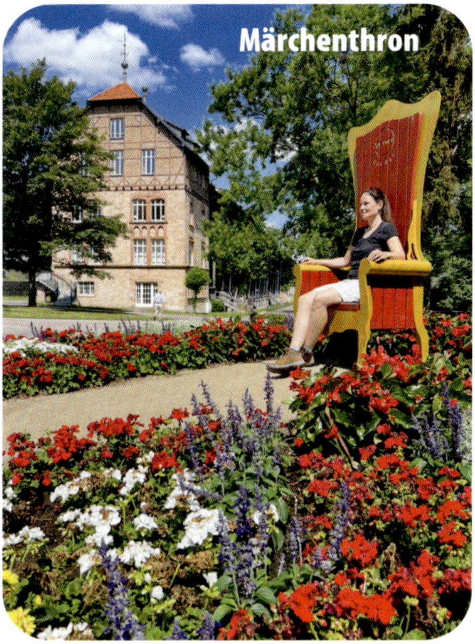
Märchenthron

Das letzte Stück unserer Tour legen wir auf dem **Barfußpfad entlang der Orb** **8** spontan ohne Schuhe und Strümpfe zurück. Was sich an den nackten Fußsohlen zunächst pieksig und kitzelig anfühlt, weicht langsam, aber sicher einer wohligen Entspannung. Wir nehmen Hautkontakt mit dem Untergrund auf und erfühlen präzise jede kleine Unebenheit. Sobald wir uns sicherer fühlen, waten wir im klirrend kalten Bach, balancieren schwankend auf Holzpfählen und graben unsere Zehen in ein knirschendes Kieselsteinbeet ein. Doch es kommt noch besser: Höhepunkt unserer Barfußtour ist das 70 Meter lange Schlammfeld, in dem wir knietief im Morast stecken. Dass hier vor

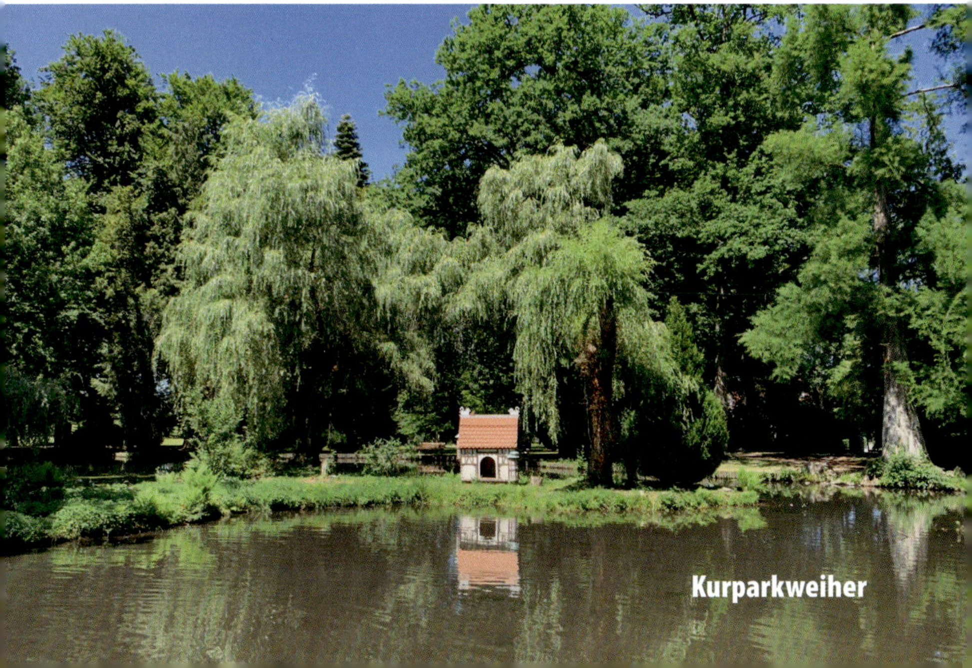
Kurparkweiher

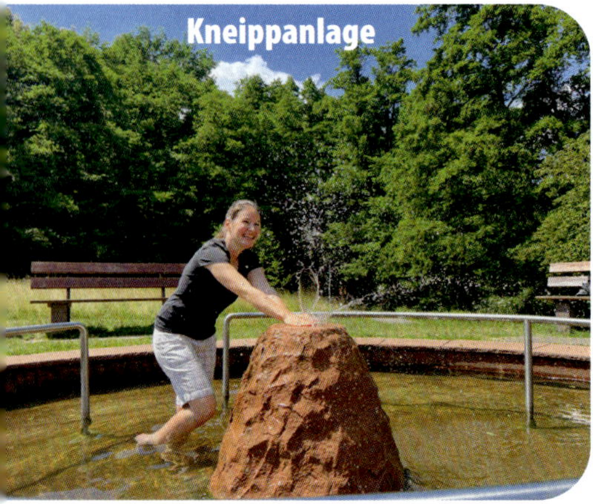

allem die Kleinen einen Heidenspaß haben, dürfte klar sein.

An der reizvoll gelegenen **Kneippanlage Orbtal** 9 gönnen wir uns ein letztes Mal eine Erfrischung und erreichen wenige Meter weiter den Ausgangspunkt unserer Tour. Jetzt haben wir sogar noch etwas Zeit, um uns den angrenzenden **Wildpark** 10 anzusehen und auf dem Rückweg einen Zwischenstopp im über 100 Jahre alten **Café Waldfriede** 11 einzulegen.

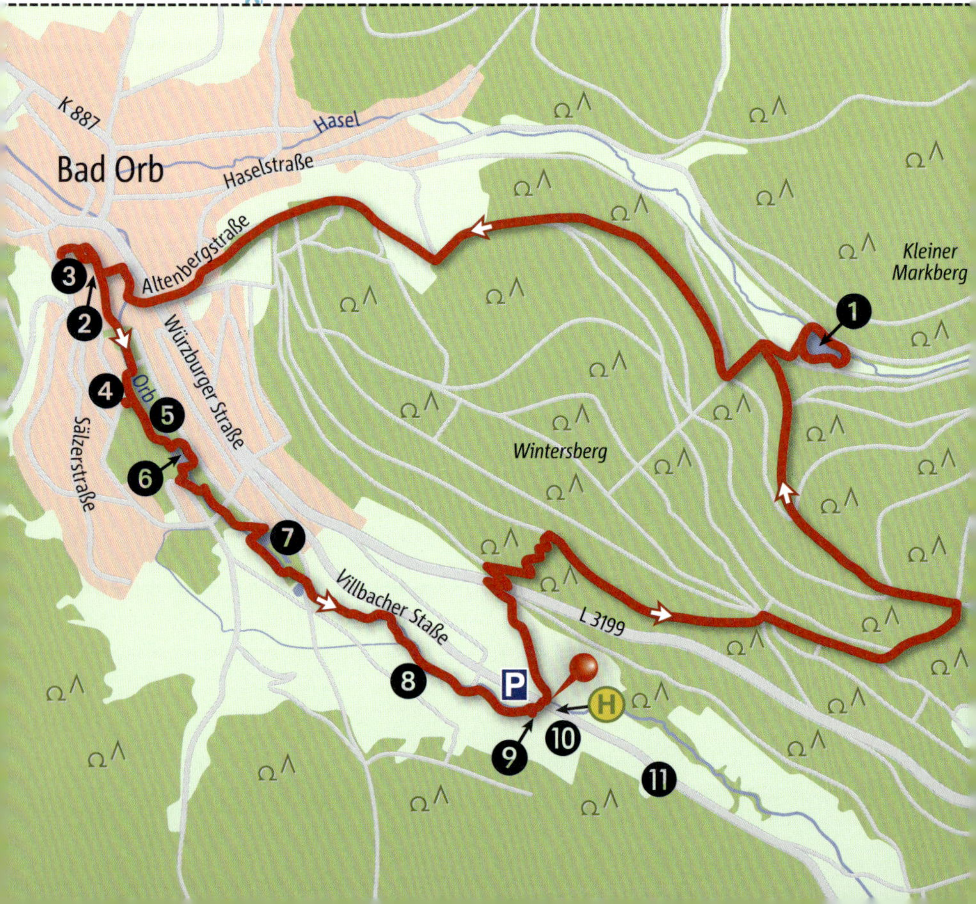

Alles auf einen Blick

WIE & WANN:
Waldwege und Pfade, asphaltierte Wege; beste Wanderzeit von April bis Oktober

HIN & WEG:
Auto: Parkplatz am Wildpark, 63619 Bad Orb (GPS: 50.21105, 9.37233)
ÖPNV: Bus MKK82 oder MKK83 von Bad Orb Busbahnhof nach Bad Orb, Haltestelle Bad Orb Wildpark

ESSEN & ENTSPANNEN:
Le Piccole Gioie (Weißes Ross) ❸ Marktplatz 4–6, 63619 Bad Orb, Tel. (0 60 52) 9 27 67 21, www.le-piccole-gioie.de
Café Konditorei & Gästehaus Waldfriede ⓫ Villbacher Straße 48, 63619 Bad Orb, Tel. (0 60 52) 22 86, www.cafe-waldfriede.de

ENTDECKEN & ERLEBEN:
Haselweiher ❶
Altstadt Bad Orb ❷
Gradierwerk ❹
Märchenthron ❺
Kurparkweiher ❻
Naturerlebnisbad ❼
Barfußpfad entlang der Orb ❽
Kneippanlage Orbtal ❾
Wildpark ❿

Entspannung ✱✱✱✱✱
Genuss ✱✱✱✱✱
Romantik ✱✱✱✱✱

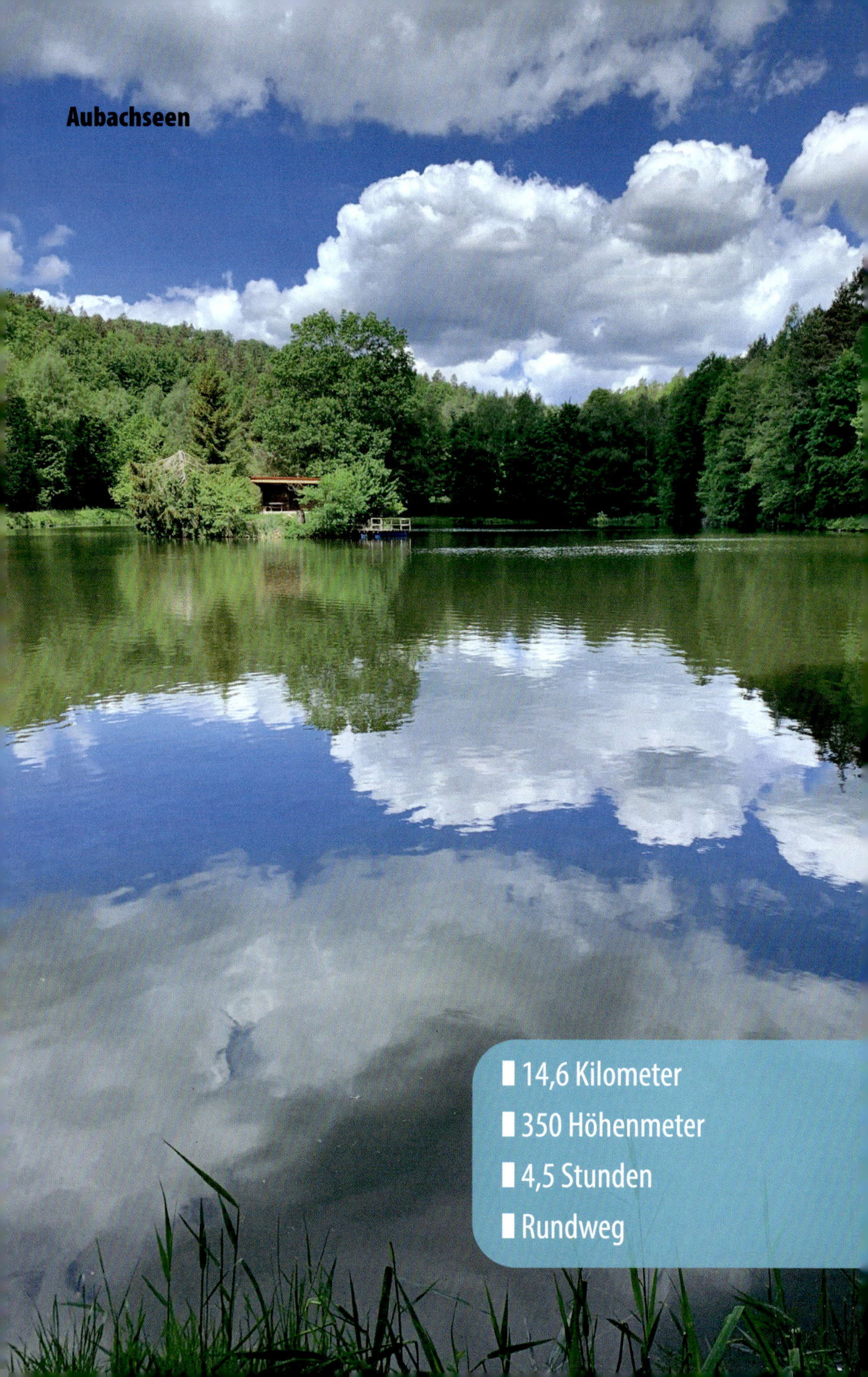
Aubachseen
14,6 Kilometer
350 Höhenmeter
4,5 Stunden
Rundweg

Im Spessart gibt es eine ganze Reihe frei zugänglicher Wildparks, in denen wir Hirsche, Rehe und Wildschweine aus nächster Nähe bewundern können. An einem der schönsten Wildgehege, dem Tierpark im Bächlesgrund bei Heigenbrücken, beginnt und endet heute unsere Wanderung.

Wir starten unsere Rundtour am Wanderparkplatz in nördliche Richtung. Nachdem wir den Kinderspielplatz und den Kiosk passiert haben, folgen wir zunächst der Markierung **Spessart Weg 3** auf einem Wiesenweg leicht bergan, bis auf einem Schotterweg die Markierung des **Sieben-Grotten-Wegs** – ein weißes M in einer blauen Raute – hinzukommt. Beide Markierungen lotsen uns etwa 1 Kilometer nach Tourstart auf einen schwer erkennbaren Wiesenpfad zu unserer Rechten und führen uns einmal quer durch den idyllischen **Bächlesgrund.** Auf der anderen Seite schlüpfen wir in den Wald hinein, wo wir an der gefassten Bächlesquelle auf die 1955 errichtete **Große Mariengrotte** ❶ stoßen. Auf einer der Ruhebänke lauschen wir andächtig dem tröstlichen Plätschern des Bachs und betrachten nachdenklich die Dankesbekundungen der Gläubigen, deren Gebete von der heiligen Maria erhört worden waren.

*Früher stellten die **Wildgehege** im Spessart sicher, dass den Landesherren stets genug frisches Fleisch zur Verfügung stand. Zudem wurden die Tiere für die Hofjagden gezüchtet. Heute begeistern die Wildparks vor allem Familien mit kleinen Kindern.*

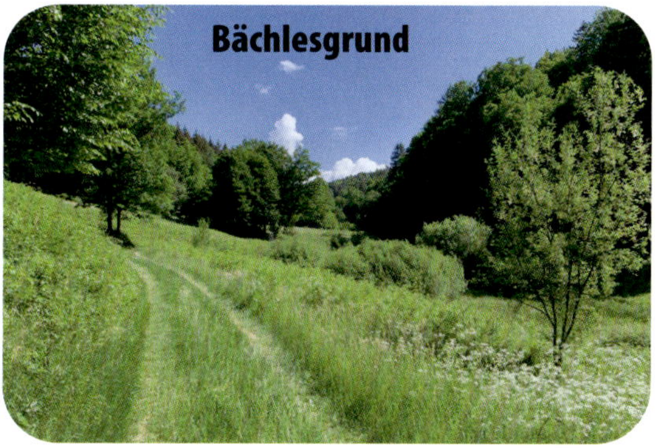

Bächlesgrund

Sinneswandeln

Ins herzerfrischende Aubachtal

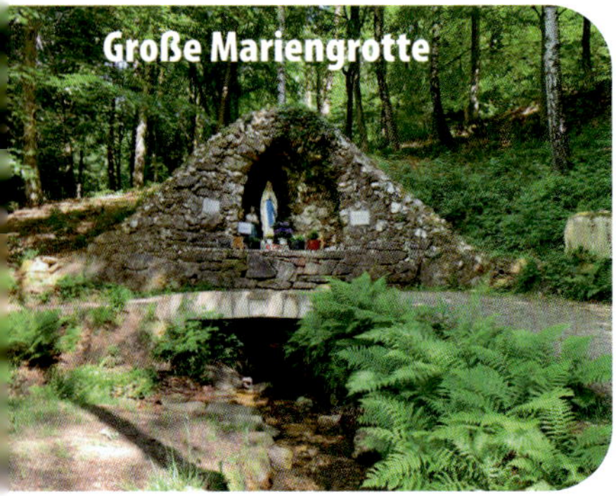

Große Mariengrotte

Ab jetzt marschieren wir auf herrlich facettenreichen Naturpfaden stetig den Hang hinauf. Von einem angsteinflößenden Räuberwald, wie wir ihn aus den Erzählungen kennen, ist hier reichlich wenig zu merken. Stattdessen fühlen wir uns inmitten der hellgrün leuchtenden Buchen so geborgen und dankbar, dass wir sie am liebsten umarmen würden. Zu verrückt? Ach, Quatsch, sieht uns ja keiner. Vorsichtig schlingen wir unsere Arme um einen dicken Baustamm, schließen die Augen, drücken uns ganz fest gegen das Holz, tasten. Wir lauschen dem liebevollen Flüstern der Blätter und atmen so lange tief ein und aus, bis sich eine angenehme Entspannung in uns einstellt.

Der baumreiche Spessart eignet sich hervorragend zum ***Waldbaden.*** *Das Umarmen von Bäumen ist nachweislich gut für Körper, Geist und Seele: Unter anderem soll es Stress reduzieren, den Blutdruck senken und das Immunsystem stärken.*

Mit neuer Lebensenergie stapfen wir weiter bergan, wobei wir mehrmals Forstwege kreuzen und an jeder Abzweigung aufmerksam nach unseren Markierungen Ausschau halten. Am **Wegweiserstandort Baßhöhe** haben wir vorerst den höchsten Punkt erreicht und lassen uns von naturbelassenen, zum Teil wurzeligen Pfaden durch lichten Nadelwald bergab Richtung Habichsthal tragen. Wenn sich der Spessart Weg 3 an einem Forstweg vom Sieben-Grotten-Weg trennt, folgen wir nur noch der blauen Raute mit dem weißen M. Gut sichtbar windet sich der mit Wurzeln durchzogene Pfad den kargen Hang vor uns empor. Nach einem kurzen Anstieg wandern wir ein gutes Stück flach dahin und schlagen uns nach einer Linksschleife und einer farnbewachsenen Lichtung am **Holzschild Ameisenhart** links in den Wald hinein. Wir befinden uns jetzt auf dem alten Kirchweg, den die Bewohner der umliegenden Ortschaften bis 1868 ganzjährig benutzen mussten, um sonn- und feiertags die obligatorische Messe in der Pfarrei Wies-

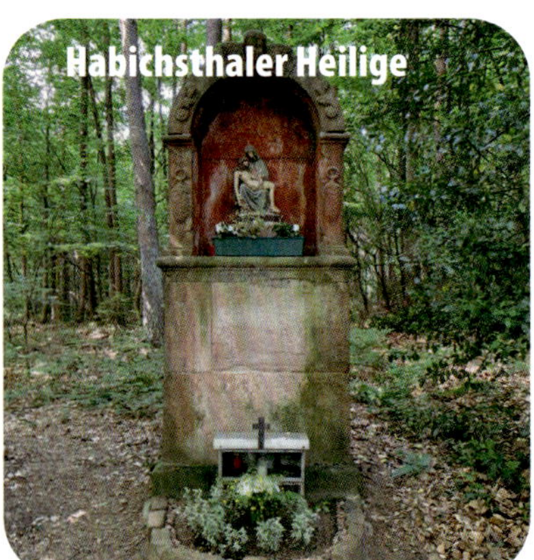

Habichsthaler Heilige

thal zu besuchen. Der **Habichsthaler Heilige,** vor dem wir stehen, ist nur einer von mehreren Bildstöcken aus dieser Zeit, an denen die Gläubigen auf den bis zu zweistündigen Fußmärschen gebetet und gerastet haben.

Im weiteren Tourenverlauf blicken wir immer mal wieder achtsam nach links und rechts. Zwischen den Baumstämmen können wir nämlich einige gigantische Ameisenhügel erspähen, auf denen ein wimmeliges Gewusel herrscht. Das Nadelbaum-Terrain stellt für die winzigen Waldarbeiter einen idealen Lebensraum dar: Sie stärken sich hier am süßen Waldhonig, den die Läuse auf den Tannennadeln ausscheiden.

An einer Weggabelung schlendern wir weiter geradeaus den Hügel hinab und sagen dem Sieben-Grotten-Weg an der folgenden Abzweigung ade, indem wir uns scharf rechts halten und auf dem Forstweg über den **Rubengrund** weiter abwärts spazieren. Wir erreichen die Landstraße MSP 21 und erspähen auf der anderen Straßenseite zwischen Blätterwerk versteckt wieder die Markierung Spessart Weg 3. Ein Wiesenpfad bringt uns dann ins Aubachtal, das zum insgesamt 350 Hektar großen Naturschutzgebiet **Spessartwiesen** ❷ gehört. Wir lassen unsere Blicke über die weiten Nasswiesen gleiten und lauschen dem lauten Quaken der Frösche.

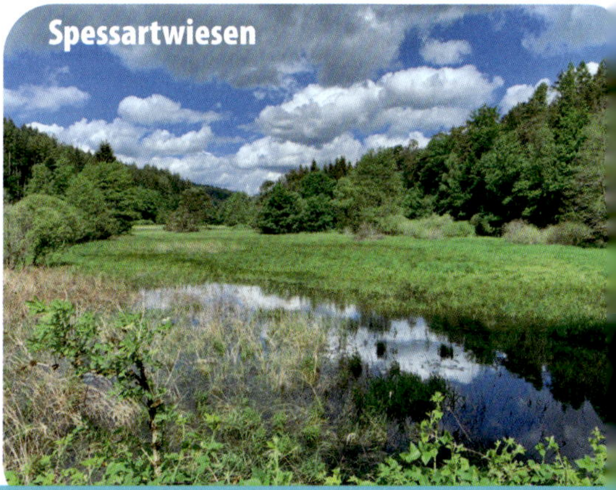

Spessartwiesen

Für die Seele

Wir erleben den Spessartwald als geduldigen Seelentröster und nutzen den beruhigenden Anblick der Seen als stimulierendes Lebenselixier.

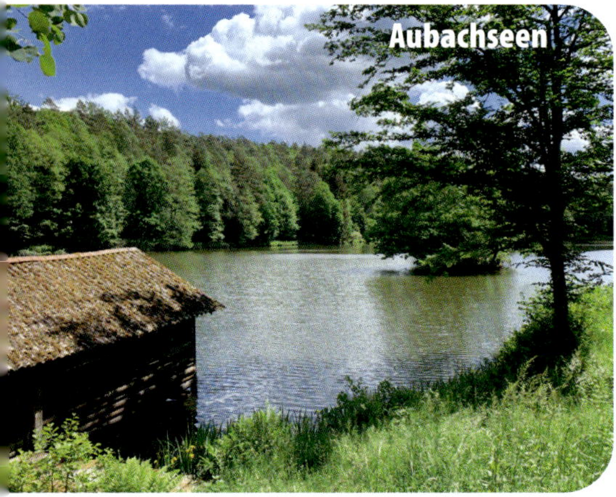

Nachdem wir das Sumpfgebiet passiert haben, orientieren wir uns links und lassen uns vom rauschenden **Aubach** bis zu den drei **Aubachseen** ❸ begleiten. Zum Unteren Aubachsee steigen wir über einen kurzen, steilen Pfad hinab und gelangen am Uferweg entlang zum Mittleren Aubachsee, den in der Mitte eine kleine Insel ziert. Hier halten wir uns links, wo wir uns auf einer Rastbank am Ufer niederlassen. In Anbetracht der zauberhaften Waldseekulisse erleben wir einen wertvollen Moment der Vollkommenheit, den wir noch lange im Gedächtnis behalten werden. Wir setzen unseren Weg am linken Ufer fort und biegen nach dem Oberen Aubachsee links zum **Gasthaus Fischerhütte** ❹ ab. Anders als der Name vermuten lässt, stehen hier nicht nur leckere Fischgerichte, sondern auch Schnitzel, Steaks und Bratwürste auf der Speisekarte.

Das Rad der alten ***Habichsthaler Mühle*** *wiegt eine Tonne und hat einen Durchmesser von 3,4 Metern. Die Mühle stammt aus dem Jahr 1835 und wurde noch bis in die Mitte des 20. Jahrhunderts genutzt.*

Wir kehren an den Aubach zurück und setzen unseren Weg mit der Markierung **rotes Dreieck** Richtung Habichsthal fort. Ein Wiesenpfad leitet uns an einem verträumten Weiher vorbei und mündet in einen asphaltierten Weg, der uns zur alten **Gemeindemühle Habichsthal** ❺ bringt. Nach einem Restaurierungsprojekt engagierter Bürger dreht das Mühlenrad seit 2017 wieder unentwegt seine Runden.

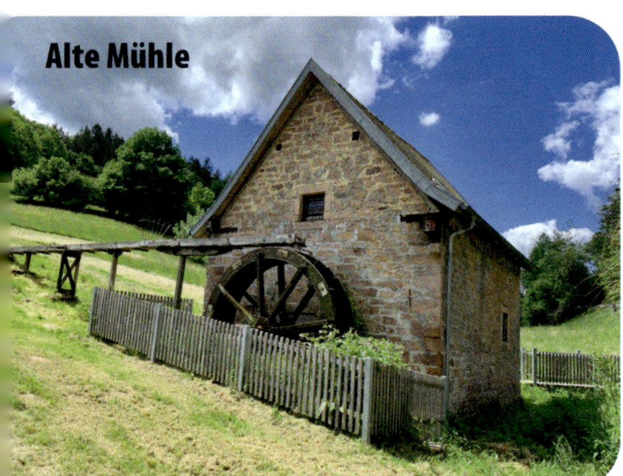

Entlang des Mühlgrabens gelangen wir schließlich zum Frammersbacher Ortsteil **Habichsthal** und folgen der **Dorfstraße** bis zum **Gasthaus Zur Frischen**

Quelle 6, das mindestens genauso empfehlenswert ist wie die Fischerhütte. In der Dorfmitte erreichen wir die überdachte, hohle Dorflinde 7, deren Alter auf stolze 400 bis 500 Jahre geschätzt wird. Auf einer Treppe passieren wir die Kirche St. Thekla und orientieren uns im nächsten Abschnitt unserer Tour geradeaus am roten Querbalken. In Verlängerung des Heigenbrückener Wegs steht uns jetzt noch einmal ein langer, anstrengender Anstieg zum Heinrichsthaler Forst bevor.

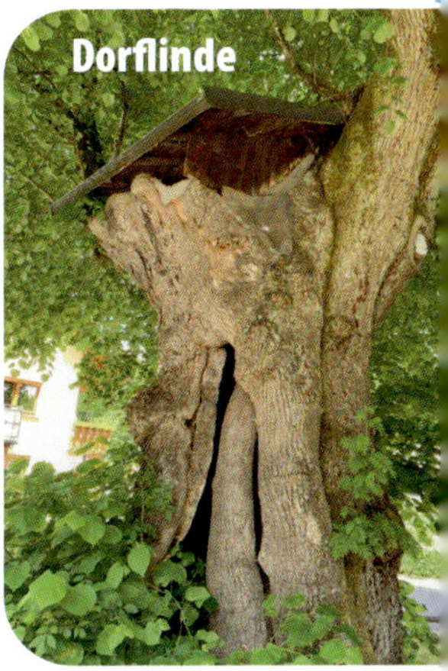
Dorflinde

Kurz nachdem wir den Wald auf einem naturbelassenen Pfad betreten haben, erreichen wir am Wegweiserstandort Sandkopf den höchsten Punkt unserer Tour. Weiter dem roten Querbalken folgend, marschieren wir von jetzt an auf weichen Naturpfaden schnurgerade den Hügel hinab Richtung Heigenbrücken. Doch noch bevor wir den Ort erreichen, orientieren wir uns an einem Forstweg links und folgen der Markierung schwarze Feder. Schon bald trennen wir uns vom breiten Waldweg, indem wir nach rechts auf einen weichen Pfad schwenken. Inmitten wogender Grashalme genießen

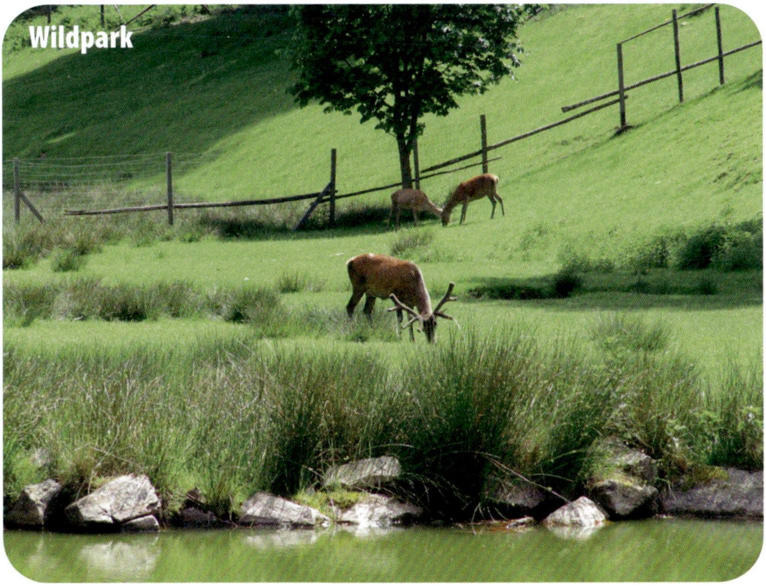
Wildpark

wir den **wundervollen Blick 8** auf die Ortschaft im Tal. An einem asphaltierten Weg halten wir uns rechts, schlendern den Hügel hinab und biegen am **Wegweiserstandort Kleine Grotte** links ab. Nach 200 Metern folgen wir an einer Rastbank dem abschüssigen Pfad zu unserer Rechten und erreichen kurz darauf das Heigenbrückener Wildparkgelände – unseren Ausgangspunkt.

Nachdem wir uns am **Kiosk 9** mit Kaffee und Kuchen belohnt haben, richten wir zum Schluss unsere Aufmerksamkeit auf die 10 Hektar große **Wildparkanlage 10,** in der majestätische Hirsche ihre prachtvollen Geweihe zur Schau tragen. Wem das nicht abenteuerlich genug ist, kann seinen Mut im **Kletterwald 11** neben dem Wildpark unter Beweis stellen.

*Im Frühjahr gehört der Besuch des **Wildschweingeheges** zum Pflichtprogramm. Denn dann wuseln Dutzende niedliche Frischlinge zwischen Keilern und Bachen umher. Kaum zu glauben, dass aus denen später mal respekteinflößendes Borstenvieh werden soll.*

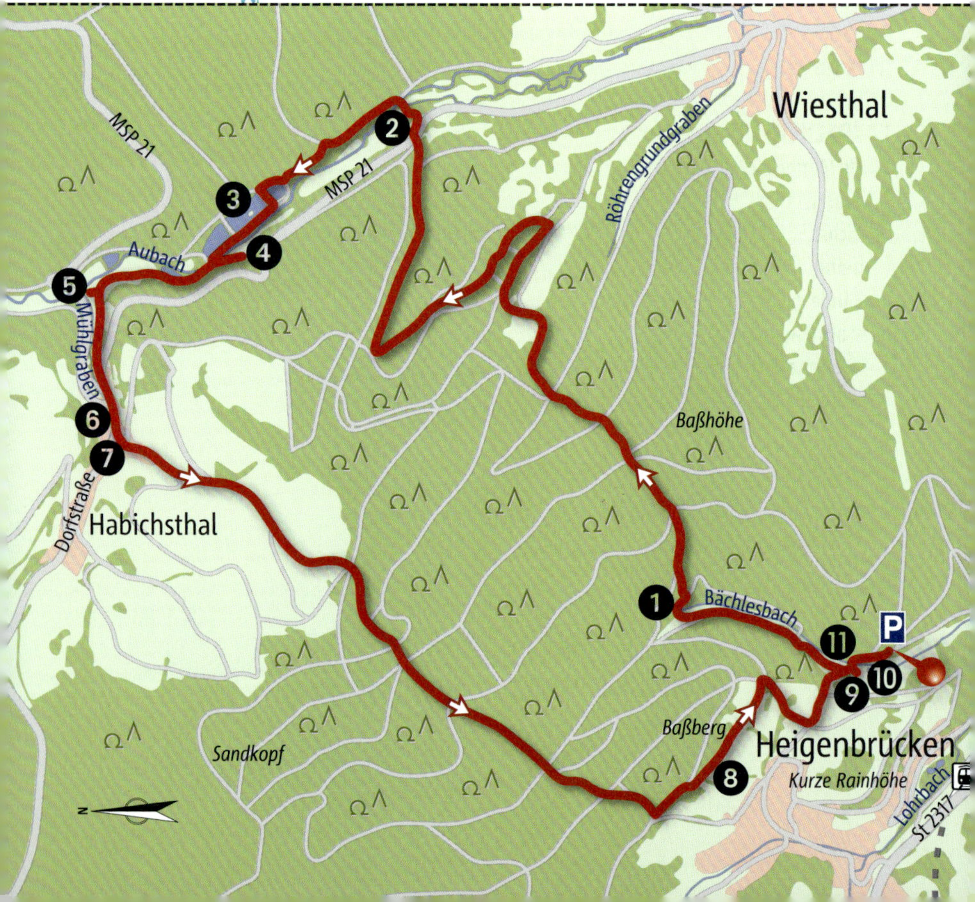

Alles auf einen Blick

WIE & WANN:
Überwiegend Waldwege und -pfade, wenige asphaltierte und gepflasterte Wege; beste Wanderzeit von April bis Oktober

HIN & WEG:
Auto: Parkplatz Wildgehege Heigenbrücken, Bächlesgrund, 63869 Heigenbrücken (GPS: 50.02654, 9.38871)
ÖPNV: Zug RE 54 von Würzburg Hauptbahnhof oder Frankfurt Hauptbahnhof nach Heigenbrücken Bahnhof, Zuweg vom Bahnhof zum Wildpark über die Verlängerung Am Kurpark

ESSEN & ENTSPANNEN:
Gasthaus Fischerhütte ❹ Am Ausee, 97833 Frammersbach, Tel. (0 60 20) 17 16, www.habichsthal.de
Zur Frischen Quelle ❻ Dorfstraße 10, 97833 Frammersbach, Tel. (0 60 20) 13 93, www.diefrischequelle.de
Kiosk am Wildpark ❾ Am Wildpark, 63869 Heigenbrücken, Tel. (01 79) 4 54 58 68

ENTDECKEN & ERLEBEN:
Große Mariengrotte ❶
Spessartwiesen ❷
Aubachseen ❸
Gemeindemühle Habichsthal ❺
Dorflinde ❼
Blick auf Heigenbrücken ❽
Wildgehege ❿
Kletterwald ⓫

Entspannung ★★★★☆
Genuss ★★★★☆
Romantik ★★★★★

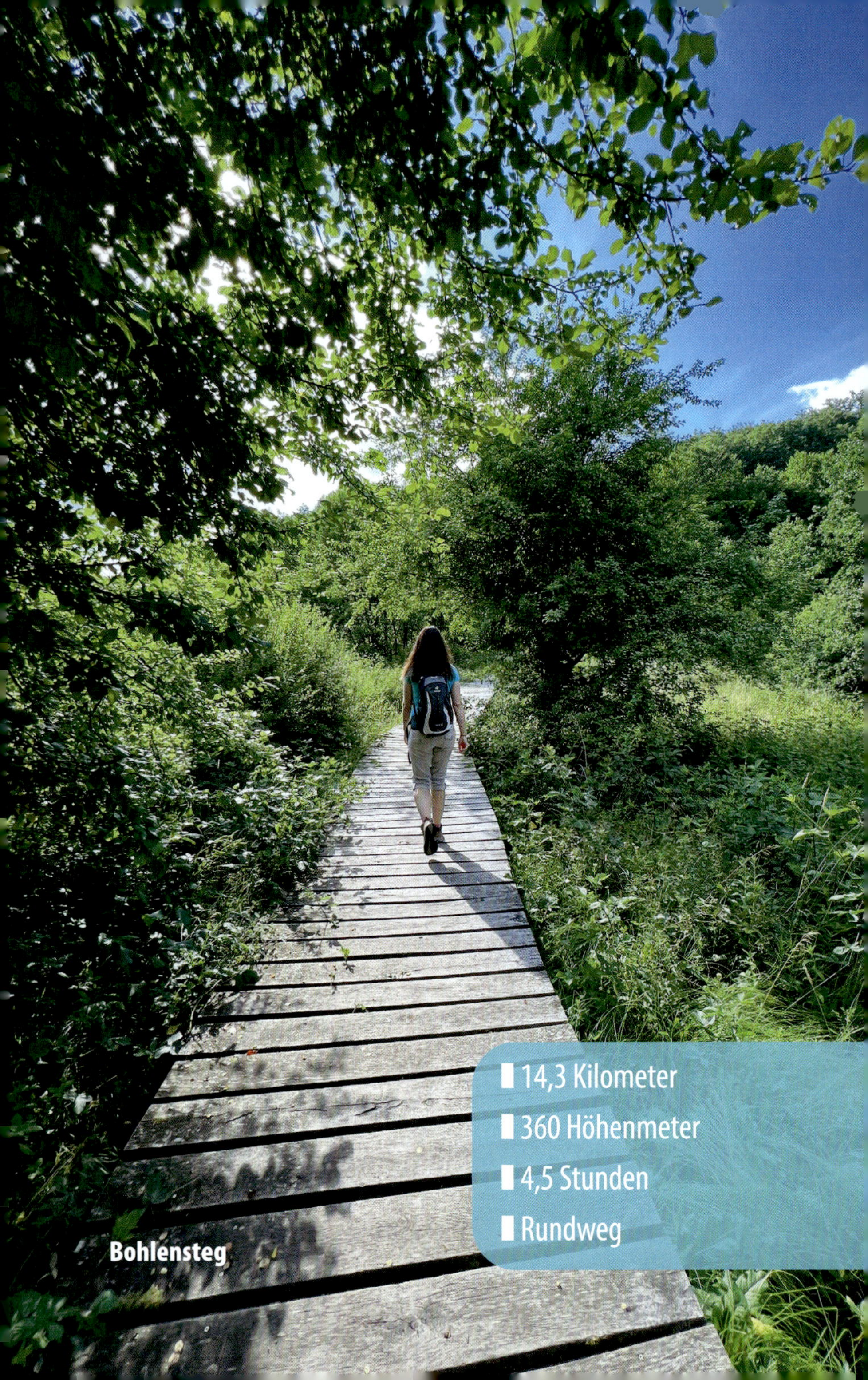

Bohlensteg

Der Wanderparkplatz nahe der **Freizeitanlage Am Setzborn** in Rothenbuch ist Ausgangspunkt unserer abwechslungsreichen Wandertour durch den Hochspessart. Begleitet vom sanften Geplätscher der **Hafenlohr** spazieren wir gemütlich entlang des Bachlaufs am Sportgelände vorbei und werfen hinter dem Spielplatz auf einer kleinen Anhöhe zu unserer Linken einen neugierigen Blick auf den beschaulichen **Setzbornsee ❶.** Auf unserem weiteren Weg überqueren wir zwei Holzbrücken und entscheiden uns an der folgenden Weggabelung für den Pfad zu unserer Linken. Über eine kleine Treppe gelangen wir zur **Setzbornstraße,** der wir rechter Hand folgen, bis wir links in die **Schulstraße** abbiegen. Am Rathaus angekommen, halten wir uns rechts und bestaunen auf dem **Schloßplatz** den schmucken **Dorfbrunnen** sowie das malerische **Schloss Rothenbuch ❷.**

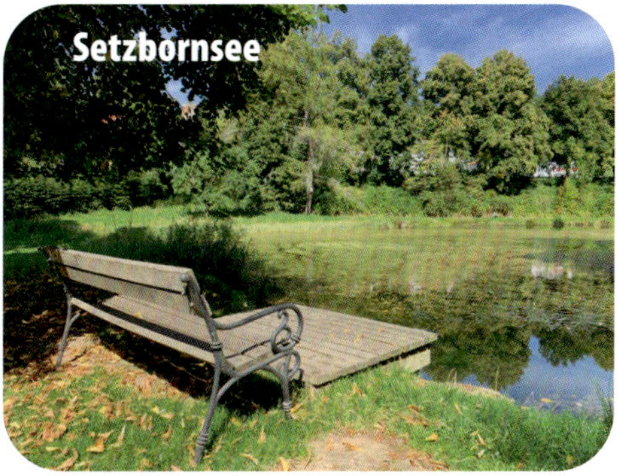
Setzbornsee

Nachdem wir den historischen Gebäudekomplex passiert haben, überqueren wir die **Hauptstraße,** wenden uns nach rechts und biegen gleich darauf links in die **Wächterstraße** ab. Jetzt beginnt der erste anstrengende Anstieg unserer Wandertour, den wir auf dem ausgeschilderten **Hasenstabweg** zurücklegen. Wir wandern links in die **Ölberg-Gasse** und nach einem Linksknick rechts den Hügel hinauf. Sobald wir die Siedlung

*1567 ließ der Mainzer Kurfürst Daniel Brendel von Homburg das Rothenbucher Jagdschloss, das aus dem frühen 14. Jahrhundert stammt, zu einem **Wasserschloss** umbauen. Heute beherbergt die vierflügelige Anlage ein Tagungshotel und ein Restaurant.*

Bäche und Biber

Von Rothenbuch zur Lichtenau

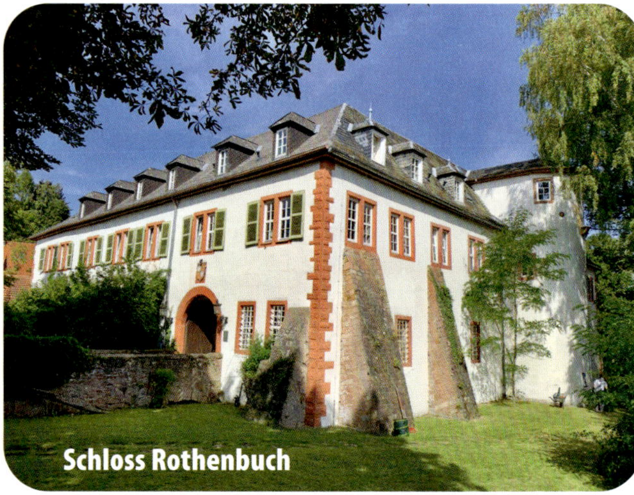

Schloss Rothenbuch

im Rücken haben, setzen wir unsere Tour geradeaus auf dem von Laubbäumen umgebenen Wanderweg fort. Schon bald lichtet sich das Blätterdach über unseren Köpfen wieder und uns offenbart sich an der **Mariengrotte** ❸ über eine Pferdekoppel hinweg ein herrlicher Ausblick auf den roten Sandsteinbau der Pfarrkirche **St. Nikolaus von Myra.**

Weiter dem Wanderweg folgend, marschieren wir alsbald auf einer **Allee** zwischen frisch duftenden Wiesen hindurch. Zu unserer rechten und linken Seite säumen gleichmäßig angepflanzte Bäume den Wegesrand und spenden an warmen Sommertagen wohltuenden Schatten. Ab dem **Wegweiserstandort Heidlückentür** orientieren wir uns am Waldrand entlang Richtung Bomigsee. Wir queren einen breiten Forstweg und lassen uns leicht links von einem naturbelassenen Wanderpfad, der mit einem **roten Dreieck** markiert ist, in den Wald hineinlocken. Nach ein paar Hundert Metern folgen wir kurz einem steinigen Forstweg, bevor uns die Dreiecksmarkierung zu unserer Rechten erneut auf weichen Waldboden lenkt. Von völliger Stille umgeben genießen wir auf dem nächsten Kilometer den beschwingten Marsch abwärts und atmen dabei den aromatischen Duft von feuchtem Holz ein. Grün leuchtende, moosbewachsene Baumstümpfe geben einen stimmungsvollen Kontrast zum laubbedeckten Waldboden ab. Zwischendurch kreuzen wir einen Forstweg, den wir jedoch nicht weiter beachten.

Kurz vor unserem Etappenziel Bomigsee mündet der Naturpfad erneut in einen geschotterten Forstweg, der uns über eine Linkskurve gemächlich bergab trägt. Überrascht entdecken wir zu unserer Rechten ein kleines **Plumpsklohäuschen** aus Holz, das frei zugänglich und sogar mit einer richtigen Klobrille ausgestattet ist. So einen Komfort hat man beim Wandern selten!

Nach einer Rechtskurve erreichen wir den malerischen **Bomigsee 4**, der einst für den Holztransport angelegt wurde und heute als Naturdenkmal ausgezeichnet ist. Bereits auf den ersten Blick fällt uns auf: Irgendjemand oder -etwas treibt hier sein Unwesen. Rund um das Ufer herum ragen umgestürzte Bäume in die spiegelglatte Wasseroberfläche hinein. Die spitz zulaufenden Nagespuren an den Baumstümpfen verraten uns, dass hier fleißige Biber ganze Arbeit geleistet haben. Auch im weiteren Verlauf unserer Tour werden wir ihren Bauten immer wieder begegnen.

Durch den Bomigsee fließt der **Mäusbach 5**, dem wir nun an der

*Über Jahrhunderte hinweg waren **Biber** im Spessart ausgerottet. Erst 1987 wurden die knuffigen Öko-Baumeister im hessischen Spessart wieder angesiedelt und konnten sich seitdem weiträumig ausbreiten. Biber und Biberbauten stehen unter Naturschutz.*

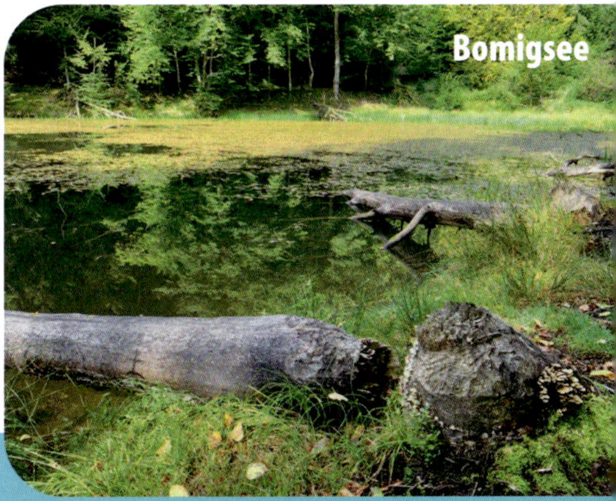

Bomigsee

Für die Seele

Wir horchen in die Stille des Waldes hinein und lauschen dem fröhlichen Surren der Libellen, die an den Seen und Bächen um unsere Beine herumtanzen.

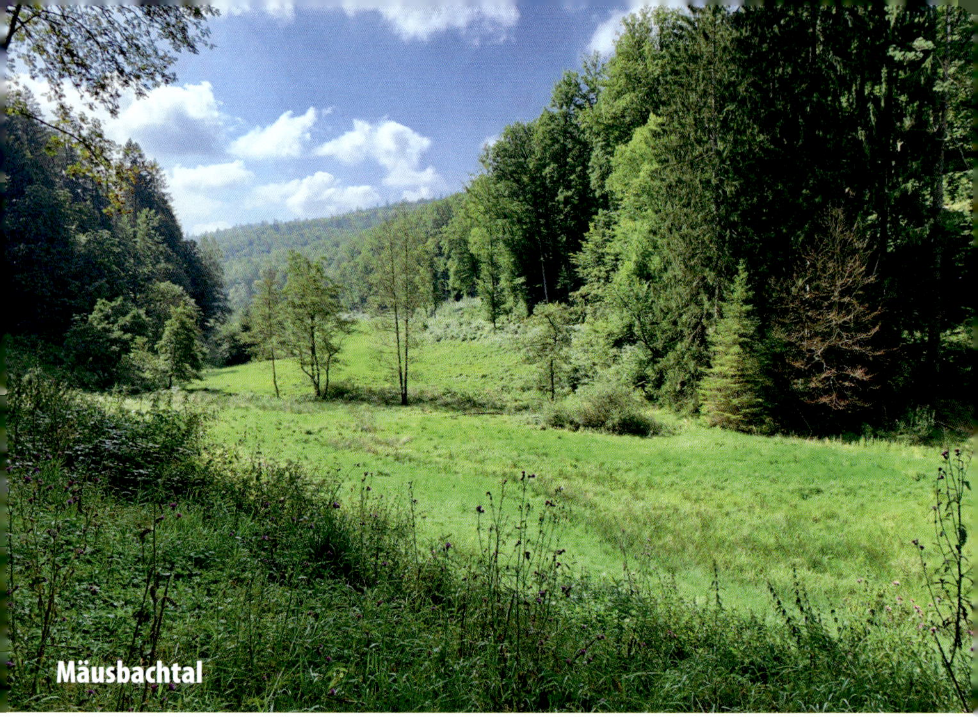

Mäusbachtal

linken Uferseite auf einem geschotterten Forstweg weiter talwärts folgen. Rechts von uns eröffnet sich ein weiter, saftig-grüner Bachgrund, über den wir unsere Blicke schweifen lassen. Im weiteren Verlauf schmiegt sich der Wasserlauf enger an unseren Wanderweg und begleitet uns bis zum zweigeteilten **Eichsee 6.**

Nachdem wir den ehemaligen Triftweiher passiert haben, queren wir die **Hafenlohrtalstraße AB6** und legen linker Hand etwa 700 Meter auf dem Seitenstreifen entlang des kaum befahrenen Landsträßchens zurück. Unser Ziel ist der urige **Gasthof Hoher Knuck 7,** dessen Wegweiserschild uns rechts über die mit einem Biberdamm verzierte Hafenlohr lotst. Schon von der Brücke aus ist das hoch aufragende Gasthaus in der Lichtenau gut zu erkennen, sodass wir uns an der folgenden Abzweigung intuitiv links orientieren und nach etwa 100 Metern die Treppen zum überdachten Biergarten hinaufstapfen. Unsere hungrigen

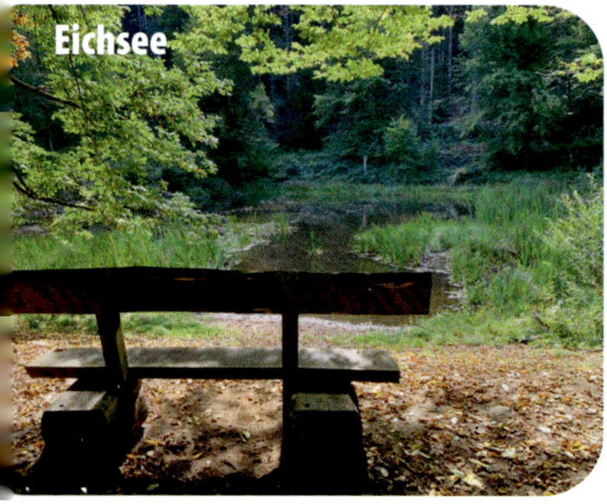

Eichsee

Mägen freuen sich über die leckere gutbürgerliche Küche mit Schweinebraten, Wildgerichten und fränkischen Weinen. Alternativ könnten wir ein Stück weiter im über hundert Jahre alten **Gasthaus im Hochspessart** 8 einkehren, in dem bereits Kurt Tucholsky nächtigte. Die Wirtschaft hat allerdings nur freitags und samstags ab dem späten Nachmittag geöffnet.

Gestärkt setzen wir unseren Weg fort, indem wir vom Gasthaus zurück zur Abzweigung gehen und dort der Markierung **roter Schrägstrich** geradeaus folgen. Wir legen ein Stück zwischen Laubbäumen und Wiesen auf einem gut ausgebauten Wanderweg oberhalb des Hafenlohrtals zurück, bleiben jedoch achtsam, um nicht den schmalen Naturpfad zu verpassen, der uns rechter Hand mit der Markierung **rotes X** zum Bach hinabträgt. Ganz dicht neben unseren Füßen fließt die **Hafenlohr** nun am Wanderpfad entlang. Abermals erfreuen wir uns an einem Biberdamm und erobern kurz darauf eine rustikale Holzbrücke, die zu einem knarzenden,

*Die **Hafenlohr** entspringt am Schloss in Rothenbuch und mündet nach 26,5 Kilometern in den Main. Das Naturschutzgebiet Hafenlohrtal beherbergt auf einer Wald- und Wiesenfläche von 71 Hektar eine artenreiche Tier- und Pflanzenwelt.*

Gasthof Hoher Knuck

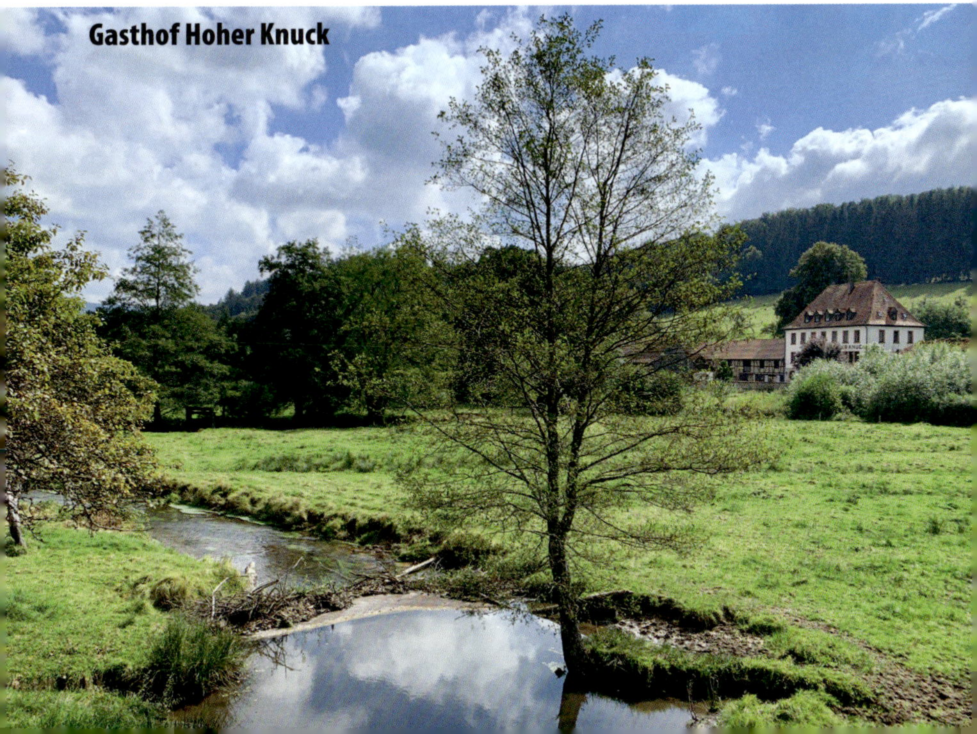

zugewachsenen **Bohlensteg** 9 inmitten wildromantischer Schafweiden überleitet. Nur widerwillig verlassen wir auf dem sich anschließenden Wiesenpfad das friedliche Tal und orientieren uns an der ersten Abzweigung rechts am roten X. Auf einem naturbelassenen Pfad wandern wir nun unterhalb der AB6, bis uns links ein steiler Abschnitt zur Landstraße hinaufbringt.

Nachdem wir die Straßenseite gewechselt haben, befinden wir uns weiter geradeaus wieder am Eichsee, dieses Mal jedoch an der anderen Uferseite. Auf halber Höhe des oberen Weihers stoßen wir auf den **Wegweiserstandort Eichsee** und folgen leicht links dem Waldpfad hinauf Richtung Heidlückentür und Rothenbuch, gekennzeichnet mit einem roten Dreieck und der **Hasenstab-Markierung.** Sind wir im Hafenlohrtal zahlreichen anderen Wanderern begegnet, empfängt uns hier erneut die erholsame Ruhe und Einsamkeit des Waldes. Schritt für Schritt arbeiten wir uns auf den nächs-

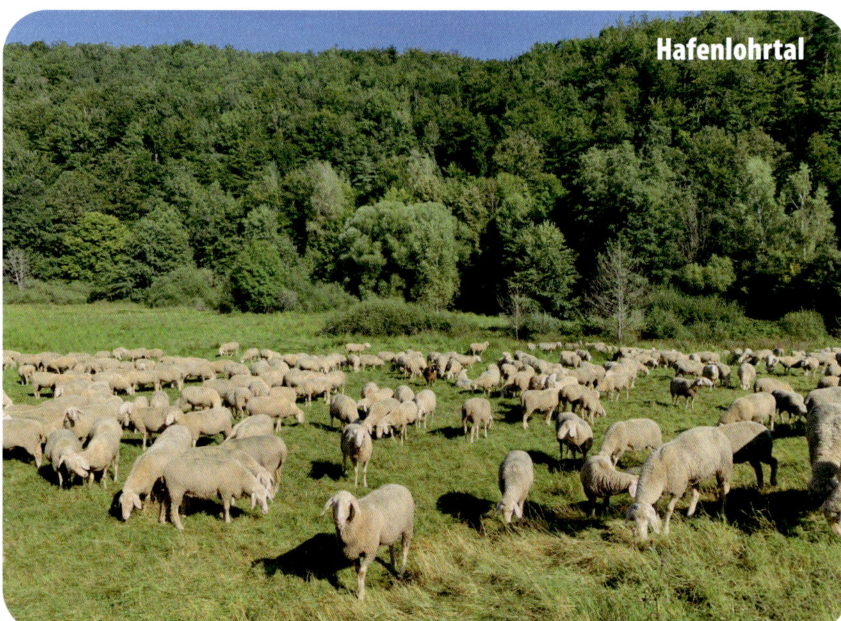

Hafenlohrtal

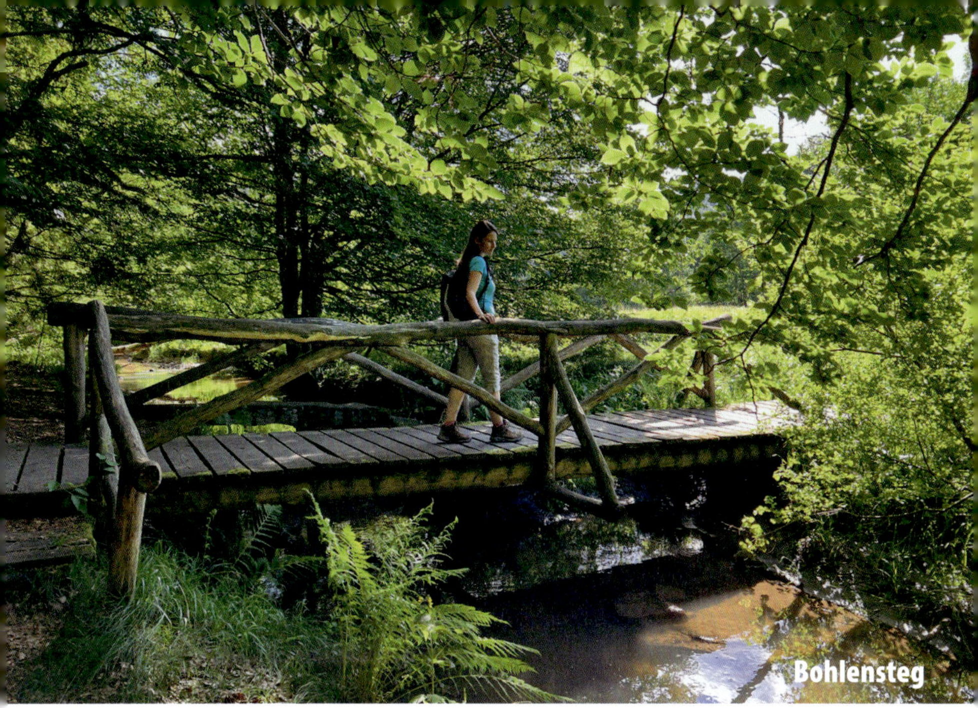

ten 2,5 Kilometern den Berg hinauf. Lediglich einzelne Sonnenstrahlen, die durch das dichte Laubdach fallen, begleiten unseren Aufstieg. Sobald wir einen geschotterten Forstweg erreichen, biegen wir links ab und treffen kurz darauf auf eine Rastbank, die uns kurz ausruhen lässt.

Wir orientieren uns rechts und folgen gleich darauf links dem runden **Panoramaweg-Zeichen.** Jetzt schlendern wir an weiten Heuwiesen und privaten Waldgrundstücken vorbei, bis uns die Panoramaweg-Route nach einem Linksknick und einer Rechtskurve am Waldrand entlangführt. Rechter Hand bietet sich uns über die Pferdekoppeln hinweg bald eine grandiose Weitsicht. Wenn wir einen kleinen **Wanderunterstand** passiert haben, sagen wir der Panoramaweg-Markierung Lebewohl und biegen nicht links ab, sondern wandern weiter geradeaus zur **Herrleshöhe ⑩,** wo sich auf saftigen Wiesen grasende Pferde und scheue Mufflons tummeln.

In einem kleinen Waldstück beginnt schließlich unser Abstieg nach Rothenbuch. Wir verlieren schnell an

Höhe und erreichen schon bald die ersten Häuser in Hanglage. Sobald wir auf den **Mittleren Herrlesbergweg** treffen, wenden wir uns nach links und sofort wieder nach rechts, um unseren Talmarsch fortzusetzen. Mit schnellen Schritten gelangen wir zum **Alterer Herrlesbergweg,** wo wir uns erneut erst links und direkt danach scharf rechts halten. Über einen steilen Wegabschnitt stoßen wir schließlich auf die **Gartenstraße** und wiederholen ein letztes Mal den uns jetzt schon vertrauten Links-Rechts-Kurs, sodass wir über die **Rolandstraße** zur Rothenbucher **Hauptstraße** gelangen. Nun biegen wir links ab und erreichen nach etwa 300 Metern auf der rechten Seite unseren Ausgangspunkt.

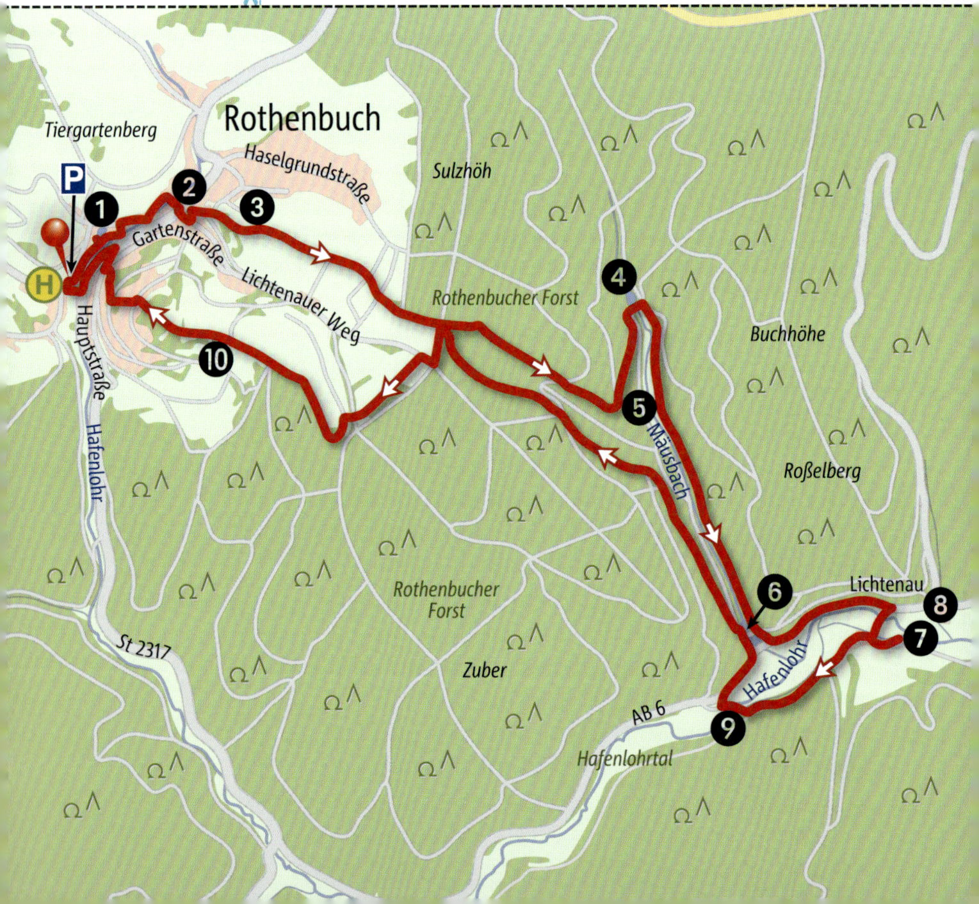

Alles auf einen Blick

WIE & WANN:
Wald-, Feld- und Wiesenwege, etliche Pfade; beste Wanderzeit von April bis Oktober

HIN & WEG:
Auto: Wanderparkplatz an der Sportanlage Am Setzborn, Ecke Baumgartenstraße/Setzbornstraße, 63860 Rothenbuch (GPS: 49.96389, 9.38962)
ÖPNV: Bus 654 von Lohr ZOB nach Rothenbuch, Haltestelle Sportplatz; Bus 42 von Aschaffenburg Hauptbahnhof ROB nach Rothenbuch, Haltestelle Sportplatz

ESSEN & ENTSPANNEN:
Hoher Knuck ❼ Lichtenau 2, 97840 Rothenbuch, Tel. (0 93 52) 13 20
Gasthaus im Hochspessart ❽ Lichtenau 3, 97840 Rothenbuch, Tel. (0 93 52) 12 28, www.gasthaushochspessart.de

ENTDECKEN & ERLEBEN:
Setzbornsee ❶
Schloss Rothenbuch ❷
Mariengrotte ❸
Bomigsee ❹
Mäusbachtal ❺
Eichsee ❻
Bohlensteg im Hafenlohrtal ❾
Weitblick auf der Herrleshöhe ❿

Entspannung ✱✱✱✱✱
Genuss ✱✱✱✱✱
Romantik ✱✱✱✱✱

Seerosenblüte

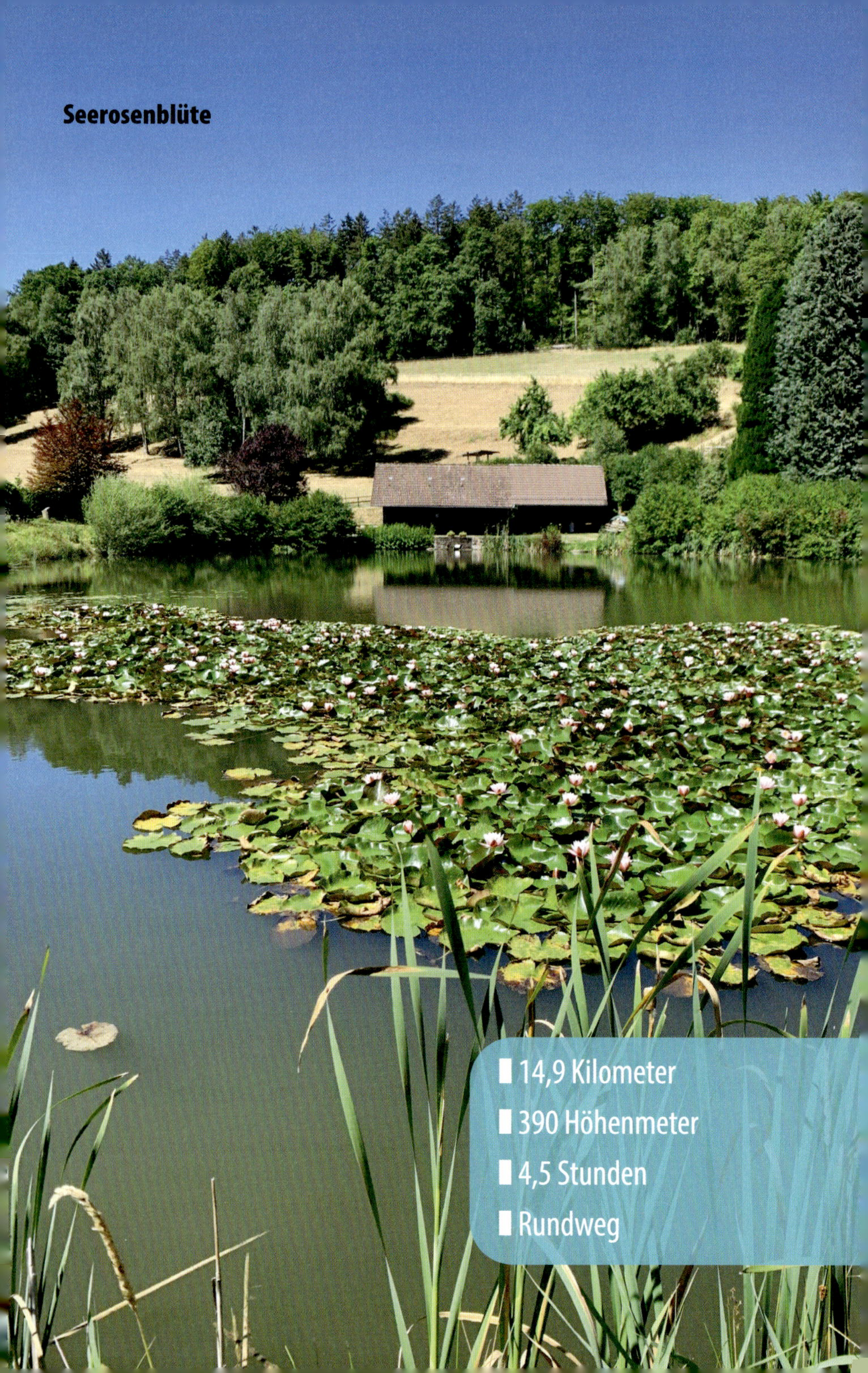

Genau wie das Meer sind Seen für viele Menschen echte Sehnsuchtsorte. Wenn sich die Sonne auf der Wasseroberfläche spiegelt, kleine Wellen Richtung Uferrand wandern und Fische zum Sprung ansetzen, stellt sich ganz schnell Entspannung ein. Auf unserer Wanderung zwischen Flörsbach und dem Naturschutzgebiet Lochborn warten gleich mehrere solcher See-Wellness-Oasen auf uns.

Für unsere Tour packen wir genügend Proviant ein, da sich uns unterwegs keine Möglichkeit zur Einkehr bieten wird. Wir starten am **Wanderparkplatz Drei Buchen** und folgen der **Spessartspur-Markierung** Richtung Hirschgrund. Auf den ersten Metern führt uns der leicht verwilderte Weg schnurgerade durch den Wald, macht dann aber einen Linksknick und bringt uns zur **Kreisstraße K 889.** Auf der anderen Straßenseite gelangen wir auf einen Forstweg und nehmen die erste Abzweigung nach links. Unbeschwert marschieren wir am schattigen Waldrand entlang und lassen unseren Blick über die weite Wiesenlandschaft ins Tal gleiten.

Sobald wir auf einen asphaltierten Wirtschaftsweg treffen, verlassen wir die Spessartspur vorübergehend und halten uns links. Während wir zügig in den Hartgrund hinabmarschieren, genießen wir die Aussicht auf das kleine Spessartdorf **Flörsbach.** Unten angekommen, orientieren wir uns links und erreichen die malerischen **Hartgrundseen ❶,** die im Sommer zum Teil mit rosa und gelb blühenden Seerosen bedeckt sind. Hier lädt uns eine kleine Parkanlage mit Sitzbänken und

Seenreich

Rund um das Wiesbüttmoor

Hartgrundseen

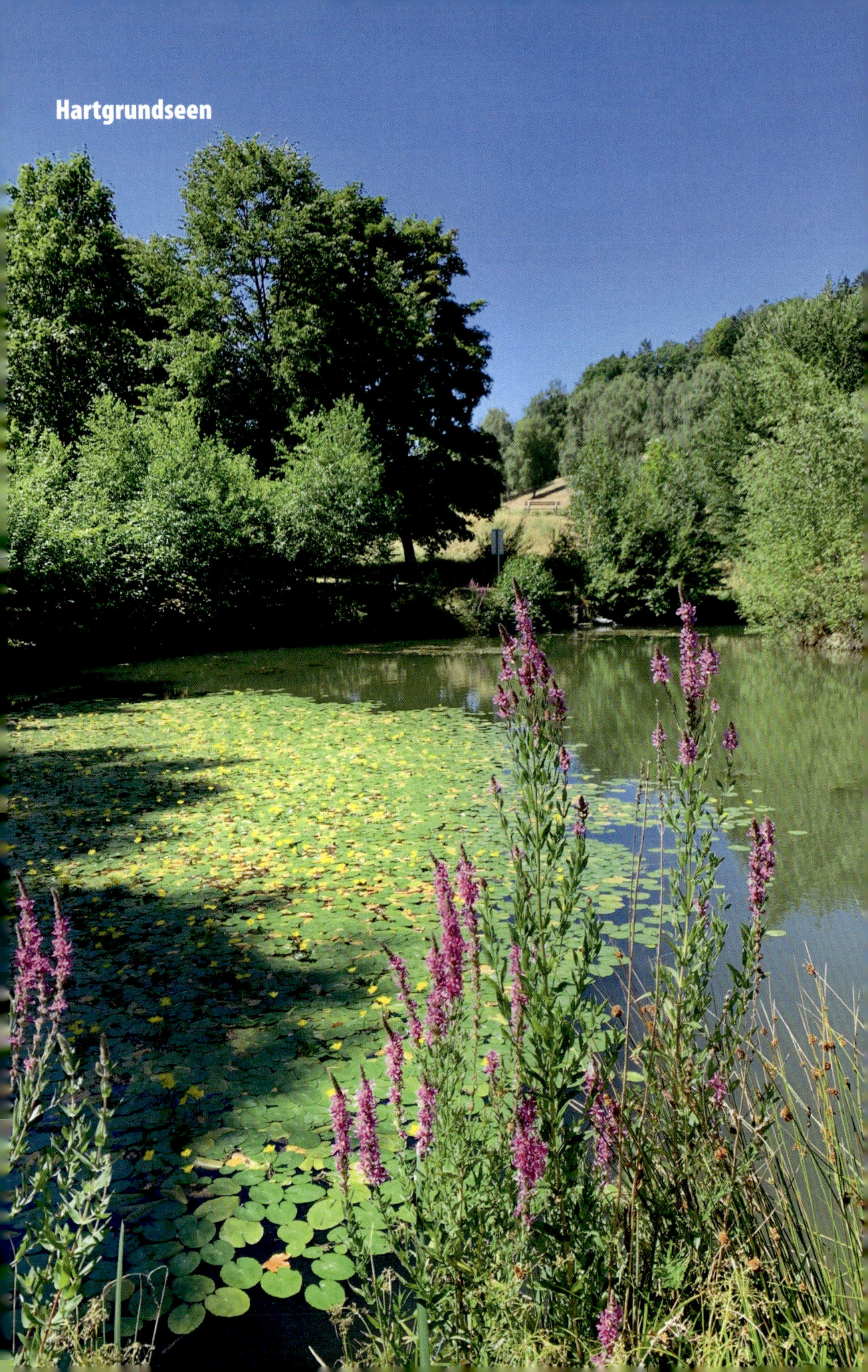

einem gepflegten Kneippbecken zur ersten Rast ein. Während wir am Uferrand genüsslich in einen Apfel beißen, blicken wir gebannt auf den See, der in der Vormittagssonne fast so schön funkelt wie ein geschliffener Diamant. Ein paar Schritte weiter erreichen wir das Wassertretbecken, befreien uns von unseren Wanderschuhen und lassen unsere Beine – nicht ohne zögerliche Schrecksekunde – langsam in das eisige Wasser hineingleiten. Spätestens jetzt sind wir wach.

Nachdem wir die Kneippanlage passiert haben, halten wir uns rechts und stapfen kurz darauf linker Hand an einer Pferdekoppel entlang den Hügel hinauf, wobei uns nun wieder die blaue Spessartspur-Markierung den Weg weist. Der asphaltierte Weg mündet in einen Wiesenweg, der uns an einem Birkenhain vorbei Richtung Wald lotst. Über einen geschotterten Forstweg und einen kurzen asphaltierten Abschnitt gelangen wir zur **Landstraße L 2905,** wenden uns dort nach links und biegen auf der anderen Straßenseite rechts in den Wald ein. Kurz darauf führt uns die Markierung links auf einen schmalen Waldpfad und leitet uns im weiteren Verlauf auf einem breiteren Waldweg den Hügel hinab.

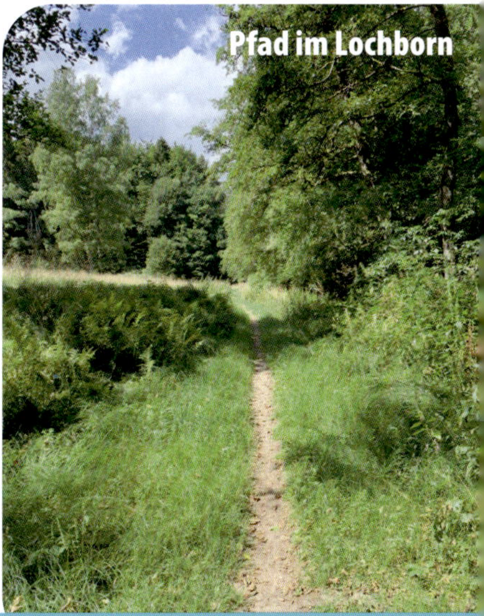
Pfad im Lochborn

Am **Wegweiserstandort Wiesbütt-Parkplatz** wechseln wir zur **Markierung des Europäischen Kulturwegs** – einem gelben EU-Schiffchen auf blauem Hintergrund. Zügig

Für die Seele

Unbeschwert ziehen wir durch die in magisches Licht getauchten Wälder und blicken am Ufer der Seen auf das grünlich schimmernde Wasser.

*Im **Lochborn** von Bieber befinden sich zahlreiche Bergbaugruben, in denen einst Erzvorkommen abgebaut und über eine Schmalspurbahn zum Bahnhof Lochmühle transportiert wurden. Der Lochborner Teich diente als Wasserspeicher für die Bergwerksmaschinen.*

wandern wir auf dem naturbelassenen Pfad steil bergab und stoßen auf einen breiten Forstweg, den wir jedoch sogleich wieder verlassen, indem wir den schmalen Pfad zu unserer Linken wählen. Während wir immer weiter in das **Naturschutzgebiet Lochborn** ❷ vordringen und beschwingt talwärts wandern, begleitet uns unentwegt das muntere Plätschern des **Schwarzbachs,** der sich dicht an unseren Weg schmiegt.

Nach rund 2 Kilometern treffen wir auf den **Lochborner Teich** ❸, der sich hinter belaubten Ästen versteckt. Neugierig lugen wir durch die Bäume und schrecken kurz zurück, als wir die geisterhaften Gestalten erblicken, die gespenstisch aus der Wasseroberfläche emporragen. Doch alles halb so wild: Es handelt sich lediglich um tote Baumstümpfe, die uns nichts anhaben können.

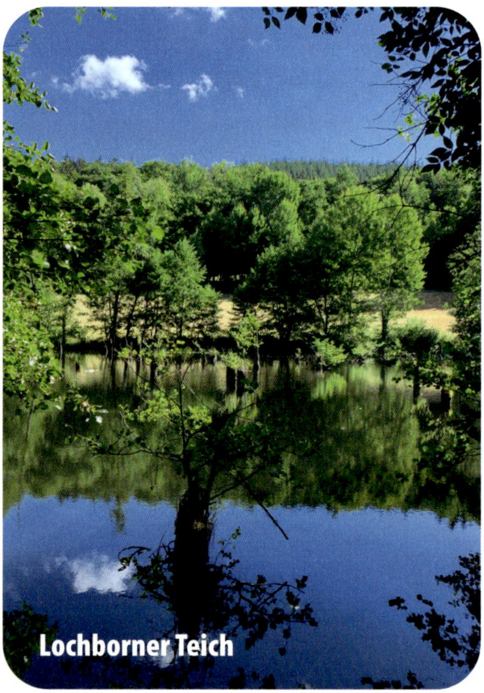
Lochborner Teich

An der folgenden Abzweigung gehen wir weiter geradeaus und gelangen erneut zur Kreisstraße K 889, an der wir nur ein kurzes Stück entlangspazieren, bevor wir in die Straße **Lochmühle** abbiegen. Über einen asphaltierten Weg erreichen wir die **Tagesförderstätte am Burgberg** und verabschieden uns kurzzeitig vom Europäischen Kulturweg, indem wir nach der Ansiedlung rechts den Hügel zum Waldrand hinaufstapfen. Oben angekommen, halten wir uns links und stoßen nach etwa 400 Metern auf eine Spitzkehre, an der uns ein Schild rechtsherum den Weg zur Mauritius-Kapelle weist. Für den etwas anstrengenden Anstieg entschädigt uns der zauberhafte Anblick der **Burgbergkapelle St. Mauritius** ❹, die einsam auf dem unbewaldeten Hügel thront. Zwar können

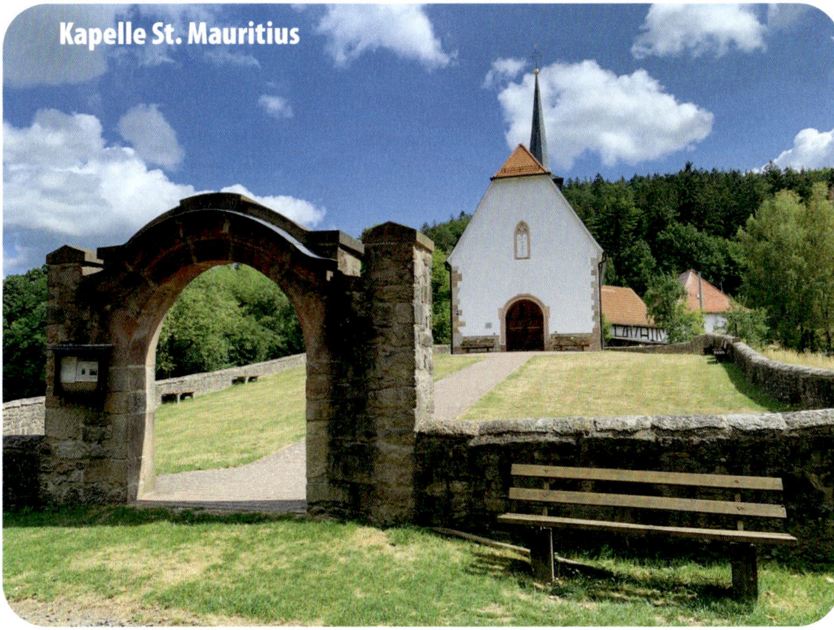

Kapelle St. Mauritius

wir das Gotteshaus nicht von innen besichtigen, doch der friedliche Ort lässt uns dennoch innehalten.

Wir setzen unsere Wanderung fort, indem wir ein kleines Stück zurückgehen und uns dann wieder dem gelben EU-Schiffchen anschließen. Die Markierung führt uns nach links auf einen schmalen, abschüssigen Naturpfad, der kurz darauf auf einen gut ausgebauten Wanderweg trifft. Hier orientieren wir uns links und wandern eine ganze Zeit lang auf flachem Untergrund durch den Wald. An einer Weggabelung folgen wir dem Forstweg links den Hügel hinauf und lassen uns schließlich auf einen grasbewachsenen Naturpfad leiten. Entlang des Weges breiten prachtvolle Farne ihre sattgrünen Wedel aus und kitzeln uns frech an den Beinen. Eine ganze Zeit lang schreiten wir unentwegt aufwärts, bis der Naturweg in einen Forstweg mündet, der uns an den Einstiegspunkt zum Naturschutzgebiet Lochborn zurückbringt.

*Die **Burgbergkapelle St. Mauritius** wurde im 11. Jahrhundert auf den Ruinen einer altheidnischen keltischen Opferstätte errichtet und ist von den Resten eines germanischen Ringwalls umgeben. Später diente sie als Wallfahrts- und Prozessionsstätte.*

*Der **Wiesbüttsee** wurde 1765 künstlich angelegt, um die Bergwerksstollen im Lochborn zu entwässern und zu belüften. Der See wird ausschließlich unterirdisch aus dem angrenzenden Wiesbüttmoor gespeist – einem der letzten Hochmoore in Deutschland.*

Auf demselben Wanderweg, über den wir auf dem Hinweg vom Wiesbütt-Parkplatz heruntergekommen sind, steigen wir nun links steil den Hang hoch. Oben überqueren wir die Landstraße und stehen sogleich am wildromantischen **Wiesbüttsee** ⑤. Beeindruckt nehmen wir das Waldidyll mit allen Sinnen wahr: Knorrige Wurzeln zieren den sandigen Uferrand, umgestürzte Baumstämme ragen ins Wasser, ein Schwarm Goldfische zieht geschmeidig seine Bahnen. Hier möchten wir etwas länger verweilen und lassen uns auf einer Rastbank mit Blick auf den See nieder. Herzhaft beißen wir in unsere Brotzeit und wundern uns zum wiederholten Male darüber, wie gut ein einfaches Käsebrot und ein paar Kekse auf einer Wanderung schmecken können.

Nach einer ausgiebigen Rast umrunden wir den Wiesbüttsee gegen den Uhrzeigersinn und lassen uns von der Spessartspur-Markierung am **Wiesbüttmoor** vorbeiführen. Das 2 Kilometer lange und 50 Meter breite Moor ist als Naturschutzgebiet ausgezeichnet und

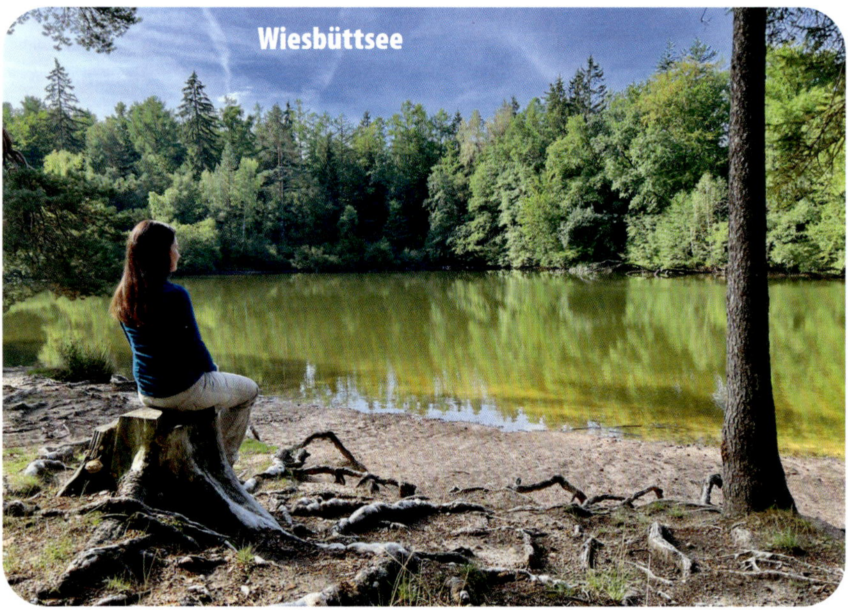

Wiesbüttsee

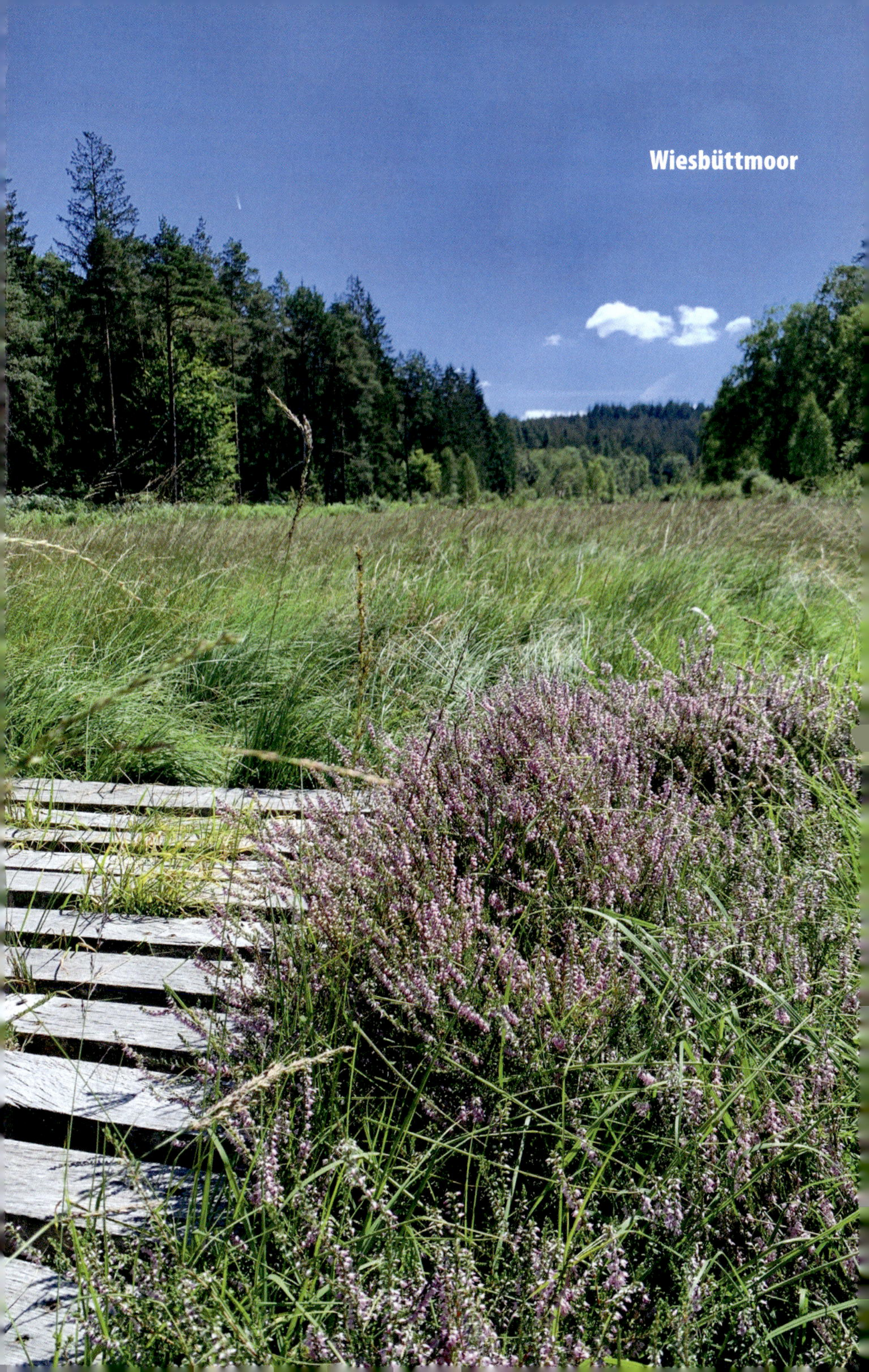
Wiesbüttmoor

beherbergt viele seltene Tier- und Pflanzenarten – darunter die Kreuzotter und fleischfressende Pflanzen wie den Sonnentau. Etwa in der Mitte des lang gezogenen Quellmoors befindet sich ein kurzer **Holzbohlensteg ❻**, der ein Stück in das Moor hineinragt und uns den Blick auf das sonst uneinsehbare Tal freigibt.

Nachdem wir am Moor vorbeigewandert sind, führt uns die Route nach links, wo wir das sogenannte Judenbörnchen passieren – eine Quelle, die früher von jüdischen Viehhändlern als Tränke genutzt wurde und das Moor mit Wasser speist. Jetzt müssen wir nur noch ein paar Schritte geradeaus den Hang hinaufstapfen, um den Ausgangspunkt unserer Wanderung zu erreichen.

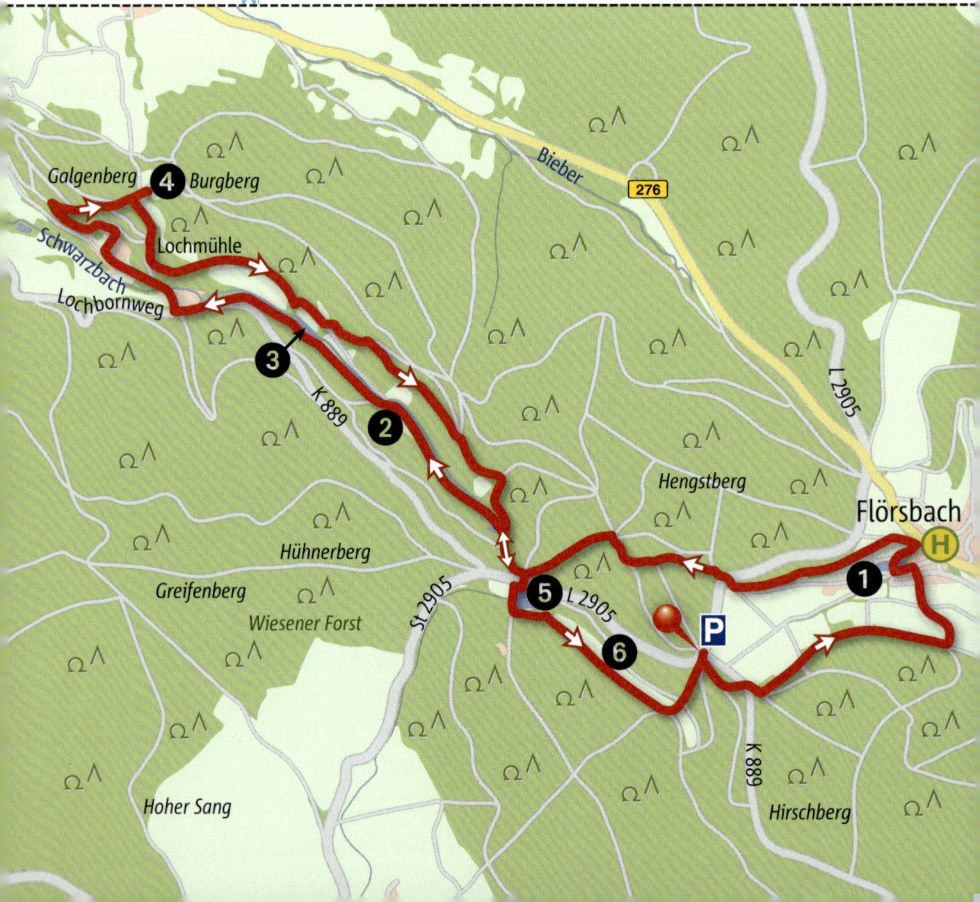

Die GPS-Daten zu jeder Tour gibt es auf
www.droste-verlag.de

Konzeption/Satz: Droste Verlag, Düsseldorf
Einbandgestaltung: Britta Rungwerth, Düsseldorf, unter Verwendung von Bildern von © Fotolia.com: Andrey Kuzmin, undrey, dabost, niroworld; © www.stock.adobe.com: Patrick Daxenbichler
Fotos: Kerstin Bauermees
Textlektorat: Stephanie Mattner, Castrop-Rauxel
Karten: Thorsten David, Bochum
Druck und Bindung: LUC GmbH, Greven

Alle Angaben in diesem Buch wurden sorgfältig recherchiert und geprüft. Für die Richtigkeit der Angaben, für etwaige Unfälle und Schäden jeglicher Art kann keine Haftung übernommen werden; die Nutzung erfolgt auf eigenes Risiko. Abweichungen, die nach Redaktionsschluss erfolgten, konnten im Buch nicht mehr berücksichtigt werden. Hinweise und Änderungen nehmen wir gern entgegen.

FSC www.fsc.org
MIX
Papier aus verantwortungsvollen Quellen
FSC® C011279

ISBN 978-3-7700-2405-6
www.droste-verlag.de

Alles auf einen Blick

WIE & WANN:
Überwiegend Waldwege und Pfade, wenige asphaltierte Wege; beste Wanderzeit von April bis Oktober

HIN & WEG:
Auto: Wanderparkplatz Drei Buchen an der L 2905, 63639 Flörsbachtal (GPS: 50.12691, 9.39120)
ÖPNV: Bus MKK-64 von Gelnhausen Busbahnhof nach Flörsbachtal-Flörsbach, Haltestelle Raiffeisenbank

ESSEN & ENTSPANNEN:
Bitte an Rucksackverpflegung denken!

ENTDECKEN & ERLEBEN:
Hartgrundseen ❶
Naturschutzgebiet Lochborn mit Schwarzbach ❷
Lochborner Teich ❸
Burgbergkapelle St. Mauritius ❹
Wiesbüttsee ❺
Holzbohlensteg am Wiesbüttmoor ❻

Entspannung ✱✱✱✱✱
Genuss ✱✱✱✱✱
Romantik ✱✱✱✱✱